JN132101

国際地域研究│III│

北海道教育大学函館校
国際地域研究編集委員会 [編]

大学教育出版

序　　言

　2019 年 12 月に中国・武漢で最初の感染例が確認された新型コロナウイルス感染症（COVID-19）はその後、瞬く間に地球規模で拡大し、世界の風景をがらりと変えた。

　感染者数は数千万人の規模に及び、なお猖獗を極める中、国境を越える人々の往来は激減した。感染防止の観点から、人と人との接触をできるだけ避ける傾向が強まり、日本を含め各国社会のあらゆる分野に甚大な影響が及んでいる。大学もまた例外ではない。キャンパスからそれまでの日常的な光景が消え、一時期、通常の対面式授業を行うことができないという、かつてない試練に見舞われた。

　幸い、世界はインターネットで瞬時につながることができ、オンラインによる情報伝達を可能とするネットワークが築かれている。そのため、テレワークやオンラインの積極的な利用が一挙に普及・拡大した。人類はこうして現代文明の利器を最大限に活用しながら、危機を機会すなわちチャンスへと変えていこうとするさまざまな取り組みを続けつつ、来たるべき「ニューノーマル時代」への対応に全力を挙げて取り組んでいるのである。

　紛れもなく前途には、経済的にも社会的にも、前例のない厳しい状況が待ち構えていよう。それでも、人々が英知と気概を通い合わせる限り、道は開かれていくのではないだろうか。

　そのような観点からみても、知の拠点、人材育成の拠点、そして地域の拠点である大学という教育研究機関の存在意義が今日ほど問われているときはない。人口減少、超高齢社会、コロナ禍に伴うさまざまな社会的変化など、多様な課題への解決に向けて、すぐれた実践例や最新の知見を提示していくことは、大学という教育研究機関に課せられた重要な責務であると考える。

　時代の岐路ともいうべきこの時期に、北海道教育大学函館校が『国際地域研究　Ⅲ』を上梓する。本学が全国の大学に先駆けて「新課程」を改組し、国際

地域学科を函館校に設置したのは 2014 年である。以来、積み重ねてきた研究・教育の成果を、既刊の『国際地域研究 Ⅰ』『国際地域研究 Ⅱ』に続いて世に問うに至ったことは、国際化の中で地域活性化を担う人材を育成するという国際地域学科の使命に鑑みて、まことに意義深いものがある。このたびも、読者の皆さまから忌憚のないご意見、ご批判、ご感想を賜りたい。

2021 年 3 月

北海道教育大学長　蛇穴 治夫

『国際地域研究 Ⅲ』の刊行にあたって

　北海道教育大学函館校の国際地域学科がスタートして、7年目を迎えた。国際地域学科は、国際的な幅広い視野を持ち、身近な地域の課題に挑みながら地域の活性化と再生に貢献できる人材を育成すること、現代の諸課題に対応し、先進的かつ学際的研究を推進して、その成果を地域に還元することを目的としている。

　これまで、2018年6月に「国際地域研究の地平線 ― 函館からの出発 ―」をテーマに第1回シンポジウムを開催し、2019年3月には『国際地域研究 Ⅰ』を刊行した。また、2019年6月には第2回シンポジウム「国際地域研究の現実的課題 ― 国際化の中でさぐる地域活性化へのカギ ―」を開催し、2020年3月には『国際地域研究 Ⅱ』を刊行している。

　今日の世界の危機的な状況は、国際と地域の不可分な関係を改めて示すものと言える。グローバル化、国際社会との交流、地域経済は大きな試練にさらされ、外国との往来はもとより、国内にあっても暮らしに大変な支障が生じた。大学も遠隔授業に取り組み、新たな課題に直面している。新型コロナウイルスにより、世界経済は大きな打撃を被り、観光・交通も甚大な影響を受け、課題山積の地域経済に新たな負担となっている。こうした状況下で未来をどう築いていくのかを考えるとき、希望を失わず、潜在力を生かす工夫を怠らず、新たな時代に賢明に対処していく必要があり、ここに大学の教育・研究の使命があると思われる。2020年10月、第3回シンポジウム「国際地域研究の発展 ― 世界を呼び込む地域へ　世界に挑む地域を ―」は、このような問題意識から開催され、国際化の渦中にある地域活性化について、今後の指針を示した。さらに『国際地域研究 Ⅲ』を刊行できることとなり、国際地域研究をより推進できるものと考えている。

　北海道教育大学函館校がこのようなことを行う意義は、学校教員にとって地域の課題や現状を理解していることが重要であると考えるからである。そのた

めに、国際地域研究の成果をどのように教員養成に活かすことができるかということを継続して検討したいと考える。学校を含めた地域社会への支援、外国人児童生徒への対応など地域のニーズに合ったサポートのあり方についても研究を続け、地域の人材育成や学校教育を支えていきたいと願っている。

　本学の国際地域研究について、これまでの成果の一端をまとめたものが本書である。国際地域学や地域研究に関心を寄せる多くの方にご覧いただき、ご意見やご感想をお寄せいただければ幸いである。

　2021 年 3 月

北海道教育大学函館校キャンパス長　五十嵐　靖夫

国際地域研究　III

目　次

第 1 部　国際化の中の地域活性化

第 1 章　都市文化におけるミュージアムの役割（シンポジウム基調講演）
　　　　子どもに一生忘れない思い出を残すのがミュージアム／私が歩んできた道／
エジプトの遺跡で中国陶器を選び出す／ハーバードで博士号を取得して３つ
の美術館で東洋部長に／従来のイメージを打ち破った美術館／美術館ができ
て、衰退していた街が変わった／発電所跡や砂漠地帯にも／米コロンバスで
地元企業が始めた街づくりプロジェクト／「近代建築の博物館」のような街
に／環境が感性をはぐくむ／金沢で現代美術館の館長になる／どうすれば人
は来るのか／いろいろな仕掛けをしてこそ人は集まる／子どもに嘘をつかず、
本物を見せる／兵庫県立美術館では屋上にシンボルのカエルの作品を／トッ
プが動かなければ何も変わらない

第 2 章　新在留資格「特定技能１号」における政府の目論見と実態との乖離
　　　　― その要因と改善策試案 ―

第2部　国際地域研究　各論

【地域活性化の実践例】

第3部　シンポジウム

第1部

国際化の中の地域活性化

第 1 章
都市文化におけるミュージアムの役割 [1]

蓑　豊

　こんにちは、蓑です。今日は函館にお招きいただきうれしく思います。北海道は２回目ですが函館は初めてで、まだ市内を歩いていないので様子はわかりませんけれども、やっと函館に来られたなと実感しております。

　私はいろいろな経験をしてきておりますけれども、やはり美術館に人が来て、それを街づくりに役立てることが長年の私の夢でした。「やればできる、やらなければできない」── この一言を念頭に、私はずっと今日までやってきました。ビジョンを持ち、必ずそれをやり遂げる ── この思いで取り組み、実現してきたと思います。もちろんつらい時もありますけれども、自分の信念を曲げなければ必ず皆さんも成功すると思います。

　「教育」という言葉は、明治時代に、なぜか「教える」という字を用いて訳したのが間違いではなかったかと思っています。本来の教育という意味は、実はラテン語で ducere ［ドゥーケレ］ に由来する英語の education ［エデュケーション］ です。このエデュケーションというのは、教えるのではなくて、ヒントを与える、引き出すというのが本来の意味なのです。それが真の教育だと思いますね。「教えて、それを暗記する。それが教育だ」という認識が明治から今日まで続いており、そろそろ漢字の「教える」という字を変えてほしいなと常々思っています。皆さんに答えを導き出すためのヒントを与える、これが本来の教育で、答えは自分で編み出す。だから、答えは一つではなくて、何千とあるのです。人それぞれ皆違いますし。それを思えば勇気も出ます。「ああ、

自分の考えも間違ってないんだな、答えは一つではない」ということを常に思いながら前進できます。もちろん嫌なこともありますけれども、必ず希望を持ち、乗り越えることができると思います。

　さて本日は、私の長年の美術館勤務の経験を通して、美術館からどのように街を変えられるのかというマジックを、スライドを見ながら皆さんと一緒に考えていきたいと思います。

子どもに一生忘れない思い出を残すのがミュージアム

　子どもの時の感動は一生忘れない。そういう思い出を残せる場が美術館、ミュージアムです。

　『エコノミスト』という歴史ある経済誌がイギリスで出版されています。2013 年 12 月 21 日号『エコノミスト』[2] にミュージアムが特集として取り上げられました。現代美術館が大きなブームになっているという内容です。もちろん日本では金沢 21 世紀美術館がその一例です。

　大英博物館で、子どもたちに寝袋を持ってこさせて、一晩古代エジプトの展示室に泊まろうというプログラム "Sleepovers" のことが同誌で紹介されました。アメリカ・シカゴのフィールド自然史博物館でも、週末に子どもたちに寝袋を持ってこさせて、恐竜の展示室で宿泊させるプログラム "Dozin' with the Dinos"「恐竜と一緒に眠ろう」を実施しています（図 1-1）。ミュージアムの展示室に泊まるというのは、子どもたちにとっては一生忘れられない体験だと思うのです。日本で同じことをしようとしたら、まず "ノー" ですよね。日本では、考えられない。ロンドン自然史博物館でも、恐竜の展示室で子どもたちが寝袋で一晩過ごすプログラムが行われました。これはもう絶対に忘れないと思う。子どもの時に経験したことは、大人になって自分が子どもを持った時に思い出し、そういう大人は必ずまた美術館、博物館に戻ってきます。

　旭山動物園元園長の小菅正夫さんと一度東京で対談をしたことがありますが、彼がこう話してくれたのですね。「動物園というところは、人生で 2 度行く。子どもの時にまず動物園に行きます。次は、自分が大人になって自分の子どもと必ず動物園に行きます」と。美術館ではそういう方程式はないのですけ

図 1-1　シカゴ自然史博物館「恐竜と一緒に眠ろう」
©Field Museum 2019
写真提供：シカゴ自然史博物館

れども、その話を聞いたとき、美術館でもこれをどうしてもやってみたいなという思いで、子どもの時に感動を与えるにはどうしたらよいのかと考えてきました。このような美術館での宿泊体験を、日本でもぜひ実施して欲しい。

　アメリカのプライベートの美術館であるルービン美術館は、特にチベット関係の「タンカ」という仏像の絵を見せる美術館で、ここでも子どもの宿泊プログラムが行われています。絵画のある部屋に子どもを寝かせるなんて、日本では考えられないことだと思うのですが、子どもの時にこのような経験をさせることがいかに大事かということです。

私が歩んできた道

　ところで、私が歩んできた道ですが、慶應義塾大学を出て3年半、東京の日本橋にある美術商に住み込みで働き、そのときに初めて物を見る眼を養いました。偽物なのか本物なのか真偽を見極める力をたたき込まれたことで、外国へ渡り英語がまったく話せなかった時期においても、周囲が尊敬してくれた。物

がわかるからです。英語ができてもフランス語ができても、専門性がなければ意味がないですから。幼稚園児のほうがよっぽど英語がうまいですから。やはり専門性があって初めてみんなが尊敬してくれる。その訓練を３年半頑張ったことが私にとってどれほど良かったか、今でもそう思っています。

　その後カナダのロイヤルオンタリオ美術館に勤めました。きっかけは小山冨士夫先生でした。先生との出会いは私が大学３年の時です。先生は世界的に著名な中国陶磁の専門家で、東京大学で教鞭を執られた方です。その先生のところにエジプト政府から招聘が来たのです。エジプトで大量の中国陶器が出たので小山先生率いる調査団を現地に派遣することになったのです。それを耳に挟んだ瞬間いても立ってもいられなくて、父親に小山先生を紹介してもらい、ご本人のところへお願いに行ったのです。

　問題は、発掘が１月から始まるんですけれども、ちょうどその時期が大学の定期試験と重なっていたことでした。発掘に参加すると、１年留年することになってしまう。それは困ったなと思い、受講している先生方一人ひとりに、調査団の一員としてエジプトで発掘に参加するので、それをもって試験を合格させていただけるようお願いに上がりました。それで無事卒業できたわけですけれども、もし私が小山先生と一緒にエジプトに行かなかったら、違う職業に就いていたと思います。

　エジプトで何をしたかといいますと、カイロ郊外のフスタットという街を訪れました。フスタットは旧カイロでエジプトの最初の首都があった所です。十字軍が攻めてくるというので、十字軍に攻撃される前に自分たちで街を壊し、自分たちで爆弾を仕掛けて街全体を焼き払ってしまった街です。そうして新しいカイロの街がつくられたのですけれども、そのフスタットの遺跡から大量の陶磁器の破片が出てきたのです。特に中国からの陶磁器でした。それを調べるのが先生の仕事だったのです。

エジプトの遺跡で中国陶器を選び出す

　フスタットで、中国陶器のおもしろさに目覚めました。その頃の私は中国陶器の勉強はあまりしていなかったのですけれども。現地の蔵に陶器の破片が

100万点以上あったと思います。のちに東京国立博物館の副館長になられた陶磁器研究者の長谷部楽爾さんと一緒に、その中から中国陶器だけを選ぶのが私の仕事でした。それをやり遂げたおかげで、私の仕事を見た小山先生が私にも報酬が入るよう配慮してくださいました。

　1995年、私がまだシカゴ美術館にいたときですが、慶應義塾大学の卒業式で祝辞を述べる機会をいただきました。そのときにも学生さんたちにお話ししたことなのですが、当時1964年ですから、まだ、この会場内の学生の皆さんが生まれる前ですけれども、そのときに500ドルの現金を小山先生からいただきました。当時1ドルは360円で、現在（2020年10月9日時点）の日本円価値に換算すると約60万円です。その500ドルの現金を持って、4カ月間、世界の美術館で中国陶器を見て回ったのです。その500ドルはもちろん使いませんよ。いつもかばんの中に大切にしまっていたのです。最後にハワイに着いて帰国直前という時でしたが、ホテルの部屋に戻ってきたらその500ドルがなくなっていたのです。世界一豊かなアメリカで、1964年ですよ、盗まれるなど、ありえないと思いました。中近東やヨーロッパから北米へ、あらゆる国を回ってきて、最後の最後で500ドルなくなったわけです。その時に私は、「よし、アメリカに戻ってこの500ドルを絶対に取り返す」、そう誓った。実際に7年後にその500ドルはアメリカで稼いで取り戻しました。夢ではありませんが、やろうと思ったらそれをやり遂げる。皆さんもやれば必ず良い方に進んでいきますから。

　私はその後、小山先生の紹介で、カナダのトロントにある巨大な美術館、ロイヤルオンタリオ美術館に学芸員として赴任しました。1969年からの2年間で、1万点ぐらいあった中国陶器のすべてを調べ、カタログを作ることが私の仕事でした。当時英語は全然話せませんでしたから、赴任前にミシガン大学で3カ月間英語の事前研修を受けました。もちろん3カ月の勉強では到底英語は完璧にはなりませんが、こうして、トロントでの美術館勤務が始まりました。ここでは約2年間、毎日3時間ぐらいしか寝ていなかったと思います。私にとってその美術館のコレクションは素晴らしく、資料も大変豊富でした。夕方6時にいったん家に帰ってご飯を食べ、また美術館に戻って夜中の2時頃まで過ごす

毎日だったことを覚えています。

ハーバードで博士号を取得して3つの美術館で東洋部長に

　その美術館在籍中に本を3冊書いたことが、ハーバード大学へ進学できた最大の理由です。ロイヤルオンタリオ美術館で約2年間働きましたが、当時の部長に「君はアシスタントで終わる人間ではない。必ず学芸部長になる人間だから、それには博士号を取ってこなきゃだめだ。ハーバード大学にロア先生という立派な先生がいるから、彼の下でPh.D.を取りなさい」と放り出されてハーバードで学んだのですけれども、トロントに行かなかったらそういうチャンスはなかったわけです。

　ハーバード大学に入学して通ったのが、大学附属のフォッグ美術館です。美術史学専攻の本拠ともいえるこの美術館で6年間勉強して、卒業後就職したのがカナダのモントリオール美術館です。東洋部長として呼ばれ、当時まだ博士論文を提出していなかったので、就職してから3カ月間特別に休みをもらって論文を仕上げ、やっと1977年に博士号を取得しました。

　モントリオール美術館で約2年間働いた後は、アメリカのインディアナポリス美術館で東洋部長を務めました。ここで私は、中国陶器の磁州窯という大きな窯の陶器について論文を書きました。磁州窯の大きな展覧会も開催し、約8年間を過ごしました。

　そして次に、アメリカ三大美術館の一つであるシカゴ美術館に呼ばれ、ここでも東洋部長として約9年間勤務しました。アメリカの美術館で東洋部長というのは非常に大きな役職です。皆さんも努力すれば必ず自分の夢を実現できるということを知って欲しいと思います。

従来のイメージを打ち破った美術館

　次にご紹介するのは、皆さんご存知のニューヨークの5番街にあるソロモン・R・グッゲンハイム美術館です。フランク・ロイド・ライトという著名な建築家が設計し、1959年に開館しました。私は1964年に初めて訪れました。それまで博物館、美術館というと、どうしてもギリシャ神殿風でした。そうい

う建物が美術館というイメージ、階段を上って"ギリシャ神殿"の中に恭しく入っていくのが美術館であり、そういう造りでした。けれども、ライトが近代的で奇抜な建築の美術館を造りました。道路からそのまま美術館に入れる建築デザインをしたのは、ライトが初めてだと思いますよ。ニューヨークでも高級住宅街といいますか、高層マンションの立ち並ぶ場所に近代的な美術館を造った当初は、風評被害でバッシングを受け、払拭するのに20年かかったほどです。

図1-2　サンフランシスコ近代美術館
The new SFMOMA, view from Yerba Buena Gardens
photo: © Henrik Kam, courtesy SFMOMA
写真提供：サンフランシスコ近代美術館

　図1-2は、1995年に移転・竣工したサンフランシスコ近代美術館です。マリオ・ボッタというスイスの建築家がデザインした美術館です。アメリカで、ライトによるグッゲンハイムの次に近代的な美術館が造られたのがサンフランシスコなんですね。2016年にはノルウェーに拠点を置くスノヘッタという建築設計事務所が、美術館奥の駐車場の敷地に新たな建物を造っています。そのスノヘッタが作った新しいスペースには、リチャード・セラの巨大な彫刻《Sequence》（図1-3）が入りました（展示期間：2018年12月24日まで）。これはセラの2006年の作品です。皆さんご存知のGapという会社がありますよね。その社長さんが集めたコンテンポラリーのコ

図1-3　リチャード・セラ《Sequence》
Richard Serra, *Sequence*, 2006
San Francisco Museum of Modern Art, The Doris and Donald Fisher Collection at the San Francisco Museum of Modern Art
© Richard Serra / Artists Rights Society (ARS), New York
photo: © Henrik Kam, courtesy SFMOMA
写真提供：サンフランシスコ近代美術館

レクション約 1,000 点をこの美術館に寄贈しています。そのために特別に新しいスペースを造ったのです。

1977 年、パリにポンピドゥー・センター（ジョルジュ・ポンピドゥー国立芸術文化センター）ができるのですけれども、これが今で言うコンテンポラリーの美術館で、世界の現代美術のメッカとして知られています。ここは図書館と美術館が一緒になった施設で、年間 400 万人ぐらいの来館者があります。

特徴的なのは外にエスカレーターがあることです。建物は、レンゾ・ピアノ、リチャード・ロジャース、ジャンフランコ・フランキーニの 3 人の有名な建築家が設計しました。エスカレーターが外にあり、3 階に美術館があります。通常エスカレーターというのは中にあるものですけれども、レンゾ・ピアノたちが外にエスカレーターを設置したおかげで、モンマルトルの丘を見ながら美術館に入っていくという、非常にドラマチックな手法で美術館内部へ誘導するようにしたのですね。

日本では 2004 年に、金沢 21 世紀美術館が開館しました。設計は SANAA です。妹島和世と西沢立衛の日本人の建築家ユニットです。この美術館の場合は、訪れた方はおわかりかと思いますけれども、長方形の土地に円形の建物です。

美術館ができて、衰退していた街が変わった

2012 年にはランスという、パリから電車で 1 時間半ぐらいの所に、ルーヴル美術館別館のルーヴル・ランスを同じく SANAA が設計しました。ランスはもともと炭鉱の街でした。もちろん、石炭はもう採掘されていませんから、この街は本当に廃れていて、失業者もすごく多い所でした。政治的配慮があったと思いますが、そういうところにルーヴル美術館の分館を造ろうということで、世界中から 300 人以上の建築家が応募して採用されたのが、金沢 21 世紀美術館を設計した妹島・西沢のユニットでした。

そのオープニングに行きました。炭鉱の街で、今もボタ山がまだ見えるのですけれども、彼らは美術館から借景でボタ山が見えるようにしているところがよいと思います。もちろん、子どもたちも大勢美術館に来館しています。4,000 年以上の歴史、しかもルーヴルのコレクションがこのランスで見られるわけで

すから。現在も年間200万人以上は来ていると思います。

　1995年には、ビルバオという街がスペインにありますが、そこにビルバオ・グッゲンハイム美術館ができました。あの有名なピカソのゲルニカの街のすぐそばで、もとは造船所があった所です。よく考えてみると、今私が勤めている兵庫県立美術館も、もとは神戸製鋼、川崎重工の精錬所があった場所で、そこに安藤忠雄さんが美術館を設計しました。地理的にも歴史的にもビルバオとよく似た背景があります。ビルバオにこの美術館ができたおかげで、現代美術館にこれだけ人を呼べるんだということがわかったと思うのですね。これは、フランク・ゲーリーという建築家が設計しています。図1-4の向かって左が、古い造船所のあった所です。1995年から来館者は年間100万人を超えています。失業者が多くて大変な街だったのが、この美術館ができたおかげで今は元気になりました。グッゲンハイムの分館ができたことで街が変わりました。

図1-4　ビルバオのグッゲンハイム美術館
左にルイーズ・ブルジョワの《Maman》、中央には中谷芙二子の
《Fog Sculpture #08025（F.O.G.）》が見える。
Photo: Guggenheim Bilbao Museoa © FMGB Guggenheim
Bilbao Museoa, photo by Erika Barahona Ede
写真提供：ビルバオ・グッゲンハイム美術館

　入口正面には、たくさんの花が植えられた巨大な犬の作品、ジェフ・クーンズの《Puppy》が恒久設置されています。全部生花でできていて、年に2回植え替えられます。この犬の作品が来館者を迎えてくれます。美術館の建物全体はチタン製で光っています。チタンは一番硬い鋼鉄ですよね。かなり経費がかかったと思います。全然人がいなかった所に巨大なグッゲンハイムの分館ができて、私も本当にびっくりしました。図1-4の左に見えるのは、敷地内にあるルイーズ・ブルジョワの有名なクモの彫刻作品《Maman》です。それから中央には水蒸気のようなもやが立っています。中谷芙二子というアーティストの人工霧を使った霧の彫刻です。私が訪れたときに、恒久設置の作品で唯一日本人で選ばれていたのは、この方だけでしたね。お父様は北海道大学で雪の結晶を研究した中谷宇吉郎です。

発電所跡や砂漠地帯にも

　図1-5は、2000年に開館したロンドンのテート・モダンです。国立美術館のテートの一館です。これは、ヘルツォーク＆ド・ムーロンという2人のスイスの建築家ユニットが設計しました。もとはバンクサイド発電所でした。この建物を利用してド・ムーロンたちが美術館を造りました。大英博物館と同じぐらい大勢の人が来場します。かつてのテート・ギャラリー（現テート・ブリテン）は年間50万人ぐらいの入館者でしたが、このテート・モダンには年間600万人近くが訪れています。

　1970年代にロンドンに行ったことがあるんですけれども、霧と煤煙が立ち込めていました。煤煙は石炭によるもので、もう真っ暗でした。ロンドンというと暗いイメージでしたが、テート・モダンは今ではロンドンになくてはならない美術館となりましたし、美術館で街のイメージが大きく変わりました。美術館のあるサウスバンクから、ミレニアム・ブリッジの先にあるセント・ポール寺院がちょうどよい借景になっています。

　次は、中近東UAE（アラブ首長国連邦）のアブダビです。現在開発が進んでいるあたりは、もとは全部砂漠でした。アブダビには、UAE建国の首長が造った特別なモスク、シェイク・ザイード・グランド・モスクがあります。建

設には大変なお金がかけられました。
その近くにルーヴル美術館の分館、
ルーヴル・アブダビがあります。ジャ
ン・ヌーヴェルというフランスの代表
的な建築家が手がけました。海の中に
美術館を造り、しかもルーヴルの名品
がたくさんここに並んでいるわけです。
ここで能でも上演したらおもしろいな
と思います。

　年に１度、フランスの本館から作品
が運ばれて展示替えがあり、名品が並
びます。その中で特に興味深かったの
は、私がいる兵庫県立美術館の代表的
なコレクションの一分野に「具体」と
いう日本のグループによる作品がある
のですが、そのメンバーの一人、白髪
一雄さんの絵が展示されていたことで

図 1-5　ロンドンのテート・モダン
Front & left side exterior of Tate Modern,
Bankside, London
Tate Photography, 2000
Photograph © Tate
写真提供：テート・イメージズ

す。白髪さんの絵に５億円以上かけたと思われますが、フランスのルーヴルで
も「具体」の代表的な作品が購入されているということです。

米コロンバスで地元企業が始めた街づくりプロジェクト

　次に、インディアナポリス（アメリカ・インディアナ州）の近くにあるコロ
ンバスという街を皆さんにご紹介したいと思います。シカゴからインディアナ
ポリスまでルート65を通ると車で約３時間半です。私はそこでインディアナ
ポリス美術館の東洋部長として約８年間勤務していました。その職場から車で
約45分、南に少し下ったところがコロンバスです。人口４万人ぐらいの小さ
な街です。

　そこに、カミンズという、現在もアメリカ一のディーゼルエンジン会社があ
ります。なぜここにエンジンの会社がつくられたかというと、自動車産業はデ

図1-6　ファースト・クリス
チャン教会
撮影・写真提供：風間　健

トロイトに移りましたけれども、初期の乗り物といえば馬車ですよね。それが作られたのがこのコロンバスだったんです。

　1942年に、コロンバスの街の真ん中に、近代建築の父とも言われる、フィンランドが生んだエリエル・サーリネンという大建築家が、教会を造りました（図1-6）。サーリネン建築の特徴は、建物の入り口を必ず中心から少しはずすことです。真ん中に配置するとどうしても堅苦しくなるというので、時計の位置も同じように中心からはずしています。これは、カミンズの社長を務めたアーウィン・ミラーが資金を出して造られた教会です。

　1957年にエリエル・サーリネンの息子エーロ・サーリネンがミラー・ハウス、つまりミラー社長の私邸を造りました。サーリネンはめったに個人の家を造っていませんが、ミラー社長の家は造っているのですね。社長が亡くなったのは2004年です。ご夫妻とも長寿だったと思います。私が訪ねた頃には、私邸にはモネの《睡蓮》がありましたね。ほとんどの作品は売却されたと思いますけれども、家はそのまま残してインディアナポリス美術館に寄贈されています。

　皆さんご存知のF1レースで"インディ500"というのを聞いたことがあるでしょう。500マイルを走るところですけれども、ミラーさんのお宅はインディ500をつくった人物のファミリーです。インディ500開催のときに、競技場で「これから自動車レースがスタートします」というアナウンスをするのは、必ずこのミラーさん一家の方なんですね。

　1957年にミラーさんは、基金をつくりました。〈ディーゼルエンジンの会社カミンズが街に貢献するには、どうしたらよいだろう。それには公共の建物を有名な建築家に造らせよう。設計料は会社（カミンズ財団）が払うから、建物は市が造りなさい〉という活動を始めて、基金を設立します。〈ミラーが選ぶ

世界の建築家たちに小学校・中学校・高校・郵便局、そういう建築を造らせましょう。その基金が設計料を負担します〉というわけで、世界中の錚々たる建築家がこの街に小学校などを造りだすのです。

　サーリネンの弟子でハリー・ウィーズという建築家によって、1957年に小学校が造られました。シカゴに建築事務所があるのですけれども、カミンズ財団は彼に小学校や中学校を造らせています。1961年には中学校が建設されました（図1-7）。伝統的な建物ですが、非常にモダンです。

　1967年と1969年には小学校が建てられました。1972年にはヒュー・ハーディーが小学校を、アーマン・ミッチェルとロマルド・ジョゴラというフィラデルフィアに建築事務所を置くチームが高等学校を、それぞれ手がけました。1982年と1989年にも小学校、2007年には中学校も建てられています。コロンバスでは、毎年のように新しい学校を建設しているのです。設計料は全部カミンズ財団が負担しているのですね。

図1-7　ノースサイド・ミドル・スクール（中学校）
©Don Nissen, Columbus Area Visitors Center

「近代建築の博物館」のような街に

　このようにして街が変わるんですよ。街が変わるだけではなくて、人間も変わるんです。日本だとどうしても公共の小学校、中学校というのは当たり前の四角い何のおもしろみもない建物が多い。その環境で勉強して育つのと、ウィー

図1-8　ノース・クリスチャン教会
撮影・写真提供：風間　健

ズのデザインしたような近代的な建物の中で小学校の時から学ぶのとでは、育まれる感性というものが全然違います。ミラー社長はそこを狙ったのだと思います。

1964年、エリエル・サーリネンの息子、エーロ・サーリネンは、コロンバスにノース・クリスチャン教会を造りました（図1-8）。最高傑作だと思います。ちょうど上部中央から光が真下の祭壇に差し込むわけです。これは日本の建築家にも影響を与えた教会です。現在は真っ赤に塗り替えられているのですけれども、高速道路からよく目立ちます。1965年、先ほどのハリー・ウィーズによる設計のバプティスト教会も竣工しています。小さな街にこういう特徴的な建築があるのです。

図1-9は1968年に建設されたロバート・ヴェンチューリ設計による消防署です。アメリカでは各消防署に番号がつけられています。

図1-10はI・M・ペイという中国系のアメリカ人が設計したバーソロミュー郡の図書館です。ルーヴル美術館にガラスのピラミッドがありますが、それを設計したのがI・M・ペイです。彼はこの図書館を1968年から1969年に造っています。場所はサーリネンが設計した中央広場の教会前です。

図1-11は郵便局ですね。1970年、ケビン・ローチによるものです。

図1-9　消防署
撮影・写真提供：風間　健

図1-10　バーソロミュー郡の図書館
撮影・写真提供：風間　健

図1-11　郵便局
撮影・写真提供：風間　健

図 1-12 は病院です。1972 年に
建てられました。ちょうど小川が
流れているのですけれども、その
上に精神科病院を造っています。
同じく 1972 年には、カミンズ系列
の銀行も竣工しています。1973 年
にはカミンズ社の診療所、1978 年
には電話交換センター、1981 年に
はコロンバス市役所も建てられま
した。さらに、1990 年にはバーソ

図 1-12　コロンバス地区保健センター
メンタルヘルスサービス
© Columbus Area Visitors Center

ロミュー刑務所、1992 年にはミル・レース・パークも造られています。

　このように自社の建物を有名な建築家に設計させるだけでなく、街の小学
校・中学校・教会・消防署・公共の建築物やその他の企業の建物までも同社の
財団が資金を出しているのです。カミンズ社の株の配当金で造っているんです
ね。

　コロンバスは古い街なのですが、この街に行くと、こういうモダンな建築物
が本当に数多くあります。人口 4 万人しかいないコロンバスが、近代建築の宝
庫なのです。この街は建築の博物館のような街です。ぜひアメリカに行ったと
きに訪れてみてください。彼らが成し遂げた仕事がいかに素晴らしかったのか
よくわかると思います。おそらく、カミンズ社の法人税でとても潤っている街
だと思います。アメリカ国内の「建築とデザインの優れた街」第 6 位で、観光
地としても人気の地域になっています。

環境が感性をはぐくむ

　何が素晴らしいかというと、そういう街をつくったおかげで、自分の子ども
をこういう環境のところに住まわせよう、そこで育てようと考える人たちが出
てきたのですね。MIT（マサチューセッツ工科大学）、Caltech（カルテック、
カリフォルニア工科大学）というと、アメリカを代表する工科大学ですよね。
エンジニアを育成する大学です。その卒業生の多くが、この街で子どもたちを

育てたおかげで、この街から有能な人材が生まれたということです。

　実際にこの街から著名な人が大勢出ています。建築家もいますし、弁護士さん、お医者さんも多くいます。やはり感性があるのです。現在（2020年10月9日時点）のアメリカ副大統領ペンスさんは、このコロンバスの出身です。こういう環境の中で学ぶことで街も変わる。会社も世界一のディーゼル会社になる。日本にもカミンズエンジン株式会社という子会社があります。

　皆さん、家庭を持ったときには子どもの教育を一番念頭に置いて、どの街に住めば子育てによい環境だろうかと考えてみてください。

　さて日本では、どうでしょう。

　図1-13は、2002年、皆さんご存知の建築家、安藤忠雄さんによる錦城中学校です。この学校は石川県加賀市にあります。当時の市長が安藤さんの大ファンで、彼に設計を依頼しているのです。安藤さんというと打ちっぱなしのコンクリートで有名ですが、ここは鉄骨造りで、外壁や内装材に多くの木材を使用しています。加賀市で伐採した木材を多く使用しているんですよ。安藤さんもここへ来て、子どもたちにレクチャーもされています。

　私が言いたいのは、環境によってどれだけ変わるかですよ。先ほどコロンバスという街をご紹介しました。美術館もそうです。コロンバスの街や会社も素晴らしいですが、それ以上にその街から感性豊かな人たちが生まれるということです。

　加賀市のこの中学校は、楕円形をしたユニークな校舎で、周囲に教室を配し、中央部分は吹き抜けを利用したオープンスペースになっています。金沢市で助役と美術館長を兼務していたときに現地を訪れ、当時の校長先生から伺ったのですが、この校舎になったことで、以前に比べ、生徒たちが校舎をとても大切に扱う

図1-13　加賀市立錦城中学校
写真提供：安藤忠雄建築研究所

ようになったんだそうです。子どもたちの中には、安藤さんが造った素晴らしい環境の中で勉強しているんだというプライドがあると思います。やはり環境が子どもの感性に影響を及ぼすということを、皆さんに知ってもらいたいと思います。

　静岡県の伊東市には野間自由幼稚園があります（図1-14）。木造で、これも安藤忠雄さんによる設計です。この幼稚園は、講談社という出版社の第4代社長、野間省一さんによって設立され、現在の園舎は、彼の長女で第6代社長を務めた野間佐和子さんが力を尽くされ、2003年に完成しました。

　この幼稚園に関して興味深い話があります。毎年、富士通が何百というソフトウエア関係会社のお客様を招待する会があるのですが、たまたま神戸で開催された会に声をかけていただき、私が講演して、スライドを使いながら野間自由幼稚園のことも紹介したのです。講演が終わった途端、ある方が私のところに来まして、「館長さん、実は私はこの野間自由幼稚園を出ているんです」と。びっくりしました。SPring-8という研究所が兵庫県にあるのですが、そこの所長さんだったのです。ちょうど富士通の社長さんや会長さんも同じテーブルで

図 1-14　野間自由幼稚園
写真提供：安藤忠雄建築研究所

図 1-15　安田侃《意心帰》
撮影：安田琢　写真提供：安田侃

したが、彼の話を聞いて驚いていました。「このような学校環境で勉強すると
必ずノーベル賞をもらえるような素晴らしい人材が生まれますよ」とお話しし
ました。そのくらい環境が大事だということを皆さん知ってほしいと思います。
　幼稚園内の庭園には、安田侃さんによる彫刻作品《意心帰》も設置されてい
ます（図 1-15）。安田侃さん、この方は北海道が生んだ有名な彫刻家ですけれ
ども、彼が創った彫刻で子どもたちが遊んでいます。この子どもたちもいずれ
ノーベル賞をもらえるようになるかもしれないですね。

金沢で現代美術館の館長になる

　やっと金沢 21 世紀美術館にきました。2004 年開館です。
　ここはすぐそばが金沢城、隣の森が兼六園です。図 1-16 は美術館横の市役所
屋上から撮影したものです。元は金沢大学附属小・中学校があった所です。た
くさんの優秀な人材を輩出しています。国の土地だった学校跡地を市が買った
のですね。以前、敷地左手には県庁もありましたが、港のほうに移転しました。

図 1-16　金沢 21 世紀美術館全景
写真提供：金沢市

少し脆弱化した地域に現代美術の美術館を造ろうという構想があって、美術館を造ったわけです。

　構想自体は開館の 10 年前からありましたが、館長が誰になるか長らく決まっていませんでした。あるとき金沢市長（当時）の山出保さんが私のところにいらして、「初代館長になってください」と頼まれました。そのときまだ美術館はできていません。どうしようかと悩みました。当時は大阪市立美術館長をしていましたから。山出市長は私が金沢生まれということをご存知なかったんですね。「実は私、金沢生まれなんです」と言ったら、びっくりしていました。金沢で生まれたけれども、幼い頃に神奈川県へ引っ越しています。ただ金沢には親戚がたくさんいますし、私の故郷だと思っています。そしてたまたま市長が私を金沢に呼んでくださいました。

　金沢は戦災に遭っていないのです。爆弾を落とされていないわずかな街の一つです。神戸も、福井も、日本の各地が爆弾を落とされています。しかし、金沢・奈良・京都・鎌倉には落とされませんでした。

　新潟の長岡は、戦争との関連性もないのに、爆弾を落とされています。長岡

になぜ爆弾が落とされたか知っていますか。山本五十六が生まれた所だからです。山本五十六自身はハーバードで2年も勉強しているんです。第二次世界大戦で犠牲になった日本人の数は300万人以上です。それだけ犠牲を払っているのに戦争はまだなくなっていません。

どうすれば人は来るのか

　話は戻りますが、金沢は奇跡的に焼かれていないのです。その金沢に現代美術館を造るといっても、人が来るわけがないですよ。そこにどうしたら人が来るか、考えなければなりません。何もしなかったら誰も来ませんよ。しかも、現代美術なんて人は来ませんよ。外国では当時から現代美術には集客力がありましたが、日本ではまだまだでした。

　今では年間250万人くらい来館者が来ています。なぜ、そんなに来るのでしょうか。開館当時はSANAAの名前もあまり知られていなかったでしょう。

　もちろんSANAAの設計は素晴らしいですよ。実は5カ所から入れるのです。美術館でそんなに入口があって逃げる所があったら盗難に遭いますよ。絶対にそんなことはタブー。しかも丸い。地価の高い日本で長方形の土地に丸い建物は贅沢な使い方ですが、あえて丸くして、地下を含め、入口を5カ所作りました。

　実は、322台入る駐車場がこの地下にあります。金沢は車社会ですから。さらに隣に市役所がありますが、市役所は土・日は休みで駐車スペースが空くから、私はどうしてもここにトンネルを造って、土・日に市役所の駐車場も使えるようにしてほしかった。それを実行しました。

　そして来館者は地上は4カ所から入れます。もちろん盗難についてはすごく気にしましたよ。入って逃げる所がいっぱいありますから。1カ所からの出入りならば捕まえられるけれど、4カ所もあれば、いくらでも逃げる所ができるわけです。

　しかし、この外壁のない、周囲がすべてガラス張りのつくりが大変効果的なんです。皆さんがもし泥棒でも —— たぶん、この中には泥棒の方はどなたもいらっしゃらないと思いますけれども（笑）—— 必ず人がいるかどうか周り

を見ますよ。周りを見たら、全部人です。ここでは逃げ込む所がないんです。
だから泥棒は絶対入れない。監視員さんも、いわゆる"監視員"の格好をして
いたら、すぐ監視員だとわかってしまいます。子どもも怖くて近寄りがたい。
だから、三宅一生さんの事務所にいらしたデザイナーの滝沢直己さんに、職
員用のユニフォームをデザインしてもらいました。皆同じユニフォームではな
く、いくつか種類があって、しゃれたデザインです。2015 年からは、皆川明
さんによる新しいデザインになっています。

　美術館は、建物が完成してから、どうしたら人が入るのだろうかと考えても
それでは遅い。開館前に、どうしたら来ていただけるか、事前準備をいろいろ
しました。その一つが、香林坊という交差点で、市が持っている土地に大きな
看板を立てることでした。市長に「この場所を1年貸してください」「どうす
る?」「看板を立てたいんです」と
談判しましてね。「こんなのはじめ
てですから。」という看板を立てま
した（図1-17）。こういう言葉の作
品をつくっている京都在住のアー
ティスト、イチハラヒロコさんに
毎月違う言葉をつくっていただき
ました。「なにやら胸騒ぎがします
な。」「期待して当たり前なんだし。」
など。この言葉の作品の看板が毎
月変わるんですよ、夜中に。もし
作品画像やポスターの看板だった
としたら、ずっと同じですよね。
変わらない。皆見ないでしょう。
ところが、このように言葉が変わ
ると、何気ない言葉ですよ、だけど、
忘れられない。1カ月間同じ言葉を
毎日見ながら運転していくわけで

図 1-17　イチハラヒロコ《金沢 21 世紀
美術館カウントダウン・ボード》
2003 年 10 月 18 日～ 2004 年 10 月 9 日
© イチハラヒロコ
写真提供：金沢 21 世紀美術館

すから、変わったらわかるでしょう。

　開館が近づいたらカウントダウンしたんです、あと何日でこの美術館ができるかを。そうすると、みんなワクワク、いつオープンするのだろう、ということになる。最後、ゼロ日になったときは、式典で市役所の前に私がボードを持ってきて、「めでたし。めでたし。」という作品を披露。イチハラさんは、今ますます人気のあるアーティストになっていますよ。

いろいろな仕掛けをしてこそ人は集まる

　金沢市の人口は約46万人です。その金沢市の美術館に年間200万人以上が来ます。開館初年度に150万人来ました。最初の記者会見で、「館長さん、年間何人ぐらい来ますか」と聞かれました。私は、そのときに、「目標として30万から40万人」と言ったのです。言ってから、困ったなあと。しかも、国宝、重要文化財は何もないわけです。モネの絵もない。一般的にまだ名前を知られていない、現代作家の作品ばかり。

　当時の皇太子さま、今の天皇陛下ですが、2006年に金沢21世紀美術館に行啓されました。ある作品をご覧になって、「作家さんはどなたですか」と聞かれました。案内役の私が覚えていなくて、台座のところに行って名前を見て「何々さんです」と申し上げました。お顔を拝見したら、殿下のお顔も私の隣で……。殿下も読んでいらっしゃったから、私が読んでいたことがすぐわかってしまったわけですけれども（笑）。

　アートでこれだけの人を集めるためには、いろいろな仕掛けをしないと絶対に来てもらえません。私は送迎用にバス1台を買わせました。なぜかというと、それまで幼稚園児や先生方を呼べなかったため、無料でこのバスで送迎し、来られるようにしたんですね。子どもは大事です。私は子どもたちを美術館へどうしても連れてきたかった。一生忘れない思い出をこの美術館でつくれば、その子たちは必ず戻ってくる、自分の子どもができたときにね。

　いろいろなことを企画したのですが、その中の一つが、開館記念展に金沢市の当時の小中学生4万人全員を美術館に招待することでした。小中学生はコレクション展の観覧はもともと無料です。けれども、学校ごとに見学に来た子ど

もたちに専用のチケットを渡せば、必ず親を連れてまた来てくれると思いました。そのチケットに「無料券」と書いたらつまらないから、「もう一回券」としました。「さらにもう一回」用に計2枚をパンフレットに付けて、必ず学校名も記入してもらうようにしました。3カ月で何枚この券が戻ってきたと思いますか。7,000枚ですよ。ということは子どもは7,000人来ているのですけれども、その1枚につき大人4〜5人を連れてきているかもしれない。1人では来られないからです。この券のおかげでどれだけ親・おじいちゃん・おばあちゃんを連れてきてくれたことか。そうしたら、また次も来ますよ。この招待プログラムは、翌年度からは小学校4年生に対象を絞って、毎年行っています。

　そして、2007年に開催したアーティストの日比野克彦さんの「明後日朝顔プロジェクト21」では、美術館の建物の周囲全体にアサガオを植えました。外からはもちろん、全部ガラス張りですから、皆さん、中からも花が咲いている様子が見られるのです。中に入ると本当にきれいですよ。このアサガオを皆朝早く起きて見に来るのです。中学生500名に種を配って、名前をつけて苗植えしてもらいました。自分のアサガオの世話にも来てくれて、そのおかげもあって見事に咲いたのです。

子どもに嘘をつかず、本物を見せる

　それから、図1-18のプールの作品。金沢は寒くてプールなんて冬に見たら寒気がするかもしれません。しかし、このプール、子どもたちにとっては人気の的です。上から見ると、普通の洋服を着た人がプールの中に居る。これはトリックですよ。この作品は、アルゼンチン出身の若い、当時まだ30歳ぐらいだったアーティスト、レアンドロ・エルリッヒによる《スイミング・プール》です。この金沢での作品がなかったら、誰も彼の名を知らなかったと思います。2018年の森美術館で開催の彼の展覧会は、60万人もの入場者だったそうです。

　子どもに絶対嘘をついてはいけないし、偽物を見せてはいけない。本物を見せなければならない。これは本物のプールですよ。偽物のプールではないんです。だから、子どもたちは驚きますよ。上から見ると、トリックはまだわ

図1-18　レアンドロ・エルリッヒ
《スイミング・プール》
2004年　撮影：渡邉修
写真提供：金沢21世紀美術館

かりません。しかも、太陽の光が当たると、本当にプールに水が深く張ってあるように見えるのです。これ、実は水は9センチメートルしか入っていないんですね。しかも、水面に風を当てていますから、常に水が少し揺らいでいるのです。これをうまく彼は考えたのです。水が揺らいでいなかったらすぐ構造がわかってしまう。それから、プールの下に行く階段が見えていたら、やはりわかってしまうのです、「あ、ここに水は入っていないんだな」と。だから、階段は一番奥の見つからないところにあります。そこがみそなのですよ。

　私が一番苦労したのは、プールの下に行くためのエレベーターの予算を取ることでした。エレベーター設置には多額のお金がかかります。このプールの下を見せるために、なぜエレベーターを造らなければいけないか。2020年の今、判子はもう要らんという話が出ていますけれども、私はあのときに判子を押すか押さないか、すごく迷いました。当初、費用を少しはセーブできると思ったのです。しかしやはり、来館者の誰もがプールの下にアクセスしやすいように、階段に加えてエレベーターも造って本当によかったです。だから、ちょっとした決断というのはすごく大事。節約もほどほどにしないと問題が起きますよ。

　それから、子どもが遊べるような卓球台の作品《ピン＝ポンド・テーブル》をガブリエル・オロスコという作家につくってもらいました。

　そして何が起きたでしょうか。学力テストの成績です。石川県は全国でトップになっているのです。2018年の全国学力テストにおいて、5科目中4科目で1位という結果になっています。なぜだかわかりますか。感性というものは目

に見えないですけれども、いろいろな面で役に立つのです。自己を見つめることにもつながるし、勉強の意欲も湧く。この感性を育てることによって学力も上がる。先ほどの街、コロンバスと同じですよ。やはり、良い環境で育つと勉強したくなる。これが鍵です。

　これまでの努力と工夫は、データに全部反映されています。2018年度の兼六園と美術館の年間入場者数を見ると、美術館258万人、兼六園275万人です。兼六園にはどうしても勝てない。勝ちたいのですけど。いずれは勝つと思います。福井や富山からも大勢の方々が、美術館を訪れてくださっています。

兵庫県立美術館では屋上にシンボルのカエルの作品を

　図1-19が、安藤忠雄さんが設計した、今私がいる兵庫県立美術館です。海から見ると最高の眺めです、六甲の山が背後にあります（図1-19）。ビルバオと一緒で、ここには神戸製鋼がありました。以前は3万人も働いていた所です。そこに美術館が建ったわけです。だから動員の仕掛けが必要でした。

　そこで、"ミュージアムロード"をつくりました。当館は県立ですが、道路は市が保有しています。当館から神戸市立王子動物園までの道路に"ミュージ

図1-19　兵庫県立美術館　海からのながめ
©Jiro Fujiwara
写真提供：兵庫県立美術館

アムロード"という愛称をつけました。命名式には市長さんや安藤さんも参加
されました。

　それから美術館を目立たせるために、本当は屋上にホフマンのアヒルの作
品を置きたかったのですけれども、アヒルは水に浮かぶ動物ということで、こ
のカエルの作品になりました（図1-20）。作家のフロレンティン・ホフマンは
世界的に有名ですが、この《美かえる》のおかげで今や神戸でもとても有名に
なりました。美術館も今では《美かえる》が屋上にいないと寂しいと言われる
ようになりました。北に位置する王子動物園を出ると、南方遠くにちゃんと、
「あっ、あれが美術館だ」というような目印ができたわけです。"ミュージアム
ロード"沿いのさまざまな場所にも、《美かえる》の色が取り入れられました。
美術館最寄りの阪神電鉄岩屋駅も、駅名変更が大変でしたが、お願いして「兵
庫県立美術館前」という文字を入れてもらいました。

　色が不揃いだった対岸の倉庫の扉は、私が着任した2010年、安藤さんのご
寄付により、統一した色が塗られてきれいになりました。電柱も地中化のお
願いをしました。電線も国土交通省にお願いして外していただき、《美かえる》

図1-20　兵庫県立美術館北入口風景
左屋上に《美かえる》
写真提供：兵庫県立美術館

がよく見えるようになりました。

　それから"ミュージアムロード"にかかる高速道路の壁面にも、どうしても「MUSEUM ROAD」という名前を入れてもらいたいと考えました。ここは絶対無理だと言われていたのですが、実現しました。

トップが動かなければ何も変わらない

　美術館の付近に彫刻も設置しました。県が資金を出してくれています。今は市も出してくれるようになりました。また、美術館の南岸でレガッタをやりたいと考え、そのイベントも毎年開催しています。子ども向けのプログラムも各種実施しています（図1-21）。

　当館の中で私の一番好きな場所は、図1-22の場所でした。雪舟の《秋冬山水図》（東京国立博物館所蔵）を彷彿とさせる場所で、2019年、そこにぴったりの Ando Gallery がオープンしました（図1-23）。安藤さんが多額の寄付をしてくださいました。Ando Gallery の開館記念式典には、井戸知事もいらっしゃいました。図1-24は安藤さんによる「青りんご」です。

図1-21　小学生向けのコレクション展　ギャラリートーク
写真提供：兵庫県立美術館

図1-22 Ando Gallery 建設前の外観画像　　　　図1-23 Ando Galley
写真提供：兵庫県立美術館　　　　　　　　©Natori Kazuo
写真提供：兵庫県立美術館

図1-24 安藤忠雄氏によるオブジェ「青りんご」
写真提供：兵庫県立美術館

　ちょっとしたことなんですけれども、行動することによって、人が集まって
くるのです。いくら良い建物があっても、館長が動かなかったら周りは絶対動
かない。何もしない人もいますよ。しかし、やはり人が来て何ぼの世界だと私
は思っていますから。

　今（2020 年 10 月 9 日時点）、コロナ対策で本当に大変です。最初は 1 時間
に 100 人以上入れてはいけないとお達しがありました。今は少し人数を増や
してよくなり 200 人になりましたが、これから 500 人入れてよくなればと思っ
ています。

　2020 年 3 月、ちょうどゴッホ展のときでしたが、会期途中で休館を余儀な
くされもしました。今（2020 年 10 月 9 日時点）は、感染防止対策を実施して、
「ミナ ペルホネン／皆川明 つづく」展を開催しています。幸い多くの方にご
来館いただいています。

　どうもありがとうございました。（拍手）

　　　　　　　　　　　　　　　　　（編集協力：江藤 祐子・中山 由恵）

注
1)　北海道教育大学函館校シンポジウム「国際地域研究の発展 ― 世界を呼び込む地域へ　世界
　　に挑む地域を ―」（2020 年 10 月 9 日）における基調講演の内容を本書用に編集して掲載。
2)　The Economist Newspaper Limited, 'SPECIAL REPORT MUSEUMS' p.3, "The
　　Economist" December 21st 2013.

┌─ 関連ミュージアム・施設サイト一覧 ────────────────
│
│　本章にて言及しているミュージアム・施設の URL を以下にご紹介します。
│　　　　　　　　　　　　　　　　　　　　　　（2020 年 12 月 16 日アクセス）
│〈イギリス〉
│大英博物館　The British Museum
│　https://www.britishmuseum.org/　公式サイト（英語）
│ロンドン自然史博物館　The Natural History Museum
│　https://www.nhm.ac.uk/　公式サイト（英語）
│テート・モダン　Tate Modern

　https://www.tate.org.uk/visit/tate-modern　公式サイト（英語）
テート・ブリテン　Tate Britain（かつてのテート・ギャラリー）
　http://www.tate.org.uk/visit/tate-britain　公式サイト（英語）

〈フランス〉
ポンピドゥー・センター（ジョルジュ・ポンピドゥー国立芸術文化センター）
The Centre Pompidou
　https://www.centrepompidou.fr/en　公式サイト（英語）
ルーヴル美術館　The Musée du Louvre
　https://www.louvre.fr/en/homepage　公式サイト（英語）
　https://www.louvre.fr/jp/homepage　公式サイト（日本語）
ルーヴル美術館別館 ルーヴル・ランス　The Louvre Lens
　https://www.louvrelens.fr/en/　公式サイト（英語）

〈スペイン〉
ビルバオ・グッゲンハイム美術館　Museo Guggenheim Bilbao
　https://www.guggenheim-bilbao.eus/en　公式サイト（英語）
　https://www.guggenheim-bilbao.eus/ja/hours-and-admission　公式サイト（日本語）

〈カナダ〉
ロイヤルオンタリオ美術館　The Royal Ontario Museum
　https://www.rom.on.ca/en　公式サイト（英語）
モントリオール美術館　Musée des beaux-arts de Montréal
　https://www.mbam.qc.ca/en/　公式サイト（英語）

〈アメリカ〉
ハーバード大学附属 フォッグ美術館　The Fogg Museum
The Harvard Art Museums
　— the Fogg Museum, Busch-Reisinger Museum, and Arthur M. Sackler Museum —
　https://harvardartmuseums.org/　公式サイト（英語）
ルービン美術館　The Rubin Museum of Art
　https://rubinmuseum.org/　公式サイト（英語）
グッゲンハイム美術館　Solomon R. Guggenheim Museum
　https://www.guggenheim.org/　公式サイト（英語）
シカゴ美術館　The Art Institute of Chicago

　　https://www.artic.edu/　公式サイト（英語）

　　https://www.artic.edu/visit?lang=ja　公式サイト（日本語）

フィールド自然史博物館　The Field Museum

　　https://www.fieldmuseum.org/　公式サイト（英語）

　　https://www.fieldmuseum.org/ja/visit　公式サイト（日本語）

インディアナポリス美術館　Indianapolis Museum of Art Galleries

　　https://discovernewfields.org/　公式サイト（英語）

サンフランシスコ近代美術館　San Francisco Museum of Modern Art

　　https://www.sfmoma.org/stories/　公式サイト（英語）

インディアナ州コロンバス 観光案内　Visit Columbus Indiana

　　https://columbus.in.us/　公式サイト（英語）

カミンズ財団プロジェクト

　　https://columbus.in.us/cummins-foundation/

The Columbus Indiana Architecture Story

※コロンバス地域のさまざまな建築物にまつわる話が紹介されている。

　　https://columbus.in.us/architecture-story/

〈アラブ首長国連邦（ＵＡＥ）〉

ルーヴル美術館別館 ルーヴル・アブダビ　The Louvre Abu Dhabi

　　https://www.louvreabudhabi.ae/　公式サイト（英語）

〈日本〉

兵庫県立美術館　Hyogo Prefectural Museum of Art

　　https://www.artm.pref.hyogo.jp/　公式サイト（日本語）

金沢 21 世紀美術館　21st Century Museum of Contemporary Art, Kanazawa

　　https://www.kanazawa21.jp/　公式サイト（日本語）

東京国立博物館　Tokyo National Museum

　　https://www.tnm.jp/　公式サイト（日本語）

旭川市 旭山動物園 Asahikawa City Asahiyama Zoo

　　https://www.city.asahikawa.hokkaido.jp/asahiyamazoo/　公式サイト（日本語）

石川県加賀市立錦城中学校

　　http://www.kaga.ed.jp/~kinjyo-j/　公式サイト（日本語）

静岡県伊東市 野間自由幼稚園

　　http://noma-jiyukdg.jp/　公式サイト（日本語）

第**2**章

新在留資格「特定技能1号」における
政府の目論見と実態との乖離
― その要因と改善策試案 ―

孔　麗

は じ め に

　2018年12月の「出入国管理及び難民認定法」（以下、入管法）改正に伴って、2019年4月、不足する人材の確保が必要な分野で、相当程度の知識や経験を必要とする業務に従事する外国人向けの「特定技能1号」と、熟練した技能を要する業務に従事する「特定技能2号」という新たな在留資格の運用が開始された。

　政府は、特定技能1号の受け入れ人数を初年度4万7千人、5年間で34万5千人と見込んでいた。しかし、出入国在留管理庁が3カ月ごとに公表しているデータでは、2020年6月末でも5,950人で、目論んだ数値を大きく下回っている。その理由として、特定技能1号の申請書類の不備のほか、送り出し国の対応の遅れなどが挙げられているが、それだけでは政府の目論見と実態との大きな乖離は説明できない。

　そこで本章では、特定技能1号の制度創設の経緯と概要、それをめぐる各界からの批判等を記述したうえで、出入国在留管理庁が3カ月ごとに公表する「特定技能1号在留外国人数」の最新データ（2020年6月末現在）から、政府の目論見と実態との大きな乖離要因を探り、特定技能1号の現段階における改善策と、将来的に安定した外国人材の受け入れの方向性について論述する。特

定技能 2 号については、当面、建設業と造船・舶用工業に限定されているため、ここではふれない。

　なお本章では、受け入れ政策と密接に関係する外国人材との共生社会実現に向けた「共生対策」については言及しない。

1.「特定技能 1 号」の創設経緯

　日本は、少子高齢化の進行に伴い生産年齢人口が減少し続けており、農林漁業や製造業、外食業などで労働力不足が深刻化している。それを補っているのが、外国人の技能実習生や「特定活動」による留学生のアルバイトである。

　そのため、「単純労働者は受け入れない」とする政府の基本姿勢の見直しを求める声が上がってきた。例えば、日本経済団体連合会（以下、経団連）(2016) は一定の技能を有する外国人材の活用を提言している。

　これに応えようとしたのが、「自民党政務調査会労働力確保に関する特命委員会」の報告書 (2016) である。そこでは、いわゆる単純労働者に対する慎重論を引きずるのではなく、成長戦略の考え方を推し進めるべきだとして、「移民政策 [1] と誤解されないように配慮しつつ、……必要性がある分野については、……、就労目的の在留資格を付与して受け入れを進めていくべきである」としている。これによって、外国人の就労を認める範囲の拡大を具体的に検討する基礎が固まった。これを基本に、2018 年 2 月の「経済財政諮問会議」で安倍首相（当時）は、専門的・技術的分野における外国人受け入れ制度のあり方について、真に必要な分野に着目しつつ、制度改正の具体的な検討を早急に進めるよう官房長官と法務大臣に指示した。それを受けて内閣官房にタスクフォースが設置された。

　6 月には「経済財政運営と改革の基本方針 2018（骨太の方針）」が閣議決定された。人手不足対策を目的とする新たな外国人材の受け入れ制度の方向性が示され、「移民政策とは異なるものとして」一定の専門性・技能を有し即戦力となる外国人材受け入れのための在留資格の創設が提示された。同時に、在留

期間5年間、求める技術と日本語能力の水準、3年以上の技能実習修了者の試験免除など基本的な要件も示された。

　11月、相当程度の知識または経験を必要とする技能を要する業務に従事する「特定技能1号」と、熟練した技能を要する業務に従事する「特定技能2号」という新たな在留資格を創設する「入管法」改正案が国会に上程された。これは、現行の在留資格のうち、いわゆる「専門的・技術的分野」といわれる「技術」「人文知識・国際業務」「技能」などの中に、技能の熟練レベルがやや劣るカテゴリーを設けたものである。これは、日本商工会議所・東京商工会議所の提言（2018）にある新たな在留資格「中間技能人材」に相当するものである。

　受け入れ分野は、生産性向上や国内人材確保の取り組みをしても、なお人材確保が困難な状況にある分野（「特定産業分野」）とされた。

　同時に、その運用のため、12月に「特定技能の在留資格に係る制度の運用に関する基本方針」（以下、基本方針）と、「特定技能の在留資格に係る制度の運用に関する方針」（以下、分野別運用方針）が閣議決定された。さらに、関係機関による「分野別運用要領」も策定された。なお、「基本方針」は、改正法施行後2年を目途として検討を加え、必要があれば見直すこととなっている。

　これに対して野党は、多くの要件が政令に委ねられていること、技能実習制度の問題が未解決のままであることなどから反対したが、12月に「入管法」改正案は成立し、2019年4月に施行された。同時に、「法務省設置法」の一部改正により「出入国在留管理庁」が発足した。

2.「特定技能1号」の概要

　特定技能1号の在留期間は通算で5年までで、家族の帯同は原則認められていない。技能や日本語能力の水準は試験等で確認することとされ、日本に在留していない外国人は母国で受験し、留学生などすでに日本に在留している外国人は国内で受験する。3年以上の技能実習修了者は、これらの試験は免除さ

れる。

　受け入れ機関（企業や協同組合等）は、原則としてフルタイムの直接雇用契約を結ぶが、農業と漁業については例外的に派遣（間接雇用契約）も認められている。所定労働時間や報酬は、日本人従業員と同等以上でなければならない。

　受け入れ人数は、技能実習制度とは異なり、介護と建設分野を除いて上限はない。同一の業務区分内であれば転職ができる。受け入れ機関には、給与の預貯金口座への振り込み、住居の確保、労災保険への加入などが求められる。

　また、受け入れ機関は、業務や日常生活・社会生活に必要な日本語学習機会の提供、外国人からの相談・苦情への対応、日本人との交流などを支援するための「外国人支援計画」を策定し、実施しなければならない。ただし、その一部または全部を「登録支援機関」に委託することができる。登録支援機関となれるのは、就労資格のある外国人の受け入れや、外国人に対する各種相談業務の実績等がある個人または団体で、支援業務を行う体制が整っていることが条件である。支援に要する経費を直接・間接に外国人に負担させてはならない。

　外国人には、保証金が徴収されていないことや、違約金を定める契約を締結していないことが求められ、保証金を徴収するなどの悪質な仲介業者等の介在防止のため、政府間による二国間協力覚書[2]を交わすことになっている。

　受け入れる特定産業分野は、介護・素形材産業[3]・産業機械製造業・建設業・宿泊業・農業・漁業・飲食料品製造業・外食業など14分野である（表2-1）。また、有効求人倍率、雇用動向調査や企業への調査等の客観的な指標等により（これを政府は「客観的労働市場テスト」と称している）、向こう5年間の受け入れ見込み数を「分野別運用方針」に示さなければならないとしている。この見込み数は、大きな経済情勢の変化がない限り、受け入れの上限として運用されることになっている。

　なお、地域ごとの人手不足の状況把握、大都市圏等への過度な集中を回避するための対応策の検討と調整などは、受け入れ機関・業界団体・関係省庁等で構成される分野別の協議会で行うことになっている。

表2-1 特定技能1号の受け入れ分野と受け入れ見込み数

所 管	分 野	従 事 す る 業 務	5年間の受け入れ見込み数（人）
厚生労働省	介護	・身体介護等（訪問系サービスは除く）	60,000
	ビルクリーニング	・建築物内部の清掃	37,000
経済産業省	素形材産業	・鋳造 ・鍛造 ・ダイカスト ・機械加工 ・金属プレス加工 ・工場板金 ・めっき ・アルミニウム陽極酸化処理 ・仕上げ ・機械検査 ・機械保全 ・塗装 ・溶接	21,500
	産業機械製造業	・鋳造 ・鍛造 ・ダイカスト ・機械加工 ・塗装 ・鉄工 ・工場板金 ・めっき ・仕上げ ・機械検査 ・機械保全 ・電子機器組立 ・電気機器組立 ・プリント配線板製造 ・プラスチック成形 ・金属プレス加工 ・溶接 ・工業包装	5,250
	電気・電子情報関連産業	・機械加工 ・金属プレス加工 ・工場板金 ・めっき ・仕上げ ・機械保全 ・電子機器組立 ・電気機器組立 ・プリント配線板製造 ・プラスチック成形 ・塗装 ・溶接 ・工業包装	4,700
国土交通省	建設業	・型枠施工 ・左官 ・コンクリート圧送 ・トンネル推進工 ・建設機械施工 ・土工 ・屋根ふき ・電気通信 ・鉄筋施工 ・鉄筋継手 ・内装仕上げ、表装	40,000
	造船・舶用工業	・溶接 ・塗装 ・鉄工 ・仕上げ ・機械加工 ・電気機器組立	13,000
	自動車整備業	・日常点検整備 ・定期点検整備 ・分解整備	7,000
	航空業	・地上走行支援 ・手荷物、貨物取り扱い ・機体、装備品等の整備 等	2,200
	宿泊業	・フロント ・企画、広報 ・接客 ・レストランサービス等を含む宿泊サービス	22,000
農林水産省	農業	・耕種農業全般（栽培管理、農産物の集出荷・選別等） ・畜産農業全般（飼育管理、畜産物の集出荷・選別等）	36,500
	漁業	・漁業（漁具の製作・補修、水産動植物の探索、漁具・漁労機械の操作、水産動植物の採捕、漁獲物の処理・保蔵、安全衛生の確保等） ・養殖業（養殖資材の製作・補修・管理、養殖水産動植物の育成管理・収穫（獲）・処理、安全衛生の確保等）	9,000
	飲食料品製造業	・飲食料品製造全般（酒類を除く）の製造加工、安全衛生	34,000
	外食業	・外食業全般（飲食物調理、接客、店舗管理）	53,000
計			345,150

出所：法務省「分野別運用方針」から筆者作成。

3.「特定技能 1 号」に関する各界からの批判

　特定技能に関しては、経団連や日本商工会議所など経済団体はおおむね評価しているが、労働界や法曹界からは批判的な意見が出されている（表 2-2）。

　日本労働組合総連合会（以下、連合）からは、国民的な議論や雇用・労働政策からの視点の欠如、国内労働者の労働条件への影響等についての透明性ある議論の必要性などが指摘されているが、これらはその他の団体とも共通した認識であろう。

　それ以外の要点を整理すると、以下のとおりである。

① 　特定技能 1 号は「相当程度の知識又は経験を必要とする技能を要する業務に従事する者」とされているが、具体的な基準が示されていない。

② 　業種・地域ごとの受け入れ人数を毎年決定し、その際には政府が言う「客観的労働市場テスト」ではなく、受け入れ希望の事業主による「労働市場テスト」[4] を実施すべきである。

③ 　送り出しから受け入れまでのプロセスから民間事業者を排除し、政府機関が行うこと、受け入れの可否を検討する専門的な機関の設置、受け入れ機関の許可制やポイント制の導入も検討すべきである。

④ 　日本人従業員と同等以上の処遇といっても具体性がなく、政府が賃金水準の判断基準を提示すべきである。

⑤ 　転職を円滑に進めるため、公的機関が同一業務区分の求人情報を収集して提供すること、業種横断的な転職や同一企業内での違う職種への移動を容認することも必要である。

⑥ 　技能実習生から特定技能 1 号に移行した場合、滞在期間が長期となるから、一定期間以上滞在した者の家族帯同を認めるべきである。

⑦ 　外国人材の受け入れと雇用管理に関する総合的な法律・制度を整備すべきである。

⑧ 　新たな制度を創設するなら、技能実習制度は廃止すべきである。

表 2-2 特定技能に対する主な批判・意見等

批 判 ・ 意 見 等 の 名 称 お よ び 主 な 内 容
連合「外国人材の受け入れに関する新たな在留資格の創設に対する当面の取り組み」(2018.6.28) ・受け入れの是非について国民的な議論が必要。 ・雇用・労働政策の視点が欠如。 ・人手不足の現状、国内人材確保、国内労働者の労働条件への影響等について透明性ある議論を。 ・日本人と同等の報酬について、政府としての判断基準を明らかにすべき。 ・外国人労働者の雇用管理に関する法律を整備すべき。
日本労働弁護団「新たな外国人労働者受け入れ制度創設に対する声明」(2018.10.31) ・新たな制度の創設と同時に、問題の集中している技能実習制度を廃止すべき。
日本弁護士連合会「出入国管理及び難民認定法及び法務省設置法の一部を改正する法律案に対する意見書」(2018.11.13) ・技能実習制度は直ちに廃止されるべき。 ・公的機関が同一分野の事業者リストを公開するなど、転職支援を行うことが必要。 ・特定技能1号であっても、一定期間以上滞在した者の家族帯同を認めるべき。 ・特定技能者に求められる能力の具体的基準を示すべき。
自由人権協会「新たな外国人材の受け入れに関する意見書」(2018.11.16) ・受け入れプロセスから民間事業者を排除し、政府組織間で取り扱うべき。 ・日本人労働者と同等以上の処遇のため、賃金水準に関する客観的な指標を確立すべき。 ・転職を保障するため、公共職業安定機関が求人情報を収集しアクセスしやすい環境を整えるべき。 ・短期間での家族帯同を認めるべき。 ・業種別・地域別の総量規制など、量的コントロールの手段と内容を早急に検討すべき。
神奈川県弁護士会「技能実習制度の問題点を十分に検証し外国人労働者の保護を図ることを求める会長声明」(2018.12.14) ・職場移転の保障や母国の中間団体の排除など、外国人労働者の保護のため実効ある制度創設を。 ・技能実習制度を廃止すべき。
経済同友会「持続的成長に資する労働市場改革」(2019.1.21) ・労働市場テストを実施すべき。 ・送り出し国と業種・地域ごとの受け入れ人数を毎年決定し、その範囲内で受け入れること。 ・業種横断的な転職や同一企業内で違う職種に移動することができる仕組みが必要。 ・転職の斡旋は、中立的立場で公正な判断が可能な機関が担当すべき。 ・二国間協定を締結した上で、送り出し国でのリクルートから在留期間の支援は政府が直接行うべき。 ・外国人材受け入れに係る総合的な法律の整備が必要。 ・外国人材受け入れの可否を検討する専門的機関の設置が必要。 ・技能実習制度の廃止も視野に入れた制度に見直すべき。 ・受け入れ企業等は許可制とするとともに、ポイント制を導入すべき。 ・一定の就労期間後には配偶者と子弟に限り、家族帯同を認めるべき。

出所：各意見書等から筆者が抜粋し作成。

4.「特定技能 1 号」在留外国人の現状

　出入国在留管理庁による 2020 年 6 月末現在の「特定技能 1 号在留外国人数」から現状を見てみる。在留外国人は全国で 5,950 人と、政府が当初見込んでいた初年度最大 4 万 7 千人の 13 パーセント（％）に満たない。

　特定技能 1 号の在留資格を得たルート別に見ると（表 2-3）、全体では 85％が技能実習を終えた者が占めている。分野別には、介護は試験ルートが 71％を占め、技能実習制度が適用されていなかった宿泊[5]・外食業は全員が試験ルートである。それ以外の分野では、98％が技能実習からの移行である。

　技能実習から特定技能 1 号へ移行した割合を推計してみる。特定技能 1 号に移行できる技能実習生は、2018 年 12 月現在の法務省「在留外国人統計」によると、技能実習 2 号が 17 万 7,585 人、3 号が 7,398 人の合計で 18 万 4,983 人である。一方、出入国在留管理庁の 2020 年 6 月末の特定技能 1 号在留外国人 5,950 人のうち、介護と技能実習制度適用外であった宿泊・外食業を除くと 5,134 人となる。したがって、対象技能実習生のうち特定技能 1 号に移行した者の割合はわずか 3％にすぎず、ほとんどの技能実習生は帰国したとみられ

表 2-3　ルート別特定技能 1 号在留外国人数

（単位：人、％）

分　野	人　数	試験ルート	技能実習ルート	検定ルート	介護福祉士養成施設修了ルート	EPA 介護福祉士候補者ルート
介護	170 (100.0)	120 (70.6)	－	－	－	50 (29.4)
宿泊・外食業	646 (100.0)	646 (100.0)	－	－	－	－
上記以外	5,134 (100.0)	89 (1.7)	5,044 (98.2)	1 (0.0)	－	－
総　数	5,950 (100.0)	855 (14.4)	5,044 (84.8)	1 (0.0)	－	50 (0.8)

出所：出入国在留管理庁「特定技能 1 号在留外国人数（2020 年 6 月末）」から筆者作成。

表 2-4　地域別特定技能 1 号在留外国人数と技能実習生数

（単位：人、％）

区　分	特定技能 1 号		技能実習生	
項　目	人　数	構成比	人　数	構成比
南関東	1,487	25.0	65,036	16.9
東海	995	16.7	83,568	21.8
九州	813	13.7	42,390	11.0
北関東・甲信	779	13.1	42,243	11.0
近畿	718	12.1	46,502	12.1
中国	378	6.4	34,100	8.9
北海道	287	4.8	12,946	3.4
四国	202	3.4	18,133	4.7
北陸	171	2.9	20,745	5.4
東北	118	2.0	18,315	4.8
未定・不詳	2	0.0	−	−
全　国	5,950	100.0	383,978	100.0

注：地域区分は総務省統計局「地域区分」によった。
出所：出入国在留管理庁「特定技能 1 号在留外国人数（2020 年 6 月末）」、
　　　厚生労働省「外国人雇用状況（2019 年 12 月）」から筆者作成。

る。地域別には（表 2-4）、東京都を含む南関東が全国の 25％を占め、東海、
九州、北関東・甲信、近畿と続いているが、中国、北海道、四国、北陸、東北
は少ない。これを 2019 年 12 月現在の技能実習生の分布と比べると、技能実
習生が多い地域ほど特定技能 1 号在留外国人も多くなっている。

　賃金水準との関係で見ると（図 2-1）、最低賃金が高い地域ほど特定技能 1
号在留外国人が多い傾向が見られ、南関東、東海では顕著である。当初から、
賃金の高い地域に集中するのではないかと懸念されていたが、2020 年 6 月時
点でもその傾向が見て取れる。今後は、同一業務区分であれば転職が認められ
ることも、それを後押しすると考えられる。

　国籍別には（表 2-5）ベトナムが 59％と最も多く、中国、インドネシア、
フィリピンと続いている。技能実習生の国籍別の分布と比較すれば、中国と
フィリピンは技能実習生の構成比より特定技能 1 号在留外国人の方が低くなっ
ており、とくに中国は、技能実習生の構成比は 24％にすぎない。

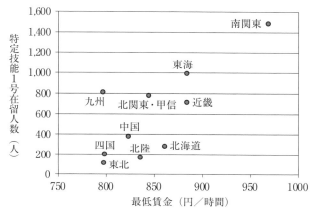

図2-1　地域別の最低賃金と特定技能1号在留外国人数

出所：厚生労働省「地域別最低賃金全国一覧（2019年10月）、出
　　　入国在留管理庁「特定技能1号在留外国人数（2020年6月
　　　末）から筆者作成。

表2-5　特定技能1号在留外国人と技能実習生の国籍別在留数

（単位：人、％）

区　　分	特定技能1号		技能実習生	
項　　目	人　　数	構成比	人　　数	構成比
ベトナム	3,500	58.8	164,499	50.1
中国	597	10.0	77,806	23.7
インドネシア	558	9.4	26,914	8.2
フィリピン	369	6.2	30,321	9.2
ミャンマー	291	4.9	8,432	2.6
カンボジア	243	4.1	7,424	2.3
タ　　イ	177	3.0	3,639	1.1
ネパール	49	0.8	257	0.1
その他	166	2.8	9,068	2.8
総　　数	5,950	100.0	328,360	100.0

資料：出入国在留管理庁「特定技能1号在留外国人数（2020年6月
　　　末）」、法務省「在留外国人統計（2018年12月）」から筆者作
　　　成。

表2-6 製造業一般工の平均月額賃金（2019年）

(単位：ドル、％)

国	地域	月額賃金	対中国比
中国	北京	698	100.0
タイ	バンコク	413	59.2
インドネシア	ジャカルタ	308	44.1
ミャンマー	ヤンゴン	265	38.0
ベトナム	ホーチミン	242	34.7
フィリピン	マニラ	234	33.5
カンボジア	プノンペン	201	28.8

出所：三菱 UFJ 銀行「アジア・オセアニア各国の賃金
比較（2019年5月）」から筆者作成。

表2-7 分野別特定技能1号在留外国人数と受け入れ見込数

		人数 （人）	構成比 （％）	受け入れ見込数	
				（5年間の最大値）	構成比
分野	介護	170	2.9	60,000	17.4
	ビルクリーニング	84	1.4	37,000	10.7
	素形材産業	537	9.0	21,500	6.2
	産業機械製造業	561	9.4	5,250	1.5
	電気・電子情報関連産業	268	4.5	4,700	1.4
	建設業	374	6.3	40,000	11.6
	造船・舶用工業	175	2.9	13,000	3.8
	自動車整備業	54	0.9	7,000	2.0
	航空業	2	0.0	2,200	0.6
	宿泊業	39	0.7	22,000	6.4
	農業	930	15.6	36,500	10.6
	漁業	55	0.9	9,000	2.6
	飲食料品製造業	2,094	35.2	34,000	9.9
	外食業	607	10.2	53,000	15.4
総　数		5,950	100.0	345,150	100.0

出所：出入国在留管理庁「特定技能1号在留外国人数（2020年6月末）」、法務
省「分野別運用方針」から筆者作成。

　これは、母国の賃金水準の向上によるものと考えられる。中国からの技能実習生は年々減少傾向にあるが、その最大の要因は、近年の著しい経済成長に伴って中国の賃金が上昇し、日本との賃金格差が大幅に縮小したことである。特定技能1号の在留数が多い国について、製造業一般工の平均月額（ドル換算）を見ると（表2-6）、中国を100とした場合、タイを除き4割から3割の水準である。したがって、特定技能1号においても技能実習生と同様に、中国の相対的ウエイトは低下していくものとみられる。

　分野別に見ると（表2-7）、飲食料品製造業が35％と最も多くを占め、農業が16％、外食業が10％、産業機械製造業と素形材産業が9％と続いている。その構成比を受け入れ見込み数と比較すると、飲食料品製造業・農業・産業機

表2-8　地域別分野別特定技能1号在留外国人数

（単位：人）

項目	北海道	東北	南関東	北関東・甲信	北陸	東海	近畿	中国	四国	九州	未定・不詳	総数
介護	3	9	66	13	−	8	45	5	−	1	−	170
ビルクリーニング	−	−	26	15	−	12	22	4	−	5	−	84
素形材産業	3	4	46	77	21	242	64	51	11	18	−	537
産業機械製造業	2	10	52	61	22	139	175	36	3	61	−	561
電気・電子情報関連産業	−	5	15	41	34	74	42	50	1	6	−	268
建設業	14	15	138	20	6	63	53	22	20	23	−	374
造船・舶用工業	−	−	35	−	−	6	5	46	35	48	−	175
自動車整備業	4	2	6	8	6	10	8	5	−	5	−	54
航空業	−	−	1	1	−	−	−	−	−	−	−	2
宿泊業	2	2	5	5	1	11	7	1	3	2	−	39
農業	128	27	86	229	20	79	36	17	49	258	1	930
漁業	22	2	1	4	−	3	2	16	1	4	−	55
飲食料品製造業	99	36	670	284	51	277	167	113	78	318	1	2,094
外食業	10	6	340	21	10	51	92	12	1	64	−	607
総数	287	118	1,487	779	171	995	718	378	202	813	2	5,950

出所：出入国在留管理庁「特定技能1号在留外国人数（2020年6月末）」から筆者作成。

械製造業・素形材産業では受け入れ見込み数の構成比を大きく上回っており、これらの分野では現在までは、他の分野より特定技能1号の在留が進んでいると言える。

　分野別の特定技能1号在留数を地域別に見ると（表2-8）、地域産業の特性を反映した形となっている。例えば、南関東は飲食料品製造業分野が45％を占め、全国の3分の1が集中している。また、外食業やオリンピック関連施設のための建設分野も多くなっている。東海や近畿は、素形材産業分野や産業機械製造業分野・飲食料品製造業分野が中心となっており、北関東・甲信や九州、北海道では農業分野が多くなっている。

5.　政府の目論見との大きな乖離の要因

　特定産業分野における労働力不足への対応として期待された特定技能1号ではあるが、いざその在留資格の運用が始まると、政府の目論見を大幅に下回る結果となっている。その要因として、政府・技能実習者・雇用者という3者それぞれの事情が考えられる。

（1）　政府の準備不足と認定期間の長期化

　政府の事情は、以下の3点である。

　1つ目は、政府側の準備が遅れたことである。すなわち、具体的な申請や審査の手順の開示が遅れ、それに伴って申請が遅れてしまった。また、二国間協力覚書も締結済み12カ国のうち、2019年6月までに締結したのは8カ国で、国外での特定技能評価試験の開始も遅れた[6]。中国とはいまだ締結されていない。

　2つ目には、最大の送り出し国であるベトナムで特定技能評価試験が行われていないことが挙げられる。ベトナムは特定技能1号の59％を占め、今後も増加が見込まれるが、現在に至っても国外試験実施の目途がたっていない[7]。

　3つ目は、特定技能1号の在留資格の認定を受けるための書類に不備が多く、

結果として認定まで長期間を要していることである。国外で特定技能評価試験を受けて合格した者は「在留資格認定証明書交付申請書」を、技能実習から移行する者は「在留資格変更許可申請書」を提出する必要があるが、特定技能制度にはさまざまな制約がつけられているため、十数種類に及ぶ説明資料の添付が必要となる。不備を指摘されれば再提出しなければならない。

　試験ルートによる特定技能1号在留数の推移を見ると、2019年6月末では26人、12月末では115人、2020年3月末で281人、6月末で855人と急増している。このことから、多くが認定を待っていたと考えることができる。

（2）技能実習生の事情

　技能実習生の事情は、以下の4点である。

　1つ目は、家族帯同が認められないことである。技能実習生が特定技能1号に移行した場合、通算8年近く家族と離れ離れになることから、結果として特定技能1号への移行をあきらめることになる。

　2つ目は、技能実習生の年齢と家族環境である。技能実習生の45%は20代前半であり（表2-9）、通算8年間近くを経れば結婚適齢期を逃してしまう。また、55%を占める25歳以上では既婚者が多く、子どもや両親を母国に残したままとなる。これらのことが、特定技能1号への移行をあきらめる要素となり[8]、とくに女性には強く働く。

　3つ目は、技能実習生となるために母国でした借金である。すなわち、技能実習期間に母国への仕送りと借金の返済ができれば、あえて特定技能1号に移行する誘因は小さくなる。

表2-9　技能実習生の性別・年齢階層別割合（2018年）
（単位：%）

年齢階層	男	女	計
25歳未満	25.4	19.8	45.2
25歳以上	31.1	23.7	54.8
計	56.5	43.5	100.0

出所：国際研修協力機構「2019年度 JITCO 白書」から筆者作成。

　筆者が2019年に行った調査[9]では、ベトナムからの技能実習生が母国で支払った金額は平均81万円であった。ベトナムでは、海外に働きに行く場合には銀行融資の道が開かれているので、支払額の80％は融資を受けたと推計すると、借金は65万円となる。

　また、月額賃金は15万円程度なので、そこから家賃・光熱費・租税公課・生活費を差し引けば5万円程度が手元に残る。そこから家族への送金と借金の返済に充てることになるが、仮に、3.5万円を返済に充てたとすれば、1年半で借金を返済できる[10]。この程度の期間で返済できれば、家族と離れてまで特定技能1号に移行したいとは考えないであろう。

　四つ目は、賃金についての不安である。技能実習生は、最低賃金の水準でしか受け取っていない。特定技能1号では、日本人従業員と同等以上の賃金を支払われなければならないとされているが、その賃金水準は示されておらず、特定技能1号に移行しても、どれほど賃金が上がるかわからない。

　これらの要素が複合的に重なり合って、特定技能1号への移行をためらわせることになっていると考えられる。つまり、特定技能1号は、外国人材にとって魅力的な制度となっていないと言える。

（3）　雇用者側の事情

　雇用者の事情としては、以下の3点が挙げられる。

　1つ目として、特定技能1号を採用できるのは、雇用者側に過去の法令違反のほかに、同種の業務に従事する労働者の非自発的な離職がないことが条件とされていることが挙げられる。これまで技能実習生を受け入れてきて、何らかのトラブルを抱えた経験をもつ企業にとっては高いハードルとなる。

　2つ目は、雇用者側の考え方である。最低賃金水準さえ支払いに苦慮している中小企業にとって、特定技能1号の採用は、賃金コストの上昇となる。それよりは、技能実習生を継続的に受け入れる方が得策と考える雇用者は多い[11]。

　つまり、技能実習生の方が「使い勝手」がよいと考えられているのであり、宿泊業や外食業など技能実習制度の対象となっていない分野を除く多くの分野では、特定技能制度がなくても技能実習制度の活用によって労働力の確保は可

能なのである。このようなことから、技能実習生から移行を希望されても断るケースも出てきている[12]。

　日本人従業員と同等以上の賃金が支払えないなら、省力化のための施設投資をすべきであり、それができない企業は撤退すべき等の意見もある。しかし、地方経済の中核を担っている中小企業が存続できなければ、地方経済は衰退してしまうのは目にみえており、現実的な考え方とは言えない。

　また、3つ目として、雇用者側がより高い待遇を求めて転職を希望する者が出てくることを恐れていることも、特定技能1号の採用に消極的になる理由となっている。渡航費や手続費などの初期費用、教育訓練費などの負担を考えると、転職が可能な特定技能1号を採用することを躊躇するのである。

　特定技能制度の目的は、低賃金労働者の確保を目的としたものではないが、雇用者側には活用しやすい制度にはなっていないと感じられているのである。

6.「特定技能1号」の改善策試案

　特定技能1号の改善策を考えるにあたって、2020年6月末の出入国在留管理庁のデータだけでなく今後の推移も見なければならないが、これまで見てきた政府の目論見と現状の大きな乖離の要因から、その改善策がみえてくる。

　その第1は、国外・国内での技能評価試験の回数を増やすことである。2019年度は、国外試験は11分野、6カ国、78回、国内試験は6分野、18回実施されているが、これまでの試験ルートによる特定技能1号の在留数が多い国での実施回数を増やすことによって、在留者を増加させることができる。とりわけ、ベトナムでの試験開始を急ぐ必要がある。

　第2は、「在留資格認定証明書交付申請書」と「在留資格変更許可申請書」およびその付属説明資料の不備の減少を図ることである。必要な説明資料が多種にわたるのは、特定技能制度の適切な運用、外国人材の権利の保護のためにやむをえない面もある。申請段階での書類等の不備を減らすには、登録支援機関の関与・指導を今よりも強化することである。そうすることによって、弁護

士や行政書士に手続きを依頼すると通常10〜20万円もかかってしまう経費も、削減できるだろう。また、雇用主や登録支援機関に対する講習会を各地で開催することも必要である。

　第3は、外国人材と雇用者の双方にとって受け入れやすいものにすることである。外国人材に対しては、一定期間後は配偶者や子弟に限って家族帯同を認める、一定の賃金水準の目標を定めるなどが必要である。また、雇用者に対しては、何より本制度が低賃金労働者の確保のためのものではないことを認識させなければならない。同時に、雇用者側の負担を軽減することが必要である。例えば、通訳スタッフの確保、外国人材の日常生活の支援や相談、日本語教育などは登録支援機関に委ねられる場合が多いが、最終的には雇用者側の負担となっており、その経費の一部を国や地方公共団体が負担する仕組みを考える必要がある。

　第4は、帰国した技能実習修了者を把握しておき、特定技能1号として再び来日させる仕組みを、雇用者が単独で、または組織で構築する必要がある。

　第5は、本制度の運用の改善である。その1つは、現行では政府が言う「客観的労働市場テスト」が行われているが、雇用者に「労働市場テスト」を義務づけることである。それによって、外国人を雇用する必要性を国民に対して直接的に訴えることができる。

　2つ目は、ある地域に特定技能1号が集中する傾向が顕著になった場合、地域別・分野別に受け入れ上限を設定するなどである。

　しかし、より根本的なのは、将来的に安定した外国人材の受け入れを可能とする制度の構築である。言い換えれば、外国人材にとって魅力ある制度にすること、雇用者側も活用しやすいものとすることである。

　現在、新型コロナウイルス感染症の世界的流行により、日本経済は大きな打撃を受けている。2020年6月には、完全失業率は前年同月の2.3％から2.8％に上昇し、有効求人倍率は1.61倍から1.11倍へと低下するなど、雇用環境は悪化している。今後の見通しは予断を許さないが、14分野を中心に労働力不足は続くとみなければならない。また、外国人材の獲得競争も続くと考える必要がある。

とすれば、正面から単純労働者を受け入れる方向に舵を切るしかないのではないか。問題が数多く指摘されてきた技能実習制度は廃止し、特定技能に一本化した制度とするのである。一本化した制度は、韓国にならって「雇用許可制」[13] とし、シンガポールのように低熟練者とそれより高い技能レベルの者に分け、それに応じた就労資格を与えることを提案したい。

お わ り に

特定技能という新たな在留資格の創設は、外国人労働者の受け入れ政策の大きな転換であったことは間違いない。しかし、「移民政策ではない」という基本的考え方のもとに、「単純労働者は受け入れない」という従来方針を変えずに制度設計されたことから、外国人材と雇用者側の双方にとって多くの課題が残されている。

本章は、限られたデータから考察を進めてきたが、特定技能1号は運用開始2年目には問題や課題がみえてきている。

2018年12月に閣議決定された「基本方針」は、改正法施行2年後、つまり2021年春を目途に検討を加え、必要があれば見直すこととなっており、それに向けて準備していくことが必要である。それとともに、将来的に安定的に外国人材を活用していく制度づくりのために、国民的議論の展開が望まれる。筆者も引き続き考えていきたい。

注
1)　この報告書では、「移民」とは入国の時点でいわゆる永住権を有する者であり、就労目的の在留資格による受け入れは「移民」に当たらないとしている。しかし、国連機関である国際移住機関は、「本人の法的地位や移動の自発性・理由にかかわらず、本来の居住地を離れて国境を越えて移動した人」と定義している。また、国連人口部は、「出生国または市民権のある国以外に12カ月以上いる人」としており、自民党の説明は、国際的には通用しないと考えられる。
2)　正式には、「在留資格『特定技能』を有する外国人に係る制度の適正な運用のための情報連

携の基本的枠組みに関する協力覚書」といい、現時点ではフィリピン・カンボジア・ネパール・ミャンマー・モンゴル・スリランカ・インドネシア・ベトナム・バングラデシュ・ウズベキスタン・パキスタン・タイの 12 カ国と締結済みである。

3)　素形材産業とは、金属などの素材に、鋳造、塑性加工の方法により形状を変え、組立産業に供給する産業のことである。そのうち最も出荷額が大きいのは金属プレス加工業で、次いで銑鉄鋳物業である。素形材加工法には大別して鋳造・鍛造・プレス・冶金 の 4 つの方法がある。

4)　労働市場テストとは、日本人労働者では充足できないことを証明するために、外国人材を雇用する前に、雇用を希望する事業主が、一定期間、新聞等に日本人の求人広告を掲載し、日本人の応募がない場合に限り、外国人材を採用することができるというものであり、多くの国で実施されている。

5)　宿泊業は、2019 年 4 月から技能実習 2 号の対象職種に追加されている。

6)　現在までに国外で特定技能試験が実施されているのは、フィリピン・インドネシア・カンボジア・ミャンマー・モンゴル・ネパールである。

7)　その要因は、日本政府は民間の送り出し機関を経由しないことを要求しているが、ベトナム側は、人材の送り出しがビジネスとなっているため認められないという姿勢を崩しておらず、日本の受け入れ機関から手数料等を徴収するルールを維持しようとしているので交渉が難航しているからだと言われている。

8)　筆者が行った中国人技能実習生に対する調査では、「特定技能 1 号に移行したくない」とした人（23 人）のうち、「子どもや両親がいる」を理由に挙げた者（9 人）が最も多かった。

9)　2019 年 4 月と 9 月に実施した技能実習生の入国後講習で、ベトナム人 24 人、中国人 59 人に対して行ったアンケート調査の結果による。

10)　渡島管内の技能実習生の監理団体と水産加工企業の調査でも、1 年から 1 年半で借金を返済しているとのことであった。

11)　渡島管内の監理団体と水産加工企業・農協に対して筆者が行った調査でも、特定技能 1 号の採用の難点は、技能実習生と同程度の作業にもかかわらず、より高い賃金を支払わなければならないことが挙げられていた。

12)　渡島管内の監理団体と水産加工企業・農協に対して筆者が行った調査の中で出てきた回答である。

13)　雇用許可制とは、外国人を採用したい雇用主が政府機関に申請し、それが許可された場合、外国人に就労ビザを発給する仕組みである。

引用・参考文献

石田一喜（2018）「新たな在留資格特定技能の概要 ― 農業分野における外国人の受け入れに着目して ―」農林中金総合研究所『農林金融』2018.12、33-48 ページ。

岡田豊（2020）「特定技能1年目の現在地 — 課題多く、受入数は見込みを大幅に下回る — 」みずほ総合研究所『OneMizuho』2020.3.9、1-8ページ。

金明中（2019）「日本における外国人労働者受け入れの現状と今後の課題」ニッセイ基礎研究所『基礎研レター』2019.11.22、1-7ページ。

上林千恵子（2020）「特定技能制度の性格とその社会的影響 — 外国人労働者受け入れ制度の比較を手がかりとして — 」労働政策研究・研修機構『日本労働研究雑誌』No.715、20-28ページ。

高坂晶子（2019）「改正入管法の施行に向けて — 問題点と求められる対応 — 」日本総研『Research Focus』No.2018-041、1-9ページ。

孔麗（2020）「アジアNIEsにおける外国人労働者政策と日本への示唆 — 未熟練労働者の受け入れを中心に — 」北海道教育大学函館人文学会『人文論究』第89号、75-83ページ。

自由民主党政務調査会 労働力確保に関する特命委員会（2016）「『共生の時代』に向けた外国人労働者受け入れの基本的考え方」。

内閣府（2018）「経済財政運営と改革の基本方針2018」。

日本経済団体連合会（2016）「外国人材受入促進に向けた基本的考え方」。

日本商工会議所・東京商工会議所（2018）「専門的・技術的分野の外国人材の受け入れに関する意見 — 新たな在留資格『中間技能人材』の創設を — 」。

日本商工会議所・東京商工会議所（2020）「外国人材活用解説BOOK — 新たな在留資格特定技能の活用ポイント — 」。

山脇康嗣（2020）『特定技能制度の実務 — 入管・労働法令、基本方針、分野別運用方針・要領、上乗せ告示、特定技能運用要領、審査要領 — 』日本加除出版。

┌─ コラム1 社会福祉の多分野性 ─┐

　私が勤務する大学が教育大学ということもあり、そこで学ぶ学生の卒業後の進路は大きく分けて「教員」「公務員」「民間企業」の3分野がその大半を占めている。勤務校では社会福祉系の国家資格である社会福祉士の受験が可能な科目体系も備えているが、在学中に社会福祉を学んだからといって、必ずしも社会福祉の分野へ進むというわけではない。むしろ学生はさまざまな分野に目を向け、それぞれの希望に沿った領域で学んだ知識を活用することを志向しているようである。

　ところで先日、長年愛用してきた私のスマートフォンが故障してしまった。故障する前にその兆候はあった。充電しても半日ともたないことが数日続いていたのである。変だなとは思いつつもきっと何かの気のせいだろうと思うようにして、壊れかけているという事実から目をそらし直視しないようにしていた。

　しかし、半日もっていたスマートフォンがやがて3時間あまりで充電切れとなり、やがて2時間、そして1時間とその間隔は徐々に、しかもじわじわと短縮されていき、とうとう充電器をつないでも充電されないという状態になった。

　そこでようやく故障であることを自ら認め、近くの携帯ショップに助けを求めに出向いた。ショップのカウンターで対応してくれた店員に、充電してもすぐに充電切れになってしまうこと、現在は充電さえできない状態になっているということを伝えた。店員はスマートフォンを手に取って調べ、私の話を聴きながらメモをとり、メモの内容をその場でパソコンに入力し、相談内容を記録した。

　そして、その記録をおもむろに私に見せ、この内容で間違いないかと確認をうながした。しかし、その内容は間違っていた。記録は「使用中に電源が切れる」という主旨でつづられており、「充電しても1時間ともたず、今はもう充電さえできない」という私の主訴とは違っていた。伝えた内容と伝わった内容が食い違うという、日常生活ではよくある場面である。

　社会福祉を学んだ者なら、この場面を「インテーク」の場面としてとらえ、かなりの集中力と注意力が求められる局面であると知っており、繊細に対応することの重要性を理解し、またそのように行動するだろう（インテークとは、相談者がその相談内容を初めて支援機関に打ち明ける場面であり、相談を受けた者はその相談内容を整理し、正確な理解と適切な対応が求められる

支援過程のことをいう）。

　学生の卒業後の進路が教員であれ、公務員であれ、民間企業であれ、いずれの仕事も人を相手にする対人コミュニケーションが基盤である。そしてそれは社会福祉の相談支援の基盤とも共通しており、大学では社会福祉の専門知識・専門技術としてより詳しく教授している。

　学生が大学で社会福祉を学び、教員として児童生徒に対し、あるいは公務員として地域住民に対し、または民間企業の社員として顧客に対しその学びを活用することによって、人づくり・まちづくりにつながり、より暮らしやすい生活の中の福祉が実現していくこととなる。

　福祉についての専門的な学びを他分野でも活かすことによって、よりいっそう地域における社会福祉の充実を図ることができる。今回、そのことをスマートフォンの故障をきっかけに、携帯ショップでの一連のやりとりとして、大学の講義で伝えるための良い事例が得られたと私は内心ほくそ笑んだ。

　しかし、ショップ店員が作成した相談内容の記録を確認し、その間違いを訂正してもらった数分後、「保証期間が過ぎてしまっているので、修理代金は３万円かかります」と店員に言われ、予想外の修理代の高さに携帯ショップのカウンター前で、私は一人深くうなだれることにもなったのである。

（外崎　紅馬）

コラム2　Work and Love

　気がつけば、函館で暮らし始めて10年である。太平洋沿いの暖かな地域育ちの自分が、北海道の南端とは言え、大人になってからでも雪国暮らしができるようになるとは夢にも思わなかった。慣れない雪道ですってんころりと手をつくことすらできずにアザラシのような姿勢で顎から転び、1カ月間、口を開けられなくなったこともある（舌を噛み切らずに済んで本当に良かった）。まあ10年もあればいろいろあるが、函館に住み続けているのは、そこに自分なりに「Work and Love」を見つけたからだろうと思う。

　10年前の私は、関東圏内の田舎に勤めていた。いろいろ思うところがあり、もうちょっと都会、東京都内の方で働いて、東京暮らしを満喫して、東京の老人ホームで一生を終えようと漠然と思い、次の職場を探し始めていた。そんなときに、うっかり見つけてしまったのが函館校の求人である。うっかり函館校の教育理念に惚れてしまい、気づけば函館に引っ越していた。

　函館に赴任してびっくりしたことはいろいろあるが、そのうちの一つは、学生さんたちの地元愛の強さである。就職は、基本的に道内か地元（青森や秋田など）を希望しており、東京などの大都会はめっそうもないのだという。「道外は怖い、そんなところで生活できない」と、私の研究室で3時間、アツく語って帰っていく学生さんは珍しくない。とある学生さんなどは、本社が道内にあるから就職をその会社に決めたのに、新人研修の3カ月間だけではあるが、都内で過ごさなくてはならないことが内定式でわかったので、もう辞めたいと、入社もしていないどころか卒業式までまだ半年以上もあるうちから大騒ぎして、でもまあ無事に卒業していった。

　彼らの地元愛は、北海道ならではの特徴なのか、函館校の独自性なのか、単に私の視野が少し広がって、ようやく気づくようになっただけなのか。不思議に思っていたところ、渡りに船、昨年度、うちのゼミ生の一人が「若者が本当に都会志向の就活をしているのか知りたい」と言い出し、卒業研究の一環として、大学1年生や2年生を中心に300人くらいのデータを集めた。大多数が都会よりも故郷、地元就職希望であった。私が感じていた学生さんたちの地元愛は、幻ではなかった。

　残念ながら、その研究には3年生や4年生のデータがほとんどなく、1年生や2年生の頃は地元就職を目指していた彼らがどういった経緯を経て都会就職へと心変わりするのかしないのか、最終的にはどこに就職しているのかなどは不明である。また、データは全部函館市内のものであり、他地域との比較もできていない。まだまだ謎は多く、今後、さらに研究を進めてはっき

りさせていく必要がある。しかしなんとなく、最終的にはその答えは「Work and Love」に行きつくのではないかと感じている。

「Work and Love」は映画『マイ・インターン』の中に出てくる言葉だ。オーストリアの精神科医フロイトが、大人として大切なことは「Work and Love」がすべてだと指摘していると、主演のロバート・デ・ニーロが紹介する。仕事と愛。元来のフロイトの言葉では、仕事と愛だけでなく責任感にも触れていたような気がするし、フロイトのいう「Love」は、彼の研究傾向からして直截的に性器のことを指している可能性もありそうに感じる。だから、私としては、「Love」を一般的な「愛」や「人間愛」的な意味で用いている映画『マイ・インターン』の方から「Work and Love」を引用しておきたい。

大学を卒業して大人になるとき、大人として大切な「Work and Love」がある場所へと引っ越していく。都会だ、地元だ、世界だ、地域だとかではなくて、実は単純にそれだけの話という気がしないでもない。何が自分にふさわしい「Work and Love」なのかは人によって違うが、ポイントは、どんな人にとっても「Work」か「Love」のどちらかだけでは無理で、大人には両方が必要だというところ。

さて、そうなると、函館で私は「Work」を見つけたが、「Love」の方はどうなのか。函館で運命の出会いを果たし、生涯のパートナーでも見つけていれば綺麗にお話がまとまるのだが、残念ながら現実はそうは問屋が卸さなかった。……そういうテンプレートでわかりやすい愛だけが愛ではない、愛にもいろいろありますよね、というわけで。

実は、私の函館愛のきっかけは学食である。初めての学食、これからは毎日が道産子フェア。わくわくしながら学食に突撃したのだが、なんと、そこでは沖縄フェアが行われていた。せっかくなのでソーキそばをいただいた。おいしかったが、函館まで来て沖縄かあと、いくぶんがっかりしたことは否めない。後日、改めて学食で「普通のカレー」を注文したところ、カレーの具に、しれっと函館名物、ぷりっぷりのイカが入っていた。なんとまあ。

変なことを言っているかもしれないが、あの沖縄フェアがなければ、私はたぶん、こんなに函館を好きになっていない。地元愛は十分で「Work」を求めて右往左往する学生さんたちも愛しい。函館に赴任して10年、お給料がもらえる「Work」に加えて、大人に必須の「Work and Love」とは何ぞや――と考え続ける「Work」も見つけてしまった気がしている。まだまだこの先、あと10年は函館を離れられそうにない。

（林　美都子）

第2部

国際地域研究　各論

【地域活性化の実践例】

第 3 章

大学は地域をエンパワメントできるか
― ソーシャルクリニックの試み ―

古地　順一郎・齋藤　征人

は じ め に

　少子高齢化と人口減少が急速に進んでいる全国各地で、持続可能な地域をいかにつくっていくかが問われている。この課題に取り組む主体として改めて注目されているのが大学である。「研究」「教育」と合わせて「地域貢献」を主な機能として掲げる大学は、これまでも地域課題の解決に取り組んできた[1]。とりわけ、安倍晋三政権が進めた地方創生や高等教育機関の改革に関わる施策の中で、地域課題の解決主体としての大学の役割が、地方大学を中心に改めてクローズアップされた。例えば、国立大学について言えば、2016 〜 21 年度の第3 期中期目標・中期計画において、国立大学運営費交付金の重点支援枠組みの一つとして「地域のニーズに応える人材育成・研究を推進」が設定され（文部科学省 2015）、地域課題の解決や地域創生の実現にあたって地方国立大学が中心的役割を担う方向で改革が進められている。

　上述の第 3 期中期目標・中期計画において、本学は「地域のニーズに応える人材育成・研究を推進」する大学を目指すことを表明し、北海道教育大学函館校（以下、函館校）に関して、道南地域の課題解決や持続的発展において中心的な役割を果たす、と位置づけている。筆者らが所属する函館校が 2014 年 4

月に「国際的視野と教育マインドを持って地域を活性化する人材」の養成を掲げて「国際地域学科」を設置したのは、こうした動向を見据えての措置であった。

　地域人材の養成を重点的に進める取り組みとして、函館校では 2016 年度に「ソーシャルクリニック（地域課題診療所。以下、SC）」と呼ばれるプロジェクトを開始し、道南地域において地域と大学が協働（地学協働）するモデルの開発を始めた。本章の目的は、2016 ～ 19 年度にかけて実施された SC 活動をまとめ、それらを批判的に検討することで、道南地域の持続的発展において函館校が果たしうる役割を考えることにある。このうち 2016 ～ 18 年度の活動に関するまとめや検討については、函館校地域協働推進センターが発行した活動報告書の内容に基づくことをあらかじめ断っておく（北海道教育大学函館校地域協働推進センター　2017；2018；2019）。

　本章の構成は以下のとおりである。第 1 節では、SC を立ち上げた経緯を整理する。第 2 節では、SC の理念と体制をまとめる。第 3 節では、道南地域の江差町、知内町、函館市に設置した SC の活動を紹介する。第 4 節では、2018 年度から開始した巡回型 SC 事業を紹介し、この事業を通じて得られた地域からのコメントを分析することで、函館校に求められている役割を明らかにする。最後に、地域のエンパワメントを実現するうえで大学と地域にとって必要なことを指摘し、本章を閉じることとする。

1.　なぜ「ソーシャルクリニック」なのか

　函館校が 2016 年度に SC 事業を立ち上げた経緯を説明しておきたい。冒頭でも述べたように、国の政策も含めて、地域課題の解決や地域の持続的発展における大学の役割が強調されている。また、少子高齢化や人口減少に伴って生じる地域課題の解決は、人口が少ない地域ほど地域の存続に直結する切実な問題であるだけに、その解決が急がれている。このような流れを受けて、地方の大学を中心に地学協働を進める動きが進んでいる（白石・石田　2014；杉岡

表 3-1　道内地域の人口変化

	2010 年	2020 年	増減率（%）
北海道	5,520,894	5,267,762	− 4.6
道南地域	477,516	424,619	− 11.1
渡島地域	433,934	389,500	− 10.2
檜山地域	43,582	35,119	− 19.4
道央地域	3,390,863	3,329,521	− 1.8
空知地域	340,062	287,802	− 15.4
石狩地域	2,319,411	2,381,920	2.7
後志地域	235,647	206,592	− 12.3
胆振地域	419,421	387,621	− 7.6
日高地域	76,322	65,586	− 14.1
道北地域	655,216	597,661	− 8.8
上川地域	528,167	490,316	− 7.2
留萌地域	54,205	44,638	− 17.6
宗谷地域	72,844	62,707	− 13.9
オホーツク地域	310,057	277,502	− 10.5
十勝地域	352,164	336,986	− 4.3
釧路・根室地域	335,078	301,473	− 10.0
釧路地域	253,126	227,420	− 10.2
根室地域	81,952	74,053	− 9.6

出所：北海道（2020a）

2013；藤井 2011）。

　SC 事業も地学協働の取り組みの一つであるが、道南地域（渡島総合振興局および檜山振興局管内）には特有の事情もある。1つ目は、道内の他地域と比較して人口減少が進んでいることである。表 3-1 が示すように、過去 10 年間の人口推移を見ると、全道では人口が 4.6 パーセント（%）減少しているのに対し、道南地域では 11.1 ％の減少となっている。これは、道央、道北、オホーツク、十勝、釧路・根室の各地域の減少幅よりも大きい[2]。さらに、道南地域を渡島地域と檜山地域に分けた場合、それぞれ 10.2 ％、19.4 ％となっている。小規模自治体の多い檜山地域の減少率は道内で最も高く、持続性のある地域づ

表3-2 2019年度大学等進学率
（北海道分）

地域（振興局別）	進学率（%）
石狩地域	56.6
上川地域	41.2
オホーツク地域	40.0
日高地域	39.5
空知地域	39.2
十勝地域	38.4
渡島地域	37.1
釧路地域	36.5
後志地域	36.4
宗谷地域	35.9
胆振地域	34.9
根室地域	27.8
檜山地域	26.5
留萌地域	26.5
（参考）	
函館市	42.6
北海道	46.2
全国	54.7

出所：北海道（2020b）

くりが喫緊の課題となっていることが窺える。

2つ目は、道南地域は高等教育や高等教育機関が有する資源にアクセスする機会が他の地域と比べて少ないことである。文部科学省の学校基本調査（2019年）によると、大学等進学率は渡島地域で 37.1％（その中心地である函館市は 42.6％）、檜山地域は 26.5％となっている。これは、全道の進学率（46.2％）および全国の進学率（54.7％）に比べて低い（表3-2）。道内他地域（振興局別）のデータと比較しても、渡島地域の進学率は 14 地域中 7 番目、檜山地域は最低となっている。また、道南の大学・短大・高専については函館市に集中しており、周辺自治体においては、高等教育機関が持つさまざまな教育・研究資源へのアクセスがしにくい状態となっている。

このような状況の中で、高等教育や高等教育機関が持つ資源へのアクセスが、地域の課題解決力を向上させるにあたってますます重要になっている。まず、少子高齢化や人口減少に伴って生じる地域課題には多様な要因が考えられるうえ、それらが複雑に絡み合っていることが多い。したがって、地域課題の解決に取り組むときには、複雑な因果関係を読み解く必要があるし、解決の手順を論理的に導き出す必要もある。

さらに、多様な要因を抱える地域課題を解決するためには、さまざまな分野で活動する主体との協働が不可欠になる。課題解決という共通の目標に向かって協働するためには、各主体の考え方や利害関係を粘り強く調整する能力が求

められる。

　また、道南地域も、全国各地と同様にグローバル化された世界と何らかの形でつながっている。小規模自治体も含めて例外なく「国際地域」[3]となっており、地域の持続性を考える際、世界とのつながりを常に視野に入れておく必要がある。

　最後に、世界における産業構造の変化も視野に入れなければならない。近年の世界経済は、先進国を中心に「知識経済（knowledge economy）」への移行が進んでいるとされる（OECD 1996）。知識経済においては、さまざまな知識を活用して新たな付加価値やイノベーションを生み出すことが重視される。地域経済の持続的発展においても、知識経済に対応できる人材養成が必要となっており、「創造階級（creative class）」と呼ばれる人々を呼び込んだり育てたりすることが、地域経済の発展に不可欠であることを唱える論者もいる（フロリダ 2014）。

　高等教育においては、さまざまな専門分野の最新の知見の獲得のみならず、論理的思考力、批判的思考力、調査・研究能力、イノベーション能力、感情的にならずに議論を進める力も鍛えることができる。したがって、地域の持続性を確保する「地域力」の養成において、高等教育機関が果たせる役割は大きい。

　以上のような2つの特有の事情から、道南地域にあり、さまざまな専門分野の研究者を抱える函館校が、この地域の持続可能な発展に寄与するためにSC事業を開始することになったのである。

2.　ソーシャルクリニックとは何か

　SCは、函館校が目指す地学協働モデルである。その目的は、「地域と大学の協働（地学協働）を通じて、地域住民をエンパワメントし、地域の課題解決能力を高め、地域づくりを自律的に進められるようにすること」にある（池ノ上・古地 2017：3）。2016年度の立ち上げ以降、教員らが各自の専門性を生か

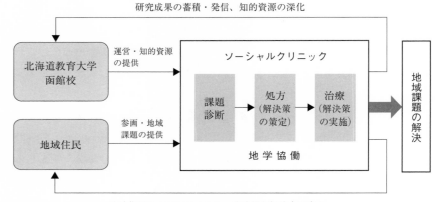

研究成果の蓄積・発信、知的資源の深化

地域住民のエンパワメント、地域課題解決力の向上

図 3-1 ソーシャルクリニック・モデル（イメージ）

し、地域特有の具体的な課題の解決を目指して実践例の蓄積を行っている。多様な専門性をもつ教員らによる学際的かつ組織的なアプローチにより、新たな解決方法の開発を目指すものである。

「ソーシャルクリニック」という用語は、地域課題に対する診断（現状の把握と原因の特定）、処方（解決策の策定）、治療（解決策の実施）を行うための仕組みを表す造語である。「クリニック」という名称から連想されるように、医療機関との類似性を意識しているものの、医師が診断・処方・治療まで一貫して行うのとは異なり、すべての過程において地域と大学（教員および学生）の協働関係を前提とし、地域住民のエンパワメントを目指すのが SC の特徴である。あくまで住民が主役であり、大学の役割は、その知的資源と教育資源を地域と共有しながら住民に寄り添う伴走者である。SC を図式化すると図 3-1 のようになる。

　SC は、近年人口減少が著しい道南地域の江差町、知内町、函館市を拠点として活動を行ってきた（図 3-2）。江差町は、北前船の寄港地として古くから開けた日本海側の港町で、江戸時代には、ニシン漁とその加工品の交易によって大いに栄えた。ニシン加工品を求めて数多くの北前船が集まってきた旧暦5月頃の江差の繁栄ぶりは、「江差の五月は江戸にもない」と言われるほどで

あった。また、民謡の王様と言われ、国内のみならず世界各地に愛好者がいる「江差追分」をはじめとする、洗練された文化の香りが漂うまちでもある。檜山地域の中心都市として 1960 年代には 1 万 5,000 人以上の人口を抱えていたが、2020 年には 7,500 人を割り込んでいる。

　知内町は、津軽海峡に面し、海・川・平地・山と多様な地形が織りなす自然に恵まれたまちである。農林漁業を基幹産業とし、ニラ、カキ、マコガレイ、ホタテなどが特産品として知られている。1950 年代には 9,000 人を超えていた人口も、2020 年には 4,000 人強となっている。

図 3-2　SC を設置している 3 自治体
（江差町、知内町、函館市）

　函館市は、北海道第 3 の都市で、道南地域の中心都市である。江戸時代末期の開港をきっかけに外国文化が流入し、旧市街地を中心に異国情緒に富む街並みが形成されており、観光都市としての知名度は高い。近年はインバウンド観光にも力を入れており、クルーズ船の寄港地としての実績も積んでおり、日常的に世界とのつながりを感じられるまちである。その一方で、急速な人口減少が進んでおり、毎年の減少数に関しては道内で最も多く、全国でも上位となっている。1980 年代には 34 万人超を数えた人口も、2020 年には約 25 万人まで減少している。

　このように、SC を設置した 3 市町は、それぞれ特徴ある自治体であるが、いずれも急速な人口減少を経験しており、規模の大小こそあれ、まちの持続性に大きな課題を抱えているという共通項がある。江差町と知内町については、SC 運営を中心とした連携包括協定を新たに締結することで、地域協働活動の基盤を整えた。SC は、函館校に新たに設置された地域協働推進センターの社

会協働部門の一事業として位置づけられた。

3. ソーシャルクリニックの取り組み

　本節では、3市町に設置されたSCの特徴と取り組みについて紹介していきたい。3つのSCをあえてタイプ分けするならば、江差SCは町内全域で展開する「全町型」、知内SCは町内の一部の地区で重点的に展開する「地区型」、函館SCは函館と世界のつながりを視野に入れた活動を中心とする「国際地域型」と言えよう[4]。紙幅の関係で各SCの全活動を詳細に取り上げることはできないため、特徴的な取り組みを中心に紹介するにとどめる。

（1） 江差SC

　江差町との協働事業は、函館校がSC事業を立ち上げる契機となったこともあり、3SCの中では最も進んでいるといえる。江差町では、SC事業開始以前から、複数の教員がそれぞれの専門性を生かしつつ活動を行っていたが、研究室単位の個別活動にとどまっており、横のつながりはほぼ意識されていなかった。これらの活動を有機的につなげ、函館校としてのより組織的な協働関係に発展させるための仕組みとしてSCが構想された。そして、町役場の企画部門である「まちづくり推進課」が協働事業全体の調整を担う窓口となった。江差SCに携わる教員の専門性も考慮に入れつつ、大学と役場の意見交換を通じて、当面取り組むテーマとして、①江差町に対する学生および教職員の関心の喚起、②地域福祉における互助体制づくり、③観光政策を出発点とする「目的地」としてのまちづくりの3テーマを設定した。そのうえで、事業の内容に合わせて役場の担当部署や町内の関連団体との協働を進める形とした。

　最初に取り組んだのは、テーマ①の具体例としての「エエまちづくり事業」である。江差のまちづくりのキャッチフレーズである「エエ町、江差」から着想を得た名称であるが、その目的は、函館校の学生や教職員に江差を知ってもらい、協働事業への関心を喚起したり、参画意欲を高めたりすることにある。

具体的には、「まちあるきツアー」（5月）と、「姥神大神宮渡御祭参加体験」（8月）を実施している。姥神大神宮渡御祭は、370年以上続く江差町最大の祭事であり、町民のアイデンティティの支柱の一つとなっている。地域とのこのような接点を設けることで、江差町に関心を持ち、SC活動に携わる学生や教職員を巻き込むことが可能になった。この事業には、江差町にとっての交流人口、関係人口、ひいては定住人口の創出を促す目的もある。

　テーマ②の具体事例が、地域福祉における互助体制づくり事業である（齋藤 2018）。2016年から始まった「まちづくりカフェ」は、江差町地域包括支援センターが主催する事業であるが、地域福祉を担当する函館校の教員が積極的な支援を行っている。「まちづくりカフェ」は、地域住民自身が自分たちの暮らしやすい町にするためにはどうしたらよいか、多様化する地域の生活課題を住民の互助によって対応していくための学習と意見交換の場として、多様な住民がさまざまなアイデアを持ち寄り、楽しみながら学ぶカフェ形式のワークショップである。

　参加者は町内会の役員や民生委員にとどまらず、中高校生から、大学生、現役世代、シニア世代と多様で、ときには他の自治体の見学者も仲間に入って実施されてきた。深刻な地域生活課題であっても、リラックスした雰囲気の中で楽しく前向きに分かち合えるよう、BGMや飲み物・お茶菓子を用意して語り合いやすい演出がなされている。毎回参加するのは、30〜50名程度であるが、最後の成果発表会では70〜80名程度に増えることもある。

　話し合いのテーマは参加者が決める。昔ながらのものづくりを伝承していこうというチームや、地域食堂の立ち上げについて話し合うチーム、健康づくりに定期的にラジオ体操をしながら町内の困りごとの相談にのるチームなど多彩である。そしてそのいずれのチームも、ただ話し合うだけでなく、実際に試行するまでに至っているのが特長である。

　異なる世代の住民同士が、自分たちが設定した共通の課題に取り組むことで絆が深まる。今まで知らなかった住民同士が、親しげにあいさつを交わすようになる。ささやかだが大きな成果である。こうした取り組みに後押しされ、江差町は、2019年、まちづくりカフェ活動拠点（江差BASEプラス1）を町内

の空きビルに整備した。まちづくりカフェの参加メンバー有志が自らリノベーションし、この新たな拠点のもとで市民活動が活性化することが期待される。

　地域の課題に向き合い、一人ひとりが主体的に活躍できる「まちづくりカフェ」という舞台装置は、2020年度で5年目を迎えている。住民流の解決策に正答はない。だからこそおもしろい。その過程で、地域暮らしの困りごとを解決できる活動が、住民の日常の延長線上に一つ、また一つと生まれてくれればと願っている。「まちづくりカフェ」の仕組みは道内の自治体の関心を集め、八雲町、長万部町、上士幌町で同様の取り組みが、地域の特性に合わせて進められている。

　次に、テーマ③を具体化したのが、江差版DMO形成事業である。DMO（Destination Management Organization）は、観光を中心とした地域づくりの舵取り役となる組織である。観光地域づくり戦略に基づきながら、地域資源を戦略的に活用するとともに、多様な主体の協働を促し観光地経営を進める。DMOは観光政策の枠組みで使われる概念で、江差版DMOも町の観光政策に位置づけられているが、江差SCでは「目的地」をより広く理解し、移住の目的地という意味も含んでいる。この事業は、観光学を専門とする教員が中心的な役割を果たしつつ、地域政策学・経済学・生態学・文化人類学を専門とする教員が関与してきた。

　具体的な協働作業としては、（i）DMO体制の整備とDMOを支える人材の育成、（ii）観光に関わる調査（動態調査および地域経済調査）、（iii）地域資源の再評価に関わる調査が挙げられる。いずれの作業においても、教員が「専門知」を提供しつつ、町民が持つ「現場知」や「実践知」と組み合わせる形で進められている。（i）に関しては、観光学の教員が大きな役割を果たし、役場職員や利害関係者とともに協議を重ね、江差の地域特性にあったDMOの体制づくりを進めた。また、必要に応じて地域政策学の教員も関わりつつ、ワークショップの開催などを通じて、DMO推進員や地域おこし協力隊への支援を行った。

　（ii）に関しては、観光を基幹産業化することで持続性を確保しようとする江差町において、町レベルでのより正確なデータを整備し、証拠に基づく政策立

案（evidence-based policy making）を強化することを目的としている。国や北海道が収集している統計データもあるが、自治体内の地区レベルのデータになると、誤差が大きかったり、データが存在しなかったりといったこともある。地域独自のデータを構築することは、人口減少や厳しい財政状況の中で、政策資源の最適配分を目指す際に不可欠である。ここで重要なことは、地域の調査力向上を図るため、調査の設計から分析まで、あらゆる段階において地域の利害関係者が関与することである。観光学・経済学・地域政策学の教員が関わり、事業を進めている。

　（ⅲ）に関しては、江差町の地域資源を体系的かつ批判的に評価することで、「目的地としての江差」の地域価値を改めて認識することを目的としている。例えば、観光学・生態学・植物学・地域政策学の教員が江差町の学芸員と協働して発行した「江差の町ごよみ――江差フェノロジーカレンダー」[5]では、江差町の自然・漁業・生活・歴史に焦点をあて、江差の暮らしを支えている地域資源を体系的にまとめ、町民や観光客にもわかりやすい形で提示している（北海道教育大学函館校・江差町教育委員会 2018）。また、生態学の教員は、民謡「江差追分」の一節で謡われている「かもめ」が、どのカモメを指すのかを学生とともに研究し、「江差屏風」[6]や当時の文献、そして現在の江差で見られるカモメを観察しつつ、種の推定を行った。その結果をワークショップを通じて町民と共有することで、町民は、日常生活で何気なく接している地域の生物が、江差の歴史や文化・暮らしを支える重要な地域資源となっていることを再認識した。この研究は、江差屏風に描かれた動植物の推定という、江差町学芸員らとの共同研究に発展している（三上他 2020）。

　観光学の教員は、地域資源を活用したまちづくりに向けた取り組みを行った。まず、江差町の日本遺産認定にあたって核となった地域資源「ニシン」に注目した取り組みとして、「ニシンのぼり」の制作がある。この制作では、子どもを含めた地域住民を巻き込む美術教育を実践してきた函館校の教員が中心的役割を果たし、シビックプライドの醸成につながる全長25メートルの「ニシンのぼり」が完成した。また、観光学の教員は、歴史文化資源と遊休資源の活用を中心としたエリアリノベーション事業にも取り組んだ。江差町に縁の

ある北海道大学と東北芸術工科大学の研究室と連携して、学生によるアイデア
をもとにした企画コンペを実施し、その提案の一部は「道の駅 江差」のリノ
ベーションに結実している。

　文化人類学の教員は、江差町を本拠とし町民との関係も深い神道系の新宗
教「八大龍王神八江聖団」の調査を学生と行った。この教団が8月に行う祭り
は、姥神大神宮渡御祭と合わせて江差の夏の風物詩である。2年間の調査は報
告書という形でまとめられ、地域資源としての価値づけがなされた（北海道教
育大学函館校文化人類学・民俗学研究室 2019）。

　地域政策学の教員は、学生とともに中心市街地である商業地区の再生プロ
ジェクトに取り組んでいる。商店街の催事への参加を通じて参与観察を行うと
ともに、学生たちが中心となって商業地区の課題を抽出し、その解決策を考え、
「政策アイデア」という形でまとめている。この政策アイデアは「叩き台」と
して関係者に共有され、学生との共同ワークショップの中で、課題と解決策の
妥当性が検討される。叩き台を提供することで、商店街関係者が意識的に課題
と解決策を考えることができる。そのうえで、商店街を単なる小売りの場では
なく、地域住民がつながる機会を提供する場とすべく、地域住民主導の「寺子
屋」事業や、学生との協働によるイベントが展開されている。

（2）　知内 SC と函館 SC

　知内 SC は、函館校の観光学教員が数年にわたって同町小谷石地区で行って
きた取り組みを引き継ぐ形で構想された。小谷石地区は、かつて漁業で栄えた
漁村であったが、1973 年の集中豪雨による甚大な被害を受けたことで急激な
人口減少が進み、人口約 200 人の限界集落となっている。一方で、「青の洞窟」
を含む道南地域の秘境をめぐる矢越クルーズなど、民間事業者による新たな動
きも見られる地区である。知内 SC は、知内町の地区ごとの多様性や教員の活
動に基づく経験から、地区レベルでプロジェクトを行う方向性を打ち出した。

　さらに、住民一人ひとりの考え方や関与のあり方が大きな影響を与える小さ
な集落で活動を行うことから、大学との信頼関係の構築を円滑に進めるため、
ゴールを明確化しやすい短期プロジェクトを中心とした。このような方針のも

と、2015 年に地域住民・町役場・函館校教員による小谷石再生プロジェクト
を立ち上げ、地域資源に関する調査や、地区再生を担う組織の立ち上げと運営
に関わる取り組みを進めた。その一方で、地区の行事に学生とともに積極的に
参加することで信頼構築を図った。

　また、小谷石地区に隣接する湧元地区にある町立湧元小学校が、コミュニ
ティ・スクール化するのに伴い、学校教育と地域づくりを連関させた取り組み
にも着手した。具体的には、観光と地域をテーマとした授業が展開され、観光
学教員によって「観光大使」に任命された小学生が、地域資源を再評価しなが
らその魅力を外部者に説明した。学校との協働については、町立知内高等学校
の地域創生学習との関わりも挙げられ、教育方法・技術学と生態学の教員も参
画した。

　函館 SC は、世界とのつながりを意識した取り組みを行ってきた。まず、人
気の観光地でありながら、急速な人口減少が続いている函館の課題を抽出し、
革新的な解決策を描き実施できるような人材育成に向けた取り組みを観光学
の教員を中心に民産官学協働で行った。そして、地域協働ラウンドテーブル
「DO！ はこだて」を 2017 年に開催した。約 90 名の参加者を得た円卓会議で
は、景観・観光・経済・芸術文化の分野で活動する函館市内の団体が会し、課
題の抽出とその解決策の立案に取り組んだ。この取り組みは、その後、「函館
景観まちづくり協議会」の設立につながり、2018 年に函館で開催された「開
港 5 都市景観まちづくり会議」においても重要な役割を果たした。

　さらに、函館における外国人労働者の受け入れに関わる取り組みも行って
いる。少子高齢化や人口減少が急速に進む函館のような地方都市では、労働力
の確保や地域経済を支えてきた中小企業の承継問題が喫緊の課題となってい
る。労働力不足という課題に対して、国は、技能実習生や留学生など、永住を
前提とせず数年で帰国する人材の活用を模索してきた。このモデルの限界が見
えつつある中、2019 年には「特定技能」という新たな在留資格が創設された。
一定の条件を満たせば永住への道も開かれるようにはなったが、カナダのよう
な永住を前提とした受け入れは行っていない。

　このような中、永住も含めて数十年にわたって函館に暮らし、地域を支えて

いく人材を外国から受け入れる取り組みを、北海道中小企業家同友会函館支部政策委員会との協働で進めている。2017 年度には、日本政府が行っている第三国定住難民の受け入れに向けて、難民とその家族に対する定住支援を行う地域協働体制の構築に取り組んだ。結果として難民が函館に来ることはなかったが、これをきっかけとして外国人労働者の受け入れに関わる定住支援モデルの輪郭を明らかにすることができた。この時の経験をもとに、難民に限らず、函館での長期就労や生活を希望する外国人の受け入れに向けた体制づくりを継続している。国際福祉を専攻する教員が中心になりつつ、ゼミや課題解決型授業「地域プロジェクト」の学生とともに外国人の雇用を支援する実践を行い、体制づくりに向けた知見を積み重ねており、今後の発展が期待されている。

4. 新たなソーシャルクリニックの形 ― 巡回 SC の取り組み ―

（1）　道南地域を巡回する SC

　3 市町で SC 事業に取り組んできたが、このモデルの汎用化と道南地域のさまざまな地域への応用可能性を探るため、2018 年度からソーシャルクリニック巡回型サテライト・オフィス（以下、巡回 SC）を展開している。この取り組みは、地域ニーズの把握および大学に対する地域の期待の明確化を通じて、大学の知的・人的資源と地域住民の有機的コラボレーションを進めるにあたっての示唆を得ることを目的としている。すなわち、巡回 SC は地域の課題と大学への期待を探知する「センサー機能」を担っている。

　巡回 SC は、北海道南部（道南地域）を渡島北部・南部、檜山北部・南部、函館近郊の 5 ブロックに分け、毎年各 1 市町ずつ巡回して意見交換会を行う取り組みである。2018・2019 年度の実施で、延べ 156 名の参加者を得た。

（2）　大学に対する地域の期待

　2018 年 11 月から 2019 年 12 月までの 12 回の巡回 SC において出された、参加者からの意見について質的分析を行った。意見の内容をカードに書き出

し、計63枚のカードを大学全般（19枚）、観光（13枚）、まちづくり（16枚）、福祉（9枚）、教育（6枚）の5分野に分類した。そのうえで、各分野の意味内容を分析し、17の概念を形成するとともに、概念間の関係を比較検討・分析した。その結果は以下のとおりである。

（ア）　大学全般

　大学全般への期待については、まず①「地域創生人材養成への期待」が示された。とりわけ、函館校が教員養成のみならず、地域創生に資する幅広い人材養成に取り組んでいることへの期待感が明らかになった。例えば、「教育大だから教員養成だけだと思い込んでいたが、広い領域で地域を担う人材を育てる大学に生まれ変わったことを今回知ることができて良かった」という声が聞かれた。

　次に、②「地域プロジェクトへの期待」も示された。「地域プロジェクト」は函館校が開設している課題解決型授業で、巡回SCでも紹介をしており、この授業の現状を知ったことで、大学への期待が高まるとともに、協働事業を行ううえでの地域側の役割への気づきも見受けられた。例えば、「町側として、交通・宿泊費などの問題を含め、受け入れ態勢を整えていかなければならないと気がつくことができた」といったコメントがあった。

　また、③「地域協働推進センターへの期待」も示された。函館校に同センターが設置されていることを知った参加者からは、「町で勤める人間は、その町の中だけで考えることになってしまう。大学という機関だからこそ、地域に出回り、各地を比較し研究することができる。地域課題を解決する支えとして、大学の存在は重要である」といったように、大学だから持つことのできる広い視野と客観性（地域との距離感）への期待が見受けられる。

　最後に、④「巡回SCへの期待」が示された。とりわけ、地域住民と大学教員が定期的に話し合いを持つことへの意義が見いだされている。ある参加者は、「今回の巡回サテライトのように、地域の方と大学教員が直接話す機会をもっと設けられると、（地域協働の）話がスムーズに進むかもしれない。地域の方は受け身の人が多く、『大学は何をしてくれるのだろう？』と待つ姿勢の方も多いため、素晴らしい試みだと思う」とコメントしている。大学が積極的に地域へアウトリーチしていくことで、人々の意識が変わっていくことを示唆するもので

はないか。また、「部署間でも温度差があるため、外部の方や学生が介入することで刺激や変化につながってほしい」といったように、大学という第三者が入ることによって、地域内の連携が進むことへの期待も示されている。

　（イ）観　光

　観光分野については、まず①「地域の魅力発信に対する期待」が寄せられた。地域に暮らす住民には気づきにくい魅力を、外部の人ならではの視点で発見・発信することである。例えば、「町の中にいるとわからないような、外部の人が持つ印象や魅力を発信してもらいたい。例えば、今回の参加学生は町に『のどかな場所』という印象を感じたと言ってくれ、意外な魅力の存在に気がついた」といったコメントにその期待が窺える。

　また、その延長線上に②「新たなアイデア・プログラム開発への期待」があり、学生とともに新たな体験観光プログラムを開発することや、既存の観光プログラムを実習系授業のフィールドとして提供し、完全につなげたいという声があった。

　一方、③「ボランティア人材としての期待」も示され、地域のイベントで学生の力を活用したいという声もあった。とくに、「教育大学」ということもあってか、児童生徒に対するチューターのような役割への期待も窺えた。

　（ウ）まちづくり

　まちづくりに関連する分野では、①「人口減少問題（移住対策）支援への期待」があり、移住や交流・関係人口の増加、若者の定着に向けた対応策への支援を求めている。ここでも、第三者の視点からの地域の魅力や、利害関係者間の橋渡しといった役割が大学に求められていることが窺える。例えば、「移住につなげるにはどうすればよいか。7〜8月は避暑地として希望者が多いが、冬は雪や寒さが大変で移住につながらない。そもそも町にはどんな魅力があるのか、一緒に探ってほしい」や「地方創生や限界集落等が問題になっており、対策として出生率増加が挙げられているが、地域だけで解決できないことが多い。商店街再開発の政策立案やまちづくりカフェ等の誰もが気軽に集まれるサードプレイスが必要だと考えているが、内部からの意見だけではなく外部からの声も聞きたい。農業や漁業等の異業種交流が不足していると感じているの

で、どうすればうまくコミュニケーションが取れるかという意見も聞きたい」
という声があった。

　また、②「外国人の受け入れ支援への期待」も示された。技能実習生が多い
道南地域ならではの期待とも言えよう。「町内では水産加工の外国人技能実習
生を 30 名受け入れており、町として経済的支援は行っているが、それ以外は
すべて企業任せの現状である。ソフト面も充実させたいので、大学との協働に
期待している」や「地域プロジェクト成果報告書の『外国人技能実習生に対す
る地域としての支援』を見て、町内の郷土料理とベトナムの郷土料理をお互い
食べ合う取り組みをしていきたいと思った」といったコメントが見られた。

　さらに、③「若者との交流支援への期待」では、学生と若い地域住民の交
流を通じて、若い人材に刺激を与え育成を図りたいという思惑が見える。その
他にも、空き家の活用などに関する④「空き家対策支援への期待」や、複数の
自治体が関与するイベントへの支援や、道南地域における地域おこし協力隊の
ネットワーク化への支援など、⑤「広域的な取り組みへの支援に対する期待」
も示されている。

　（エ）福　祉

　福祉の分野でも、学生ボランティアや学生が持つ新たなアイデアを活用した
事業の開発に対する期待が見られた。まず、①「ボランティア人材としての期
待」としては、児童虐待のモニタリングや高齢者慰問事業への学生の参加を期
待する声があった。また、②「新たなアイデア・プログラム開発への期待」に
ついては、介護予防事業としての新たなイベントの開発に学生の意見を取り入
れたいという意見や、児童に対する高齢者福祉の啓発活動について大学と協働
することで地元の学校から積極的な対応を引き出したいという意見が見られ
る。さらに、地域福祉の文脈で③「ソーシャルキャピタル形成への期待」も
大きい。江差 SC の箇所で述べた「まちづくりカフェ」や、函館校の学生が関
わっている子ども食堂などの取り組みが評価され、大学や学生がソーシャル
キャピタル形成の触媒となることを期待されていることがわかる。

（オ）教　育

　教育の分野でも、学生ボランティアへの期待が示される一方、コミュニティ　スクール事業など地域と教育の新たな関係に基づく学校のあり方に対する支援への期待が示された。①「ボランティア人材としての期待」としては、長期休暇中の学習ボランティアへの期待、さらには、不登校など修学に困難を抱えている児童生徒に対する支援策の立案・実施などで大学と協働したいとの希望が見受けられた。また、②「特色ある学校づくりへの支援に対する期待」としては、コミュニティ・スクール事業や地域性を生かした学校づくりにおける大学との協働に対する期待が寄せられている。

　以上のような5つの分野に共通して寄せられた期待は、①即戦力としての学生の活用、②学生や大学との協働を通じた新たなアイデアやプログラムの開発、③地域の利害関係者のネットワーク構築における触媒の3点にまとめられよう。①については、他意はなくとも単なる安い労働力として期待されている側面もあるため、学生にとってどんな教育的効果があるのかを整理・検討し、地域と大学が合意形成しておくことが不可欠であろう。②については、学生とはいえ斬新なアイデアを持っているとは限らず、現実離れしたものや、費用のかかるものも含めて、これも他意なく提案してくる可能性があり、地域にはそれと向き合う覚悟が求められる。③についても、「よそもの」や「わかもの」、あるいは「ばかもの」としての学生や大学を地域における起爆剤や触媒として活用することは重要であるが、大学や学生に依存することなく、地域の利害関係者の中に新たなネットワークを構築しよう、活用しようという意識が不可欠であろう。つまり「若者が変えてくれる」のではなく、若者によって「大人が変わる（変える）」という点で、地域と大学との協働の意味を見いだすことはできよう。また、個別の分野においても、函館校に求められている具体的な期待が明らかにされた。

おわりに

　本章では、道南地域のエンパワメントと地域人材の育成を目的として2016年度から実施しているSC事業についてまとめ、批判的な検討を加えてきた。巡回SCで収集された意見から見えてきた地域のニーズと大学への期待は、3市町で行ってきたSC事業の方向性と一致しており、これまでの取り組みに意義があったことが窺える。

　一方で、地域のエンパワメントは一朝一夕で行われるものではなく、長期間にわたる大学および地域のコミットメントが必要となる。SC事業あるいは地学協働事業が持続し、地域にとって意味のある成果が出るためにどのようなことが必要かを最後に述べておきたい。

　まず、大学の体制整備である。SC事業を円滑に進めるには、地域住民との信頼構築が欠かせないうえ、地学協働体制の運営には、多様な主体との交渉や利害関係の調整など、多くの時間とエネルギーを必要とする。SC事業に関わっている教員は、授業や研究、学内業務の合間を縫って活動を行っているが、教員の人員削減が続く中、授業や学内業務の負担は増えており、SC事業に割ける時間は年々少なくなっている。そのため、設置済みのSCにおいても、活動内容の濃淡が生じている。大学としてSC事業や地域協働事業に真にコミットするのであれば、事業のコーディネートやさまざまな事務作業を担う専任職員を地域協働推進センターに複数配置するといった支援体制の整備が急務であろう。また、教員が地域で教育・研究活動をしやすいようなカリキュラム編成、あるいは地域での活動時間を確保しやすい時間割の設定も重要であろう。

　持続可能な地学協働において地域が果たす役割も大きい。まず、大学は救世主ではない。地域の持続性を実現するのはあくまで地域住民であり、地域住民のやる気がなければ、大学がいくら関与しても実のある成果は出ない。大学を引っ張るぐらいの方がよい。そのためには、大学との協働を通じて何を得たいのかを常に考え、伝えておく必要がある。そのうえで、大学がその期待に見合

う動きをしていないのであれば、その不満を遠慮なく大学にぶつける必要もあるだろう。SC事業は2021年度に6年目に入ったが、この地学協働モデルが今後も続き、実を結ぶためには、大学と地域双方の「覚悟」が求められることになるであろう。

注

1)　大学の「地域貢献」については、2006年に改正された教育基本法（第7条）、および2007年に改正された学校教育法（第83条）において明記された。

2)　これらの地域区分は、北海道が用いている生活経済地域圏に基づく。

3)　国際地域とは、「政治・経済・社会・文化の面で恒常的に世界とつながり、相互に影響を及ぼしている、ある特定の国の内部に広がる一定の空間」を意味する（古地・池ノ上 2019：24）。

4)　知内SCについては「地区型」としているが、知内町全体がSC事業の対象になっていることを付け加えておく。函館SCの「国際地域型」については、地理的な空間に基づく分類ではなくテーマ型であるが、こちらも函館市全域を対象としている。

5)　フェノロジーカレンダーとは、「地域の自然と人の営みを表した生活季節暦」（日本エコツーリズム協会 フェノロジーカレンダー研究会 2017）を指す。地域資源を見直し、地域づくりにつなげていくツールとして全国各地で制作されている。

6)　江差屏風は、江戸時代の江差の繁栄ぶりを伝える屏風。江戸時代中期に松前藩で絵師として活躍していた小玉貞良の作品である。

引用・参考文献

池ノ上真一・古地順一郎（2017）「ソーシャルクリニック ― 地域の課題解決力向上を目指す仕組み ―」北海道教育大学函館校地域協働推進センター編『北海道教育大学函館校ソーシャルクリニック平成28年度活動報告書』北海道教育大学函館校地域協働推進センター、3-5ページ。

古地順一郎・池ノ上真一（2019）「国際地域学の地平 ―『国際』と『地域』をつなぐ視座 ―」北海道教育大学函館校国際地域研究編集委員会編『国際地域研究 I』大学教育出版、20-37ページ。

齋藤征人（2018）「多様な住民をエンパワメントする地域の互助体制づくりの展開 ― まちづくりカフェとソーシャルクリニックの試み ―」『地域福祉サイエンス』第5号、47-54ページ。

白石克孝・石田徹編（2014）『持続可能な地域実現と大学の役割』日本評論社。

杉岡秀紀（2013）「地域公共人材育成における大学の挑戦」今川晃・梅原豊編『地域公共人材をつくる ― まちづくりを担う人たち ―』法律文化社、53-73ページ。

日本エコツーリズム協会 フェノロジーカレンダー研究会（2017）『地域おこしに役立つ！ みんなでつくるフェノロジーカレンダー』旬報社。

藤井正（2011）「地域に向き合う大学」柳原邦光・光多長温・家中茂・仲野誠編著『地域学入門 —〈つながり〉をとりもどす —』ミネルヴァ書房、279-297 ページ。

リチャード・フロリダ 井口典夫訳（2014）『新クリエイティブ資本論 — 才能が経済と都市の主役となる』ダイヤモンド社。

北海道教育大学函館校・江差町教育委員会編（2018）『江差の町ごよみ — 江差フェノロジーカレンダー』江差町教育委員会。

北海道教育大学函館校地域協働推進センター編（2017）『北海道教育大学函館校ソーシャルクリニック平成 28 年度活動報告書』北海道教育大学函館校地域協働推進センター。

北海道教育大学函館校地域協働推進センター編（2018）『北海道教育大学函館校ソーシャルクリニック平成 29 年度活動報告書』北海道教育大学函館校地域協働推進センター。

北海道教育大学函館校地域協働推進センター編（2019）『北海道教育大学函館校ソーシャルクリニック平成 30 年度活動報告書』北海道教育大学函館校地域協働推進センター。

北海道教育大学函館校文化人類学・民俗学研究室（2019）「2018 年度 八大龍王神八江聖団夏季例大祭神輿渡御祭調査報告書」北海道教育大学函館校文化人類学・民俗学研究室。

三上修・中田葵衣・田中志織・宮原浩・長谷昭（2020）「江差屏風に描かれた動植物」『ビオストーリー』第 33 号、79-91 ページ。

Web サイト

北海道（2020a）「住民基本台帳人口・世帯数」
　http://www.pref.hokkaido.lg.jp/ss/tuk/900brr/index2.htm、2020 年 8 月 13 日アクセス。

北海道（2020 ｂ）「令和元年度学校基本統計確報」
　http://www.pref.hokkaido.lg.jp/ss/tuk/013sbs/19.htm、2020 年 8 月 13 日アクセス。

文部科学省（2015）「国立大学法人等の中期目標及び中期計画の素案に対する所要の措置について」文部科学省
　https://www.mext.go.jp/component/a_menu/education/detail/__icsFiles/afieldfile/2016/04/07/1369085_01.pdf、2020 年 9 月 8 日アクセス。

OECD（1996）"The Knowledge-based Economy"
　https://www.oecd.org/officialdocuments/publicdisplaydocumentpdf/?cote=OCDE/GD% 2896% 29102&docLanguage=En、2020 年 8 月 14 日アクセス。

【地域活性化の実践例】

第4章

万字線プロジェクト2019が拓いた新たな地平
― 地域と芸術をつなぐアートマネジメント人材育成に関する一考察 ―

宇田川　耕一

は じ め に

　北海道教育大学教育学部芸術・スポーツ文化学科が所在する岩見沢市および
その近郊は、かつて多くの炭鉱を抱えて栄えた地域であり、また交通の要衝で
もあった。しかし、現在は過疎化、高齢化が進む地域となっている。

　「万字線プロジェクト」とは、地域文化資源の発掘・発信・活用に関して、
企画立案、イベントの実施、プロモーションまで一貫して体験する新たなアー
トマネジメント人材育成プログラムである。

　本章では、まず第1節でプロジェクトマネジメントに関する基礎概念を規定
し、第2節ではアートマネジメント人材の育成に関する基礎概念を明確にする。
そのうえで、第3節で以下の観点から「万字線プロジェクト2019」の実践報
告を行う。

　芸術によって地域をどのように活性化させることができるのか、魅力的な環
境をどのように創作できるのか ―― アートプロジェクトを通じ、理論と実践の
両面から受講生の理解を深め、実践的な課題解決に取り組める人材の育成を図
る。それによって、地域における児童生徒への芸術教育の担い手の育成に関わ
るプログラムを開発・実施することが、「万字線プロジェクト」のねらいである。

外部講師も招聘し、2019年度に実施された現地調査（フィールドワーク）、地域ニーズの把握・理解（アンケート調査等）、戦略的マネジメントゲーム活用によるワークショップ、アーティスト・イン・レジデンス、アートマネジメントフォーラム、企画展示等の事例を報告する。そして、そこから見えてくる過疎化、高齢化が進む地域の活性化に資するアートマネジメント人材をいかにして育成していくのかを考察する。

1. プロジェクトマネジメントに関する基礎概念

（1）プロジェクトマネジメントとは

　万字線プロジェクトの目的は、アートプロジェクトを通じ、理論と実践の両面から受講生の理解を深め、実践的な課題解決に取り組める人材の育成を図ることである。

　そこで、本章ではその前提となるプロジェクトマネジメントに関する基礎概念について見ておきたい。

　プロジェクトの定義は、総務省の「自治体CIO育成研修」には以下の3つが示されている。

　① 有期性
　　プロジェクトには「開始」と「終了」がある
　② 限られた資源
　　人的資源、物的資源、コスト等の制約がある
　③ 独自のアウトプット
　　独自のサービスやプロダクツ（成果物）を生み出す　　　（注：番号は筆者）

そして、プロジェクトマネジメントについては次のように定義されている。

　　プロジェクトマネジメントはプロジェクトの制約条件である、コスト、資源、時間のバランスを常に考慮してプロジェクトを遂行し、期待したアウトプットを得ること。

　プロジェクトには、必ず「開始」と「終了」があり、資源も限られている。経営学ではよく「ヒト」「モノ」「カネ」の 3 要素という表現が出てくるが、ここでは「人的資源」「物的資源」「コスト」がそれにあたる。

　総務省の「プロジェクトの定義」では「開始」と「終了」として表現されていた「時間」が、「プロジェクトマネジメントの定義」では「制約条件」となっている。そこから「時間」すなわち「スケジュール」の管理こそが、プロジェクトマネジメントの最重要ポイントであるという見方もできる。そして、開始時に期待したアウトプットとしての「独自のサービスやプロダクツ」を、終了時に生み出すことが、最終的な目標となる。

（2）　国際的なフレームワークとしての PMBOK

　次に、プロジェクトマネジメントの別の定義を見てみたい。

　　　　プロジェクトマネジメントとは、プロジェクトの事業主体や関係者の当該プロジェクトに対する要求事項や期待を充足するために、最適な知識、技術、ツールそして技法を適用すること。　　　　　　　　　　　　　　　　　（PMBOK より）

　これは、総務省が PMBOK から引用した定義である。といっても、PMBOK とは耳慣れない言葉かもしれない。PMBOK とは、Project Management Body of Knowledge の頭文字をとった略称である。プロジェクトマネジメントに関する手法や知識を体系立ててまとめたもので、アメリカに本部を置く非営利団体 PMI（Project Management Institute）が 1987 年に作成した。PMI 日本支部も設置されている。頭字語として「ピンボック」と読まれることもある[1]。

　PMBOK は 1987 年に PMI が "A Guide to the Project Management Body of Knowledge" というガイドブックで発表した。それ以降は世界中に広がり、今ではデファクト・スタンダードの地位を確立している。4 年に 1 度くらいのペースで改訂され、最新版は 2017 年に発行された "Sixth Edition" となっている。日本語版は『プロジェクトマネジメント知識体系ガイド PMBOK ガイド 第 6 版』（PMI 2018）である。

（3）　PMBOK によるプロジェクトマネジメント手法・知識の体系化

　PMBOK の知識管理体系は縦に「10 の知識エリア」、横に「5 つのプロセス群」、奥行きに「3 つのパート」（ライフサイクル）と、あたかも立体のように組み合わさった構造になっている。

（ア）　縦：10 の知識エリア

　プロジェクトの最終目的である QCD 管理、すなわち Quality （品質マネジメント）、Cost（コスト・マネジメント）、Delivery（スケジュール・マネジメント）に、「スコープ・マネジメント」「資源マネジメント」「コミュニケーション・マネジメント」「リスク・マネジメント」「調達マネジメント」「ステークホルダー・マネジメント」という 6 項目を追加し、さらに全体をトータルに管理する「総合マネジメント」を含めた 10 の知識エリアで構成されている（Project Management Institute 2018: 23-24）。

（イ）　横：5 つのプロセス群

　プロジェクトの最初から最後までの流れを「立ち上げプロセス群」「計画プロセス群」「実行プロセス群」「監視・コントロールプロセス群」「終結プロセス群」という 5 つのプロセス群に分割している。縦の知識エリアとのマトリクスにより、どのプロセスで何を作成・管理すべきかということが定義される（Project Management Institute 2018: 18）。

（ウ）　奥行き：3 つのパート（ライフサイクル）

　知識エリアとプロセスの交点には奥行きがあり、「インプット」「ツールと技法」「アウトプット」という 3 つのパート（ライフサイクル）に分かれている（Project Management Institute 2018: 22）。

（4）　アートマネジメント現場での PMBOK の運用

　このように、縦に「10 の知識エリア」、横に「5 つのプロセス群」、奥行きに「3 つのパート」（ライフサイクル）というわかりやすい表現で、複雑なプロジェクトマネジメントを可視化、体系化したという点で、PMBOK はとても優れている。

　ただ、ここまで精緻だと実際のところはアートマネジメントの現場でフルに

表4-1　プロセス群と知識エリアの対応表

知識エリア	プロセス群				
	立ち上げプロセス群	計画プロセス群	実行プロセス群	監視・コントロールプロセス群	終結プロセス群
総合マネジメント	プロジェクト憲章の作成	プロジェクトマネジメント計画書の作成	プロジェクト作業の指揮・マネジメント／プロジェクト知識のマネジメント	プロジェクト作業の監視・コントロール／統合変更管理	プロジェクトやフェーズの終結
スコープ・マネジメント		スコープ・マネジメントの計画／要求事項の収集／スコープの定義　他		スコープの妥当性確認／スコープのコントロール	
スケジュール・マネジメント		スケジュール・マネジメントの計画／アクティビティの定義／アクティビティの順序設定／所要期間の見積り／スケジュールの作成		スケジュールのコントロール	
コスト・マネジメント		コスト・マネジメントの計画／コストの見積り／予算の作成		コストのコントロール	
品質マネジメント		品質マネジメントの計画	品質のマネジメント	品質のコントロール	
資源マネジメント		資源マネジメントの計画／アクティビティ資源の見積り	資源の獲得／チームの育成／チームのマネジメント	資源のコントロール	
コミュニケーション・マネジメント		コミュニケーション・マネジメントの計画	コミュニケーションのマネジメント	コミュニケーションの監視	
リスク・マネジメント		リスク・マネジメントの計画／リスクの特定／定性的分析／定量的分析／リスク対応の計画	リスク対応策の実行	リスクの監視	
調達マネジメント		調達マネジメントの計画	調達の実行	調達のコントロール	
ステークホルダー・マネジメント		ステークホルダー・エンゲージメントの計画	ステークホルダー・エンゲージメントのマネジメント	ステークホルダー・エンゲージメントの監視	

出所：Project Management Institute（2018）p.25 より一部修正のうえ筆者作成。

活用するのは難しいのも事実である。そこで、筆者がプロジェクトの現場で重視するのは「10の知識エリア」や「5つのプロセス群」よりも「3つのパート」（ライフサイクル）である。各パートで大切なことは次のとおりである。

① 「インプット」：プロジェクトの準備段階で正確に現状を把握し、どれだけ立体的で精緻な計画が策定できるか。

② 「ツールと技法」：プロジェクトの進行状況に遅延がなく、現場で常に最適なツールや技法が用いられているか。

③ 「アウトプット」：当初期待した成果がどの程度達成されているのか。プロジェクトの方向性にブレがなかったか。

さらに、当初の計画どおりにプロジェクトが進んでいるか、発生した課題に対して適切に対応しているかなどをプロセスごとに判断しながら指示をするリーダーが必要である。それがプロジェクトマネジャーである。

（5） プロジェクトマネジャーに求められるスキル

PMBOK はプロジェクトマネジメントの国際的なフレームワークではあるがマニュアルではないので、実践するためには自分なりのプロジェクトマネジメント手法を身につけなければならない。そしてそれはすなわち、プロジェクトマネジャーに求められるスキルにつながってくる。

再び総務省の「自治体CIO育成研修」より、「プロジェクトマネジャーに求められるスキル」を引用する。特に最後の「広く浅く」はなかなか深い意味を含んだ表現である。

■プロジェクトマネジャーに求められるスキル
・コミュニケーションスキル　　・組織化スキル
・予算化スキル　　　　　　　　・問題解決
・交渉力と影響力　　　　　　　・リーダーシップ
・チームの育成と人材　　　　　・広く浅く

また、PMBOK の優れた解説書である前田（2019）では、プロジェクトマネジャーに必要な要素として、次の3つを挙げている。

【プロジェクトマネジャーに求められる3つの要素】
- (1)　客観視できる視野
- (2)　正論と正解の判別
- (3)　業務における十分なコンピテンシー

　「客観視できる視野」とは、各メンバーの状態、プロジェクトの現状を把握し、プロジェクトを客観視しながらその目標を常に意識することを指す。プロジェクトには「時間」という制約条件がある。そのために、期日に追われて全体像を見失うということになりがちである。日常生活で「彼は自分を見失っている」というような表現が使われるが、「賢明かつ冷静なもう一人の自分」が、常に客観的に状況を把握しているのが理想である。

　「正論と正解の判別」というのは、前田（2019）では簡潔に数行で書かれているのだが、実はとても高度なスキルが求められる。マネジャーがメンバーを信頼するあまり、メンバーそれぞれの正論が異なった方向を指しているときに指示が二転三転し、全体の方向性が大きくぶれてしまうことが起こりえる。これは前述の「広く浅く」にもつながるのだが、それぞれの正論を頭ごなしに否定するのではなく、多様な価値観は認めながらも議論を重ね、プロジェクトの目標達成に向けての「1つの正解」をはっきりと示すことがとても重要である。

　「業務における十分なコンピテンシー」については「コンピテンシー」という用語についての理解が不可欠である。「コンピテンシー」とは、高い成果を上げる人に共通してみられる「行動特性」のことである。それなら「能力」といえばよいのではないかと考えがちであるが、そこには重要な違いがある。

　どんなに高い能力を持っていても、それに具体的な行動が伴わなくてはプロジェクトでの成果は生み出されない。「行動特性」とは、例えば「成果主義」のような従来の評価基準では見落とされがちな「思考」＋「行動」の性質を示しているので、正確には「思考・行動特性」と表現した方がよいかもしれない。プロジェクトマネジャーにはメンバーに安心感を与えるような十分なコンピテンシーが必要なのである。

（6）　暗黙知（Tacit Knowledge）から形式知（Explicit Knowledge）への変換

　本節の最後に、プロジェクト業務における「暗黙知（Tacit Knowledge)」について触れておきたい。「暗黙知」とは、「言葉、数式等で簡単には説明できない、直観や経験をベースにした知識」のことである。プロジェクトを進める際に、無意識のうちに今までの経験や勘に頼って作業してしまうことがある。そこで、「暗黙知」によって行われている作業プロセスを、その反対の概念である「形式知（Explicit Knowledge)」に変換していくことで、とかく属人的になりがちな貴重なノウハウを、組織全体に共有することが重要になってくる。このナレッジマネジメント（knowledge management）と呼ばれる組織力向上プロセスについては、紙幅の都合上、別の機会に委ねたい。

2.　アートマネジメント人材の育成に関する基礎概念

（1）　アートマネジメントの必要性

　アートマネジメントとは、欧米においても比較的近年になって登場してきた概念である。そのためいまだ曖昧な部分が多いが、社会全体の要請として、従来は個人事業的な要素が強かったアートの分野においても、マネジメントの必要性が高まってきたことは間違いないだろう。

　日本において主に芸術・文化の振興を担当する部局は、1968年に文部省（現文部科学省）の外局に設置された文化庁である。その文化庁の文化審議会文化政策部会で2007年に議論された「アートマネジメント人材の育成及び活用について」（2017）では、アートマネジメントの必要性について、以下の3点が指摘されている。

　　①　アートマネジメントは、文化の作り手と受け手をつなぐ役割を担うものであり、公演や作品等の企画・制作、資金の獲得など、芸術を発展させるために不可欠。
　　②　芸術家は創造活動に専念し、芸術を支え受け手のニーズを汲み上げるアート

マネジメントを担う人材との間で分担・協力して、芸術の発信力を高めていく
ことが必要。
③　各地に多くの劇場・ホール等の文化施設が整備されてきたが、ソフト面の充
実が課題となっており、アートマネジメントの役割を担う人材の充実が必要。

（注：番号は筆者）

　つまり、アートマネジメントは芸術家が創作活動をしながら片手間にできる
ようなものではなく、プロフェッショナルとしての専門人材が取り組む必要が
あるものなのである。そして、アートマネジメントに携わる人材の育成が急務
になっている。

（2）　アートマネジメント人材とは
　上記「アートマネジメント人材の育成及び活用について」（2017）では、アー
トマネジメント人材の職務内容と、求められる資質・能力として、以下のよう
な例を挙げている。

【アートマネジメントを担う人材の職務内容（例）】
〔劇場・ホール等の文化施設、実演団体等の芸術団体〕
　公演や作品等の企画・構成・制作、マーケティング・資金獲得、営業・渉外・
　広報等の業務
〔メセナ財団等の中間支援組織〕
　文化施設や芸術団体と企業とのコーディネート等の業務

【アートマネジメント人材に求められる資質・能力（例）】
・文化芸術に関する幅広い知識と興味を持ち、芸術家を支え、鑑賞者にとって魅
　力的な公演や作品を制作する能力
・文化芸術の価値を鑑賞者や地域住民、行政などにわかりやすく発信していく能力
・公的助成や企業の支援など文化芸術のための資金を獲得する能力
・会計、著作権等に関する知識・経験を持ち、芸術性と経済性を両立した経営が
　できる能力

　これらの幅広い職務内容に適応できるような高度な資質・能力は、一朝一夕
に身につくものではない。知識偏重型の教育ではなく、アートの現場でのプロ

ジェクトマネジメント実践経験の積み重ねが必要不可欠である。

（3） アートマネジメントの特性

　アートマネジメントが一般的な企業のマネジメントと異なるのは、『アーツ・マネジメント概論』（小林・片山 2009）によれば、以下の２点である。

> ①　アートマネジメントはサービスのマネジメントである。
>
> 　言うまでもなく、音楽は時間の芸術である。演奏者から聴衆へと届けられる音楽には明確な形はなく、公演が終われば聴衆の心の中に響いているイメージだけが残る。もちろん絵画のように作品の形が明確なアートもあるが、それも鑑賞者によってそれぞれ価値が異なる。購入＝消費であり、在庫がきかないという特徴を持つ。
>
> ②　ートマネジメントは非営利のマネジメントである。
>
> 　オーケストラを例にとれば、何十人もの楽団員がステージ上で、マイク無しの生音で演奏するのに対し、聴衆はサントリーホール（赤坂）のような大きなコンサートホールでも 2,000 人程度の収容人数である。その一方で指揮者をはじめ、舞台スタッフ（音響、照明等）、楽団事務局などの人件費やホール使用料、広報・宣伝費用など、支出は多岐にわたる上に多額である。どんなに高価なチケット料金設定にしても、常識的に考えてとても儲かるビジネスでないことは明らかである。
>
> （注：番号は筆者）

（4） アートマネジメント特有の課題

　上記のように、アートマネジメントは必然的に非営利活動になる。そのため、事業の収入だけでは総支出を賄えないという現象が起きる。これをインカム・ギャップ（Income Gap）と呼ぶ。そのため、支援者（企業・行政・個人等）に対して事業内容を十分に説明したうえで、助成収入（協賛金・寄付金・補助金等）を獲得するという、独自の努力が求められる。

　ただし、その際には、単なる利益至上主義では広く共感を得ることは困難なので、サービスの社会的使命を訴えて支援を得ることが求められる。その点こそが、営利組織のマネジメントとは異なる、アートマネジメント特有の課題である。

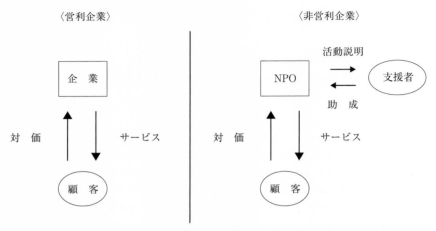

図 4-1　営利企業と非営利組織の収益構造比較
出所：小林・片山（2009）等を参考に筆者作成。

3. 万字線プロジェクト 2019 の実践報告

（1）　万字線プロジェクトの概要

　本プロジェクトは文化庁の助成による「2019 年度大学における文化芸術推進事業」として、地域文化資源の発掘・発信・活用に関して、企画立案、イベントの実施、プロモーションまで一貫して体験する、新たなアートマネジメント人材育成プログラムである。

　万字線プロジェクトの「万字線」とは、廃線になった鉄道路線のことである。この地域は、かつて炭鉱で栄えたところで、万字炭鉱から産出される石炭輸送のために敷かれた鉄道路線が万字線で、沿線には美流渡炭鉱や朝日炭鉱なども生まれた。その鉄道の中心地となって発展したのが岩見沢である。岩見沢―志文―上志文―朝日―美流渡―万字―万字炭山を結び栄華を誇った旧日本国有鉄道万字線だが、戦後のエネルギー革命によって炭鉱の閉山が相次ぐ中で残念ながら廃線となり、この地域は過疎化が進んだ。

　岩見沢市の総人口は 1995 年に 9 万 7,042 人とピークを迎えてからは減少に転じ、『岩見沢市人口ビジョン』に所収の国立社会保障・人口問題研究所に

よる推計では、2040 年には 6 万
523 人と、2010 年の人口 9 万
145 人の 3 分の 2 程度にまでなる
とされている。

万字線プロジェクト 2019 の主
な活動は、岩見沢市内の東部丘陵
地帯に位置する栗沢町美流渡地
区で行われた。その美流渡地区の
人口推移を住民基本台帳で調べ
ると、2010 年 618 人、11 年 598

図 4-2　廃校となった美流渡小学校を視察す
　　　　る北海道教育大学岩見沢校の学生

人、12 年 559 人、13 年 511 人、14 年 465 人と大幅な減少傾向が続いている。
2019 年 3 月には岩見沢市立美流渡小学校・中学校が同時に閉校となっている。

このような過疎化が進む地域を、芸術の持つ力によってどのように活性化さ
せることができるのか―― 理論と実践の両面からアプローチして、将来的に
は課題解決に取り組める人材を育てようという非常に壮大なテーマである。

（2）　連続公開ワークショップ「森の学校ミルトをつくろう」

オープニング企画として 2019 年 7 月 13 日、20 日の両日、JR 岩見沢駅舎内
センターホール（有明交流プラザ 2 階）で、「森の学校ミルトをつくろう」連
続ワークショップを開催した。

美流渡小学校・中学校が 2018
年度で閉校になったが、学校がな
くなるということの地域への影響
は大きく、心の拠り所を失ったと
いう声も地元住民から聞こえてく
る。では、せっかく最近まで現役
で使われていた小・中学校の施設・
設備を活かして、新しいコミュニ
ティ・スペースをつくれないだろ

図 4-3　岩見沢駅舎内センターホールでの
　　　　公開ワークショップ

うか——そこで、美流渡町在住の編集者・來嶋路子氏（森の出版社ミチクル代表）と話し合って、「森の学校ミルト」というコンセプトを立ち上げた。

ワークショップでは自治体職員・研究機関（大学院）研究員・アート関連業務従事者・アートマネジメント専攻学生など20名を超える参加者が、5グループに分かれて活発な議論を展開した。「美流渡」と「YOSAKOI ソーラン祭り」を組み合わせて、踊りのファッションに炭鉱での服装を取り入れる、毎月第3土曜日を「ミルトの日」としてイベントを開催する等、斬新かつ多彩なアイデアが生まれた。

（3） 市民参加型イベント「森の学校ミルトで遊ぼう」

2019年7月27日には、3月に閉校となった旧美流渡中学校体育館で、「森の学校ミルトで遊ぼう」というイベントを終日開催した。美流渡町内会役員と北海道教育大学岩見沢校アートマネジメント音楽研究室（宇田川ゼミ）所属の学生を中心とする実行委員会とで事前に話し合い、地元のニーズに応えられるようにプログラムを考えた。

図 4-4　旧美流渡中学校体育館での「森の学校ミルトで遊ぼう」イベント

前述の「森の学校ミルトをつくろう」での提案も取り入れた。

もともとは学校なので「図工」は手作りハーバリウム教室、「理科」はワクワク楽しいサイエンス、「体育」は暑さを吹き飛ばせ、ウォーターサバイバルといった具合である。

この日、来場者は地元住民を中心に60名を超える盛況であった。心配されていた雨も午後には上がり、強力な水鉄砲を使った的当ての「体育」は、会場を体育館からグラウンドに移動し、チームバトルで盛り上がった。参加してくれたある小学生の「ああ、とっても楽しい」という言葉で、スタッフの疲れも吹き飛んだ一日だった。

（４）　戦略MGマネジメントゲーム講座

2019年7月5日、12日、19日、岩見沢校内の地域活性化プロジェクト推進室で、税理士の前島治基氏を講師に迎え、「戦略MGマネジメントゲーム講座」を実施した。

戦略MGマネジメントゲーム[2]は、ボードゲームを通して資金運用等のマネジメントを学ぶという大変ユニークなアクティブラーニングのツールである。参加者一人

図4-5　白熱する戦略マネジメントゲームの会場

ひとりが起業して経営者になり、ボード板を囲んで所定時間内で駒を動かしながら疑似的に経営体験をする。それを独自のフローシートに記載し、電卓で計算しながら現金出納帳、損益計算書、貸借対照表等を作成する。

参加した学生からは「インターンシップで企業に行った際に、マネジメントゲームを経ての基礎知識があったため、グループディスカッションの話題づくり等に応用することができた」「このゲームでは一つひとつの意思決定が経営の結果に影響してくる。どう利益を出すかと考えを巡らせることは困難だったが、非常にやりがいがあった」などの感想が寄せられた。学生の感性に直接訴える、主体的な学びの講座となった。

（５）　外部講師・参加者による反応と感想

当プロジェクトに参加した外部講師、参加者による反応と感想を以下にいくつか紹介する。

　　　美流渡や近隣の地区には旧校舎だけでなく空き家も目立つ。こうした使われていないスペースがたくさんあるからこそ、まちづくりのアイデアも無限に広がるとポジティブにとらえていきたい。　　　　　　　　　　　　　　　（來嶋路子氏）

　　　今回のプロジェクトにおいてイベント班に参加したことで、大学の授業では初

めて自分たちで企画から運営までをすべて行った。当日は想定外のことも起きた
が、イベントを運営するうえで臨機応変な対応力と入念な計画性が必要であると
身をもって学ぶことができた。 (学生 T.Y.)

　大学の講義では理論も学ぶ。ただし、学んだ理論を活かすことができるか否か
は自らが実践してみないことにはわからないと、このプロジェクトの体験を通し
て感じた。 (学生 W.D.)

おわりに ─ 万字線プロジェクトが拓く地域の未来 ─

　本プロジェクトは3年計画で実施している。これまで本学が実施してきた
地域との連携による実践型授業科目である「地域活性化プロジェクト」等の成
果・ノウハウをもとに、アートマネジメント人材育成プログラムの要となるプ
ロジェクト企画・実践を実施の柱とする。2年目（2020年度）は、2019年度
の成果を受けて、より高度な理論面での連続セミナーを実施しながら、「万字
線プロジェクト」の本格的な企画立案、準備作業等を進める予定であった（図
4-6）。

　アートプロジェクト実施に際して、初年度同様に現地調査（フィールドワー
ク）、地域ニーズの把握・理解（アンケート調査等）、戦略的マネジメントの把
握（経営学の理論）等を、本学教員が中心となり、外部講師も招聘し実施する。
アートプロジェクトの具体例としては、初年度同様、参加型ワークショップと
鑑賞・参加型プログラムに加え、現地滞在型の制作活動であるアーティスト・
イン・レジデンスによるアートプロジェクトを想定している。ただし、それぞ
れのプロジェクトの規模や内容、実施期間を拡充し、動員数のみならず、プロ
ジェクトの質的向上も図る。

　受講生にとっては、2019年度からの実践内容を発展させ、基礎固めから応
用へステップを進めることになる。ただし、本年度からの新規の受講生も想定
し、継続受講生からその知見を受け継いでいけるような自主的グループ学習の
機会も設ける。プロジェクト実施後は、アートマネジメントフォーラムを実施

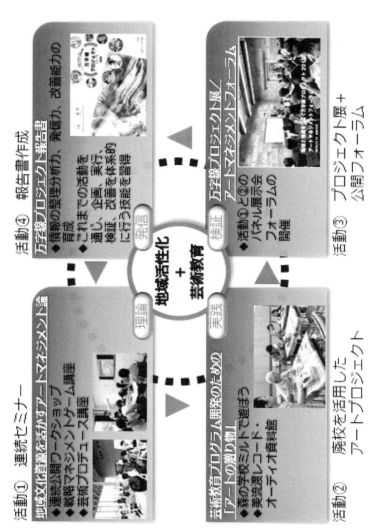

図4-6 万字線プロジェクトの発展サイクル

しその成果を学内外に周知するとともに、公開講座やアートプロジェクトを記録した報告書にまとめ、継続的なプロジェクトの発展に向けた方向性を明らかにする。

2019 年度からのワークショップ、マネジメントゲームのテーマを持続可能な活動計画の次元へと発展させ、より高度な理論面での、以下の連続セミナーやアートプロジェクトを計画していた。

◆連続公開ワークショップ

市内東部丘陵地域美流渡地区小学校・中学校廃校後施設の活用をテーマに、岩見沢市、美流渡町内会等と連携した公開ワークショップを実施する。

◆戦略マネジメントゲーム講座

「戦略マネジメントゲーム（ボードゲーム）」を使用し、利益・コスト感覚や戦略思考を、シミュレーションを通して学ぶ集中講座を実施する。

◆芸術プロデュース講座

全国各地の先進的な取り組みや、過去に本学が実施した地域活性化プロジェクト等の事例に基づき、イベント企画立案について学ぶ集中講座を実施する。

地域の人的資源を掘り起こし顕在化するための方法論等を、実践を通して学ぶ。昨年度からのプロジェクトのコンテントを発展させ、以下のアートプロジェクトを実施する。

◆森の学校ミルトで遊ぼう

市内東部丘陵地域美流渡地区旧美流渡小学校・中学校（予定）にて、岩見沢市、美流渡町内会等と連携し、地域住民のニーズを聞き取り、それを反映した身近なアートを体験するイベントを実施する。

◆美流渡レコード・オーディオ資料館

市内東部丘陵地域美流渡地区旧美流渡小学校・中学校体育館（予定）にて、レコード・オーディオ資料館をテーマに、音響機器を展示・芸術的音源を再生するイベントを実施する。

　しかしながら昨今のコロナ禍、いわゆる新型コロナウイルス感染症（COVID-19）が招いた危機的・災厄的な状況のため、上記の当初計画は大幅な修正を余儀なくされている。具体的にはワークショップ・セミナーのオンライン開催、YouTube による映像配信、出版物や SNS を駆使した情報発信等にシフトすることで、可能な限り質を低下させずに、持続的発展が可能なプロジェクトへと変化させていくことを目指している。

　当プロジェクトは、地域文化資源の発掘・発信・活用に関して、企画立案、イベントの実施、プロモーションまで一貫して体験する、まったく新しいスタイルのアートマネジメント人材育成プログラムである。

　大学が地域の活性化にどのように関わることができるのか——学生を大学にとっての顧客としてではなく、資産として捉える視点が重要である。

注
1)　これは英語ではアクロニム（acronym）といって別の読み方を与えたもので、他の例としては AIDS（エイズ）、NATO（ナトー、North Atlantic Treaty Organization、北太平洋条約機構）などがある。そのまま読むものはイニシャリズム（initialism）と呼ばれ、FBI（エフ・ビー・アイ）、OECD（オー・イー・シー・ディー）などの例がある。
2)　戦略 MG、戦略 MG マネジメントゲーム、戦略会計 STRAC は株式会社戦略 MG 研究所の登録商標である。

引用・参考文献
小林真理・片山泰輔編『アーツ・マネジメント概論』（2009）水曜社。
Project Management Institute（2018）『プロジェクトマネジメント知識体系ガイド PMBOK ガイド 第6版』Project Management Inst.。
前田和哉（2019）『PMBOK 第6版の知識と手法がこれ一冊でしっかりわかる教科書』技術評論社。

Web サイト
岩見沢市『岩見沢市人口ビジョン』　平成28年1月　https://www.city.iwamizawa.hokkaido.jp/cassette_content/content_20170721_100330.pdf、2020年9月27日アクセス。
総務省　http://www.soumu.go.jp、2020年9月27日アクセス。
文化庁　第5期文化審議会文化政策部会（第4回）2007年11月22日「アートマネジメント人材の育成及び活用について」（論点整理案）　https://www.bunka.go.jp/seisaku/bunkashingikai/seisaku/05/04/shiryo_03.html、2020年9月27日アクセス。

・

　日本には昔から「田舎者」という言葉があるように、文化が進んだ中央、遅れた地方という構造がある。今日、日本で音楽といえば、ドレミの西洋音楽のことであるが、西洋音楽でも同じように考えられている。

　日本が西洋音楽を受容したのは、16 世紀を除くと明治時代以降のことである。取り入れるときの入り口となったのが、軍楽隊・文部省・宮内省・キリスト教会の4つの機関であった。最初の3つに注目すると、西洋音楽の中心はまず"中央"にあり、そこから地方に広がったということになる。例えば、文部省の唱歌教育を考えると、まず中央の音楽取調掛という機関で、指導者と教科書が作成され、そこから全国津々浦々の小学校に波及した唱歌教育によって、地方の山村漁村の子どもたちまでもが中央の子どもたちと同じ西洋風の歌を歌うようになった。こうした事実からも、中央から地方に押し広げられた政策によって、日本の近代音楽文化がつくられたということばかりが注目される。

　ところで、文部省が行った唱歌教育のベースには、キリスト教の賛美歌や聖歌があったということが明らかになってきた。キリスト教会に着目すると、中央に先駆けてまず函館・横浜・新潟・神戸・長崎といった地方で西洋音楽が受容されたという事実がある。一口にキリスト教といっても、プロテスタント・カトリック・聖公会等さまざまある中で、ここではやはり函館と縁の深いハリストス正教会の例に注目してみたい。

　函館でハリストス正教が伝わったのは、1858 年に初代駐日ロシア領事としてゴシケヴィッチが函館に着任し、翌年に実行寺に正教会の「祭祠堂」が普請されたことに始まる。函館正教会の司祭だった厨川勇氏は著書『函館ガンガン寺物語』（北海道新聞社、 1994 年）で、「寺院（中略）の一部に仮設された礼拝室で、領事夫人や医師の夫、女中・洗濯婦といった女性たちのソプラノ・アルト、神科大学出身の領事をはじめとする男性たちのバース・テノールで構成されたコーラスは、日本の国土で初めて演奏されたクラシック音楽であった」と書いている。その後、ロシア領事館竣工、ハリストス聖堂も併設され、1861 年には、その後、長きにわたって日本のハリストス正教会を支えたニコライが、函館領事館付き聖堂司祭として来函した。これらは明治維新より前の出来事である。

　当時の日本人は当然、西洋音楽に慣れておらず、西洋の音階で歌うことは難しかった。函館にいたニコライがロシアに送った記事によれば、「函館教会

の奉神礼は日本語で行われている。問題は詠隊だ(中略)中々上手に歌えない」とある（長縄光男『ニコライ堂遺聞』成文社、2007年）。

　そして1873年に、聖歌隊養成のためヤーコフ・チハイが来日した。このチハイはロシアで音楽の専門教育を受けた人物で、日本での正教会の音楽レベルを向上させた人物である。詳しいことはわかっていないようだが、函館には2年ほどいたといわれている。彼が着任した後の1875年に、函館からロシアに送られた通信によれば「聖歌は徐々にではありますが、ずっと様になってきました（中略）学期の始まりからは小学校でも教えることになっています」とある（同上）。ここでいう小学校というのは、当時正教会の敷地内にあった宣教団付属の小学校のことであろう。同年の便りでは、「教会の歌はどんどん良くなりつつあります」と歌唱レベルの向上が報告されている。そして、そのうちに奉神礼の歌なら全部歌えるようになっているでしょう、との便りが続く（同上）。

　1873年といえば明治8年である。日本の音楽教育でいえば学制が発布されたものの、当時の音楽の教科「唱歌」は「当分これを欠く」とされていた時期である。文部省が音楽教育を全国に施すために設置した音楽取調掛ができたのが1877（明治12）年、正教会の音楽教育がいかに先駆的であったかがわかる。

　このようにキリスト教会に着目すると、わが国の西洋音楽の受容は中央に先駆けて地方から始まったのである。ここでは取り上げなかったが、プロテスタントやカトリックの教会でも同じことが言える。そしてキリスト教による日本の西洋音楽は、やがては地方から地方へ、さらに中央へと波及し、時には地方から直接世界へとつながっていくのである。その典型的な例こそが函館のハリストス正教会と聖歌だった。今後、より詳細に函館でのハリストス正教会の活動が明らかになり、このことがさらに明確になることが期待される。

（長尾　智絵）

【国際化時代における教育の新たな可能性】

第5章

日本語教育における法教育の可能性
― 日本語教育者が法教育を行う意義について ―

佐藤　香織・金　鉉善

は じ め に

　函館・道南地域のような外国人散在地域においても、技能実習生 [1] をはじめ、外国人労働者が増えつつある。とりわけ、技能実習生に対しては、入国後講習や受け入れ企業による研修などで、日本での生活ルール（交通ルールやゴミ分別等）および日本の法制度に関する講習が適宜行われている [2]。しかし、これらの講習内容は最低限のものであり、実際に定住外国人 [3] が日本で遭遇する可能性のある、さまざまなトラブルや異文化衝突の際に、解決法をどのように考えていくべきかということに有効な内容であるとは言い難い。したがって、このような講習を行うと同時に、「法や司法制度、これらの基礎になっている価値を理解し、法的なものの考え方を身につけるための教育」 [4] いわゆる「法教育」が必要になってくると考えられる。

　金・佐藤（2020）は、日本の「外国人政策」において今後重要になってくると考えられる、「外国人を対象とする法教育の必要性」について強調し、「生活者としての外国人」と「多文化共生社会」の実現のための日本語教育の充実とともに、「お互いの慣習や価値観を尊重し合い、共生のためのルールをともに考えていくことができるような、法教育の観点からのアプローチ」が求めら

れると述べている。しかし、定住外国人を法教育の受けるべき対象として加えることの重要性は明らかになったものの、その担い手の確保については課題が残っていた。

　本章では、外国人散在地域において、具体的に「誰が」「どのように」「どんな」法教育を進めていくべきかを考えるうえで、「日本語教育者（日本語教師および日本語学習支援者）」の役割に着目した。外国人散在地域における日本語教育者は、多文化共生社会の実現において、定住外国人と日本人との間をつなぐ重要な役割を果たす存在になりうるからである。外国人労働者における日本語教育では外国人労働者側のニーズと雇用者側のニーズ双方の調整が、そして生活者としての外国人における日本語教育では外国人住民側のニーズと日本人住民側のニーズ双方の調整が、それぞれ必要になってくる。各場面で求められるコミュニケーション能力に配慮した日本語教育は、定住外国人が身につけるべき法教育の内容等と連続性があると考えられる。また、外国人散在地域では、すべての法教育を法律専門家が担うことは難しいため、その担い手の確保がカギとなっている。そこで、法律専門家との連携のもとで、非法律専門家である日本語教育者が実施可能な法教育を考えていく必要がある。

　本章では、まずこれまでの日本語教育と法教育の取り組みから両者の接点を整理する（第1節）。次に、函館・道南地域で外国人労働者や外国にルーツを持つ児童生徒に日本語を教えている日本語教育者および日本語教員を目指している大学生を対象に、「外国人を対象とする法教育とは何か」「日本語教育者としてどのような法教育を行うことができるか」というテーマで行った法教育の実践を報告する（第2節）。そして最後に、第2節の実践を踏まえ、そこから見えてきた課題とこれからの可能性についてまとめる（第3節）。

1. 日本語教育と法教育の接点

（1） 日本語教育における「法教育」的な取り組み

　日本語教育においては、いわゆる「日本事情」の授業で、日本の法制度や社会制度について取り上げることがある。また、「ビジネス日本語」の授業では、ビジネス場面での慣習等を理解させ、誤解やトラブルを招かないような円滑なコミュニケーションの方法についても学ぶ。これらの内容は、各教育機関の方針や学習者のニーズおよびレベルによって当然異なるものであるが、基本的にはその日本語教育者個人の裁量で行われているのが現状である。とりわけ、日本の法制度において、「最低限この法については教える」というような一定の基準は存在せず、「法の背景にあるものを理解させる」という法的リテラシー（第2節で詳述）からの観点も不足しているといえよう。

　また、外国人住民の増加に伴い、文化審議会国語分科会（2010）は「生活者としての外国人」に対する日本語教育の重要性を指摘し、標準的なカリキュラム案を提示した。このカリキュラムの項目の中に、「地域・社会のルール・マナーを守る」（外国人登録の窓口の確認、各種税金等の支払方法の確認、確定申告・還付申告の必要性の確認）と「住民としてのマナーを守る」（居住地域のゴミ出しについて地域の公的機関で発行しているパンフレット等で確認して理解する、居住地域のゴミ出しの方法について隣人に質問する、マナーについて人に相談する）という、「法教育」的な内容が含まれている。しかし、この場合も法教育が目指している法的リテラシーの観点からのアプローチではなく、外国人住民が地域で生活するうえでとくに問題となる個別事例の説明やトラブル回避のためのコミュニケーションの学習に重点が置かれている。

　日本語教育においては、「日本のルールや慣習を外国人に教えること」が重要視され、そのルールや慣習をなぜ守る必要があるのか、そのルールや慣習を外国人が理解できなかった場合にどう対処するのかという法的リテラシーからの観点が、現状では不足していると考えられる。

（2）　法教育のこれまでの歩み

　法教育は、憲法教育、人権教育、平和教育、主権者教育、道徳教育、シティズンシップ教育および政治教育などの、いわゆる社会科教育で求められている「○○教育」と完全に切り離して考えることはできないであろう[5]。すなわち、法教育の定義およびその目的や意義を明確にしていくことと同時に、上記のような教育との関係性の中でその内容や方法などを多様化することが求められる。

　それは、大村（2015：169-170）による「法教育の行われる『場』（相手方を含む）、そして、法教育の『担い手』は同一ではないことにまず留意しなければならない」という発言からも理解できる。今までの法教育は小学校・中学校・高等学校におけるカリキュラムの中で行われるイメージで、実際においても学校の授業の中で小学生・中学生・高校生を対象に行われてきた。したがって、第一次的に学校教員がその担い手となっている。いいかえると、教育効果が最も高いと考えられる学校教育を中心に法教育が広がってきたといえよう。しかし、大村（2015：169-170）は、上述のように「場の多様性」と「担い手の多様性」を強調し、学校の場における法教育はもちろん「学校以外の場における法教育」も必要で、「法教育の担い手が異なれば、得意とする教育の内容や方法も異なってくる」と述べている。

（3）　日本語教育者が法教育を行う意義

　法教育が社会科教育で求められるさまざまな教育領域と密接な関係性を持っていることから考えると、教育に携わるすべての者が法教育の必要性を共通認識として持つことが必要であろう。加えて、法教育における「場の多様性」と「担い手の多様性」から考えると、社会全体で法教育を担っていくことが最も望ましいと考えられる。

　現在の法教育は発展途上にあり、法教育の定義およびその目的や意義はある程度明確になっているものの、さまざまな課題も抱えている。例えば、今までの法教育は学校教育を中心に行われてきたといわれているが、果たして学校現場において増えつつある外国にルーツを持つ児童生徒を対象とする動きはあっ

たのか⁶⁾など、法教育の対象に定住外国人は想定されていなかったのも事実である。しかし、これからの日本社会における外国人の増加傾向を鑑みると、法教育の受けるべき対象を定住外国人に広げることは有意義な取り組みであると考えられる。同時に、その担い手として、定住外国人と密接な関わりを持つ日本語教育者が重要な役割を果たすことは言うまでもない。

　これらの状況を踏まえて考えると、日本語教育と法教育との接点を探り、そこから日本語教育者が法教育を行うことの意義を導き出す取り組みは、これからさらにグローバル社会が進んでいく日本社会において、大きな意義があるといえよう。

2.　日本語教育者を対象とする法教育

　法教育を受けるべき対象を定住外国人にも広げるためには、担い手の確保がその前提となる。とりわけ、外国人散在地域における「外国人を対象とした法教育」の担い手として、日本語教育者の役割はますます重要になっていくであろう。しかし、法教育自体が発展途上の段階である現状では、日本語教育者自身が法教育の概念やその意義を知る機会が少ないため、定住外国人に対する実践を行うためには、まず日本語教育者への法教育を行うことが求められる。

　そこで、法教育を行う意義を日本語教育者に伝えることを目的に、2020 年 8 月 18 日と 8 月 25 日の 2 回にわたり、北海道教育大学函館校で実践を行った。受講者は現職の日本語教師 2 名、日本語教員を目指している大学生（日本語学習支援者として活動している者を含む）4 名の計 6 名で、1 回あたり 90 分である。第 1 回は講義形式で、第 2 回はワークショップ形式で行った。

（1）　本実践の目的

　今回の実践の最大の目的は、「法的リテラシーとは何か」についてともに考えることである。第 1 節で述べているように、日本語教育においても「法教育」的な取り組みが行われてきたが、それは法的リテラシーからのアプローチでは

なく、個別事例におけるいわゆる一般的常識とされる正解を教えることにとどまっていたといえよう。例えば、地域コミュニティで生じやすいゴミ分別や自転車の防犯登録などに関するルールにおいても、職場などで求められるルールや慣習などにおいても、トラブルが起きてからの処理方法やそれをどのように伝えるかのコミュニケーションストラテジーを教えることが中心になっていた。しかし、「なぜそのようなルールや慣習が存在し必要なのか」「あなた（外国人）の出身国ではどのようなルールや慣習が存在するのか」「日本のルールや慣習などが自分の出身国と異なる場合はどのようにするのか」についての理解を深めること、つまり法的リテラシーからのアプローチはほとんど行われていない。

　そもそも、法的リテラシーとは何か。

　江口・磯山（2008）は、法的リテラシーは「市民的資質（citizenship）」ないしは「公民的資質（市民的資質）」の一つとして考えられるという。つまり、「市民的資質としての法的リテラシー」とは、「法に関する正しい認識」と「法への主体的な参加」であるという[7]。なお、日本司法書士会連合会は、「一般市民の誰もが身につけておくべき基礎的な法的リテラシーを養成する教育」のことを「法教育」とし、ここでいう「法的リテラシー」とは「法の概念、法形成過程、司法制度などに関する基礎的知識や技能などの資質を身につけて、これを主体的に活用していく能力」であるという。では、具体的にどのような能力が法的リテラシーとして重要なのか。土井（2009：17）は、「公正に事実を認識し、問題を多面的に考察する能力」「自分の意見を明確に述べ、また他人の主張を公平に理解しようとする姿勢・能力」「多様な意見を調整し、合意を形成したり、また公平な第三者として判断を行ったりする能力」が法的リテラシーとして重要であり、これらを支える根源的資質としては自尊感情および他者に対する共感などが考えられると述べている。

　本実践は、法教育が目指している「法的リテラシー」を終局的には定住外国人にも理解してもらうための最初の一歩として、法律専門家と日本語教育者が日本語教育における法教育の意義について話し合う場であるということができる。日本語教育者自身のこれまでの教育実践の中で行われてきた「法教育」的

な取り組みについて振り返り、法律専門家と日本語教育者が情報共有を行うことで、外国人に対する法教育をこれからどのようにして進めていくのかを議論することを目的とした。

（2） 本実践の内容

第1回は、法的リテラシーに関する講義である。法教育の定義やその目的を説明し、その中で重要視されているのが「法的リテラシーの育成」であることを共有する。そのあと、この法教育がなぜ外国人に必要であるのか[8]、そして日本語教育とどのような接点があるのかについて、現職の日本語教育者から現場の様子を聞き、それを法教育の観点からアプローチする方法を模索する。ここでは、「①社会規範とは何か、そしてなぜ必要なのか」「②多文化共生政策から法教育を考える ― 国民・市民・住民はどのように区分されるのか？ 外国人の法的地位とは？ ― 」という2つの項目を中心に講義を進めた。

なお、第2回のワークショップにあたり、あらかじめ4本の法教育関連ビデオを見てくることを課題とした。①法教育視聴覚教材「約束って何だろう？」、②法務省人権啓発ビデオ「わたしたちが伝えたい、大切なこと～【差別のない世界へ】」、③法務省人権啓発ビデオ「外国人と人権～違いを認め、共に生きる～【家庭・地域で見られる偏見や差別】」、④法務省人権啓発ビデオ「外国人と人権～違いを認め、共に生きる～【職場で見られる偏見や差別】」の4本である。なお、これらのテーマは、受講者の教育実践の経験に基づいて選定した。

第2回は、第1回目の講義内容をもとに、課題として出した4本のビデオについてディスカッションをするワークショップ形式で行った。とくに上記の課題③は、ゴミ分別についてのトラブルを視聴覚教材にしたもので、今までの日本語教育の中で行われてきた、日本での生活ルールをテーマにした日本事情の教育と比較できる題材である[9]。その前半の内容を以下に簡単に紹介する。

ある町に外国人の家族が引っ越しをしてきた。夜の洗濯機の使用や聞きなれない外国語の話し声が原因で、近所の住民は少しずつ不満を持ち始めていた。そんなある日、ゴミ分別がきちんとされていないゴミが出されたことで、近所の住民はその外国人の家族を疑い、大家に話を持ち掛けることで物語は続く。

　ここで、ポイントになる場面が2つある。1つ目は、近所の住民が大家に騒音などのことを大げさにせずそれとなく遠回しに言ってもらうよう頼んだが、大家は「文化が異なる人たちに遠回しに言うのはむしろ伝わらない。こちらの主張をきちんと伝え、そのうえで歩み寄る必要があるんです」という場面である。2つ目は、大家の仲介で近所の住民とその外国人の家族が話し合いの場を持つ場面である。その話し合いの場で、外国人の家族は、自分たちの夜の話し声や洗濯機の騒音で近所の住民に迷惑をかけたことに気づいて謝るとともに、仕事のために夜にしか洗濯機を回せない事情を伝えることができたのである。

　この教材をとおして、ルールというのは一つの共同体で他人同士がともに生きるために必要であるが絶対的なものではないこと、すなわち構成員の合意によって新しくすることも例外を設けることも可能であることを確認した。このように法的リテラシーから「ルール」を考えることで、「ルールを守らない人＝非難されるべき人、制裁を受けても仕方のない人」という当初の認識から、「ルールを守らないことに正当な理由が存在するのであれば例外を設けること」「そのためにも、自分の主張を相手方に明確に伝え、相手方の話を聞くこと」「その話し合いで公正に解決策を導き出すこと」という、より多面的な見方による解決策が期待できるといえよう。

（3）　本実践の結果

　2回の実践が終わった後に、次のような項目でアンケート調査を行った。

---

1. 授業の全体的な感想を教えてください。
2. 今回の講習（法教育）を受けて、日本語教育者として外国人に対してどのように接していくべきか、考え方に変化がありましたか。今後、日本語教育においてどんな法教育が考えられると思いますか。
3. 今後、法教育について学ぶ機会があるとしたら、どのような内容を取り上げてほしいですか。

　1つ目の項目については、法教育の意義や、法教育を日本語教育に取り入れる必要性について述べている感想が多かった。まず、法教育の意義については、以下のように、学校現場や社会における法教育の重要性を指摘する感想が

あった。

　　法は道徳のようにある一つの価値観に支配された情緒的な学習ではありません。人が社会の構成員として生きていくうえで人権教育としても必要なことなので、是非学校現場で取り組んで欲しいと思います。

　　法的にはどうなっているのか、最低限必要な法律の知識を学んだり、人々が法に関心を向けて当事者意識を持つことが、より良い社会をつくるうえで大切であると学びました。

　また、法教育を日本語教育に取り入れる必要性については、以下のように、多文化共生社会において日本人と外国人双方にとって法教育が重要であることを指摘する感想や、やさしい日本語で明確に法教育を行う必要性を強調する感想があった。

　　多文化共生社会において、日本人も外国人も、ともに社会の構成員として、社会の基盤となる法について考えていくことも大切だと感じました。

　　多文化共生について考える際にいつも「異文化に対する理解」や「日本語能力向上」のようなことを思い浮かべがちであったが、法教育を意識することは今までなかったように感じます。しかし、今回の講座から、多文化共生の実現のためには法教育による日本の法律やルールの理解を促す必要があると感じました。法教育は外国人のみならず日本人にとっても大切で、互いの理解には基盤となるルールの存在が大切であると思います。

　　法教育では日本語教師として、やさしい日本語ではっきり直接言うことが重要だと思いました。雰囲気だけではっきり言わないというのは、その場では優しく話しているように思えますが、それは優しさではないということに気づかされました。はっきり言うことはその場ではキツく思えるかもしれませんが、やさしい日本語で教えてあげることが、その人のためにもなると思いました。

　2つ目の項目では、本実践の目的として掲げていた「法的リテラシーからのアプローチ」というよりは、外国人が法を犯さないようにするにはどうすべきかという視点からの意見が目立った。しかし、受講者それぞれが、自ら実践可

能な法教育について具体的に考えることができていたと評価できる。以下のように、ゴミ分別や入浴のルールについては実践可能であるという意見や、ルールを明確に外国人に伝えることの重要性についての意見があった。

　　地域の日本語教室の交流タイムで3〜4カ月に一度という頻度なら、ゴミ、銭湯でのお風呂の入り方などトピックを絞ってできると思います。通常の授業の中でも、会話練習に取り入れるなどの工夫でできると思います。では外国人児童の日本語学習支援としてはどうかというと、取り出し授業では難しいですが、入り込みだったら児童と一緒に遊びながらできるかもしれません。

　　私たち日本人は、積極的に「それは違う！」と発信することは苦手だ。そのことが外国人を支援していくうえで頼りない支援者と映っていただろう。今後は、わからないことはどこに聞けばよいのか、だれに尋ねればよいのかを積極的に外国人に知らせ、外国人に頼られる支援者になりたいと思う。

　　外国人が誤って法を犯してしまわないためにも、子どもでも理解できるような単純な教え方で日本のルールについて触れていく機会をつくっていく必要があるのだと感じました。

　　日本に住む外国人学習者と接するうえでは、外国人に関係する法を知っておくことに加え、学習者が複雑な法に囲まれて生活していることにも配慮して支援していきたいと思います。授業に取り入れるとしたら、ゴミ出しルールのような身近なものやその他の法に関するものを題材に文法を学んだり、もっと上のレベルのクラスならディスカッションをするのもいいと思います。

　3つ目の項目では、法教育の具体的な進行方法についての疑問などが多く寄せられた。以下に紹介する。

　　外国人学習者がセクハラやパワハラを受けたときに日本語指導者としてどのような支援ができるのか。

　　今後は、今回のいじめやゴミ問題のように具体的に発生した、または、発生しそうな事例について、法律的にはこのように対処できるということを学びたい。

　　これから学びたいことは、日本語学校ではどのようにして法教育をしているの

かです。日本語教師として授業で法教育を行うことが必要だと思いますが、どのような教材を使ってわかるように教えていくのか、実際の方法について学びたいです。

3. 本実践から見えた課題とこれからの可能性

本実践では、日本語教育における法教育の意義について、法律専門家と日本語教育者が話し合うことに焦点を当てて行った。日本語教育者自身のこれまでの教育実践の中で行われてきた「法教育」的な取り組みをこれからどのようにして進めていくのか、すなわち、法的リテラシーからのアプローチをまずは強調した。しかし、法的リテラシーからのアプローチというのは、法教育の中でも目標として掲げてはいるものの、非常に抽象的な概念であるため、どのように進めるべきかについてはさまざまな見解[10] がある。それは今回の実践でも浮き彫りとなったといえよう。つまり、これからの日本語教育の中に法教育を取り入れていく意義を共有すること、そしてそのためには法的リテラシーからのアプローチが必要であることについての共通認識は確認できたが、日本語教育者は、場面や状況に応じた適切なコミュニケーションを教えることに日々注力していることもあり、法教育についても、ゴミ分別や入浴のルール等個別事例の説明やトラブルの回避に焦点を当ててしまいがちな傾向が見られた。しかし、個別事例を出発点としたとしても、最終的には「法的リテラシー」をどのように滋養するべきかという観点を持つことが法教育には重要になってくる。そのためにも、本実践のような法律専門家と日本語教育者との継続的な話し合いの場が必要であることがわかった。

現在、法務省以外にも、法学研究者や教育研究者、日本弁護士連合会や日本司法書士会連合会などによる法教育教材および視聴覚教材が多く出されている。しかし、その対象は、小学生・中学生・高校生向けがほとんどで、定住外国人（外国にルーツを持つ児童生徒を含む）を対象とする法教育の教材は皆無であると言っても過言ではない。日本語教育者が使用可能な教材の作成が必要不可欠であり、その意味で、本実践のような取り組みを重ねていくことには大

きな意義があると考えられる。

　法的リテラシーの育成には、さまざまな状況、さまざまな立場の人に思いを
はせ、多面的に考えてみることが重要であり、何か特定の正しい答えを教授す
る側が用意して行うような性質のものではない。だからこそ実践が難しいとい
えるが、それが継続的に実践されることで、文化や慣習が異なる人々どうしが
お互いを尊重し、理解し合うことができる共生社会の実現につながる。本章で
述べてきた「外国人を対象とする法教育」の観点から論じていくと、定住外国
人や日本語教育者だけでなく、通訳者、自治体職員、企業の担当者などの定住
外国人と関わるすべての人々に対しても法教育は必要であり、その効果には大
きな可能性があると考えられる。

おわりに

　近年、日本社会の外国人人口の増加に伴い、地域における日本人住民と外国
人住民との間の「共生」が注目されつつある。それは、政府の「多文化共生政
策」によって広められたともいえよう。そして、これは日本のみの話ではなく、
グローバル化が進んでいる中で諸外国が直面している課題でもあるため、諸外
国の教育における多文化共生政策の比較研究[11]が盛んに行われている。

　そのなかで、本章では、外国人散在地域における日本語教育推進に加え、今
までは日本語教育の中で行われてきた「法教育」的な取り組みをよりいっそう
強化し、法的リテラシーの観点からアプローチすることを試みた。しかし、法
教育の受けるべき対象に定住外国人を加えることは新しい取り組みで、さらに
外国人散在地域に居住する外国人を対象とする法教育を「誰が」「どのように」
「どんな」内容で進めていくかについての議論はこれまで皆無であったと言っ
ても過言ではない。そこで、日本語教育を専門とする佐藤と法律を専門とする
金とが連携することで生まれたのが、第 2 節の法教育の意義を日本語教育者に
考えさせる実践である。定住外国人の法的リテラシーを育成するためには、ま
ず日本語教育者がその重要性に気づくことが肝要であり、そのためには法律専

門家と日本語教育者とが連携し、定期的な講習会・勉強会等を行っていく必要
があるだろう。

　今後は、日本語教育における法教育で最低限取り上げるべき内容の選定や体
系化、指導方法等を提案し、定住外国人に対する法教育を日本語教育者に実践
してもらう取り組みを行うことを目指していきたい。

注
1)　函館新聞（2018 年 6 月 21 日付）「渡島は 121 人増の 994 人　17 年の外国人技能実習生」
　　では、「道がまとめた 2017 年の外国人技能実習生の受入状況調査によると、昨年 1 年間に道
　　内の企業や団体が受け入れた実習生は前年比 23％増の 8,502 人で、調査を始めた 06 年以降
　　で最多となったことが分かった。このうち渡島総合振興局管内は 994 人で、オホーツク、石
　　狩管内に次いで多く、道南でも人手不足を背景に、同実習制度の需要の高まりをみせている
　　（下線筆者）」という。
2)　「外国人の技能実習の適正な実施及び技能実習生の保護に関する法律施行規則」第 10 条第
　　2 項第 7 号ロにより、入国後講習で取り上げるべき科目として以下の 4 つがある。

　　　　　①日本語、②本邦での生活一般に関する知識、③出入国又は労働に関する法令の規定
　　に違反していることを知ったときの対応方法その他技能実習生の法的保護に必要な情報
　　（専門的な知識を有する者（第一号団体監理型技能実習に係るものである場合にあって
　　は、申請者又は監理団体に所属する者を除く。）が講義を行うものに限る。）、④上記の
　　①から③までに掲げるもののほか、本邦での円滑な技能等の修得等に資する知識。

3)　本章の「外国人を対象とする法教育」の「外国人」は、「定住外国人」を指す。
4)　これは、法務省による法教育の定義である。このほかにも日本弁護士連合会や日本司法書
　　士会連合会などによる定義が存在するが、いずれも同様の内容となっている。
5)　これらの関係性については、田中（2008）と大村（2015）などを参照。
6)　外国にルーツを持つ子どもを対象とする法教育については、金（2020）を参照。
7)　すなわち、「法に関する正しい認識」のために、「市民は、法とは人々がそれぞれに主張す
　　る多様な価値への合意の所産であることを踏まえ、法を動態的な存在として認識する必要が
　　あ」り、「法への主体的な参加」のために、「市民は、実際にこのような法を利用し創造する
　　ために、自己の権利を行使しその責任を遂行する必要がある」と述べる（江口・磯山 2008：
　　9）。
8)　これについては、金・佐藤（2020）を参照。
9)　このほかにも、外国にルーツを持つ子どもを対象とする法教育と関連し、その担任と親の
　　役割の重要性についてディスカッションを行った。

10)　北川・大坂（2008）は、「『法教育において育成すべき力としての法的リテラシーとは何か？』という観点が曖昧なままに、『ルールづくり』や『模擬裁判』といった授業実践が広まりつつある」と指摘している。

11)　これについては、日本学術会議地域研究委員会多文化共生分科会（2014）による「（案）提言　教育における多文化共生」の「2　諸外国の教育における多文化共生政策」を参照。

引用・参考文献

大村敦志（2015）『法教育への招待 ― 法学から見た法教育』商事法務、169-172 ページ。

江口勇治・磯山恭子編（2008）『小学校の法教育を創る ― 法・ルール・きまりを学ぶ』9 ページ。

北川善英・大坂誠（2008）「法教育と法的リテラシー」『横浜国立大学教育人間科学部紀要　Ⅲ．社会科学』10 巻、29-43 ページ。

金鉉善（2020）「外国にルーツを持つ子どもを対象とする法教育（鳥谷部茂先生退職記念号）」『広島法学』43 巻 4 号。

金鉉善・佐藤香織（2020）「多文化共生社会の実現を目指した外国人政策 ― 外国人を対象とする法教育の試み ―」北海道教育大学函館校国際地域研究編集委員会編著『国際地域研究Ⅱ』大学教育出版。

土井真一（2009）「法教育の基本理念 ― 自由で公正な社会の担い手の育成」大村敦志・土井真一編著『法教育のめざすもの ― その実践に向けて』商事法務、17 ページ。

田中成明（2008）「法教育に期待されていること ― 道徳教育・公民教育への組み込みに当たって」『ジュリスト』1353 号。

文化審議会国語分科会（2010）『「生活者としての外国人」に対する日本語教育の標準的なカリキュラム案について』文化庁文化部国語課。

Web サイト

日本学術会議地域研究委員会多文化共生分科会（2014）「（案）提言 教育における多文化共生」、http://www.scj.go.jp/ja/member/iinkai/kanji/pdf22/siryo195-5-13.pdf、2020 年 9 月 9 日アクセス。

日本司法書士会連合会「法教育」、https://www.shiho-shoshi.or.jp/activity/education/、2020 年 9 月 9 日アクセス。

日本弁護士連合会「法教育」（市民のための法教育委員会）、https://www.nichibenren.or.jp/activity/human/education.html、2020 年 9 月 9 日アクセス。

函館新聞（電子版）「渡島は 121 人増の 994 人　17 年の外国人技能実習生」2018 年 6 月 21 日、https://digital.hakoshin.jp/special/labor/35891、2020 年 9 月 9 日アクセス。

法務省「法教育」、http://www.moj.go.jp/housei/shihouhousei/index2.html、2020 年 9 月 9

日アクセス。

法務省（MOJchannel）法教育視聴覚教材「約束って何だろう？（全編）」、https://www.youtube.com/watch?v=ozxumevvg-g、2020 年 9 月 9 日アクセス。

法務省（MOJchannel）人権啓発ビデオ「わたしたちが伝えたい、大切なこと〜アニメで見る 全国中学生人権作文コンテスト入賞作品〜（1/4）【差別のない世界へ】」、https://www.youtube.com/watch?v=xT4uMB6KqFE、2020 年 9 月 9 日アクセス。

法務省（MOJchannel）人権啓発ビデオ「外国人と人権〜違いを認め、共に生きる〜（2/5）【ドラマ　家庭・地域で見られる偏見や差別】」、https://www.youtube.com/watch?v=quDjCcdLqkw、2020 年 9 月 9 日アクセス。

法務省（MOJchannel）人権啓発ビデオ「外国人と人権　〜違いを認め、共に生きる〜（3/5）【ドラマ　職場で見られる偏見や差別】」、https://www.youtube.com/watch?v=GijRzOyh1U4、2020 年 9 月 9 日アクセス。

【国際化時代における教育の新たな可能性】

第 6 章
地域海洋資源を活用した島国共通教材の開発

松浦　俊彦・Fernan P. Tupas

はじめに

　日本の若年層を中心とした海離れは、将来の環境意識の低下につながると懸念されている。海の豊かさを守るためには、日本に限らず、多くの国々で海への関心と理解を深める教育が求められている。本章では、海と地域、海への関心と理解、海と学校教育の現状について言及したうえで、海洋リテラシーを培う科学教育の開発、特に、海洋生物資源に着目した島国共通教材の開発について紹介する。

1. 海と地域

　海は地球表面の7割を占め、生命の誕生や多様な進化の舞台となってきた。人類も古くから物資の輸送や豊かな食を得る場として、海からの恩恵を受けて発展してきた。世界人口の約半数が海岸から100キロメートル（km）以内の沿岸域に住み、世界の巨大都市のほとんどがそこにある。四方を海に囲まれた日本は国土面積の約12倍の海域を有する世界有数の海洋国家である。6,852

の島から構成される島国日本の海岸線の長さは約3万kmで、世界第6位を誇る（国土技術研究センター 2020）。水産物の漁獲量・生産量は世界第10位（FAO 2018）で、日本人が摂取する動物性タンパク質の約4割は水産物である。海を利用して産業を興すことで、日本は近代化を遂げてきた。

　北海道は日本海、太平洋、オホーツク海のそれぞれ特性の異なる3つの海に囲まれ、海岸線は日本全体の9パーセント（%）にあたる約3,000km（北方領土を除く）に及ぶ（海上保安庁 2020）。北海道の漁業は全国の漁業生産のうち、生産量で22%、金額で19%を占めており、漁業就業者数（16%）や漁船数（10%）とともに、全国第1位となっている（北海道農政事務所 2020）。日本最大の水産物供給基地である北海道は、全国水揚げの大部分を占めるホタテ貝、スケトウダラ、サケ、ホッケ、コンブなどをはじめ、多種多様な水産資源

図 6-1　函館の海岸の様子
(a) 大森浜の砂浜と函館山　　(b) 志海苔の磯浜
(c) 志海苔の磯浜と津軽海峡　(d) 大森浜に設置された看板

に恵まれている。

　函館市を含む渡島地域は漁業および水産加工業が盛んで、北海道の漁業就業者の24%、漁船数の25%、水産加工場数の22%を占め、全道第1位である（北海道農政事務所　2020）。函館市に限定すると、スルメイカ（約6,000トン）とコンブ（約1,500トン）の漁獲量の多さが特徴で、1989年制定の函館市の魚が（軟体動物ではあるが）イカというのも納得できる。函館の海岸の様子を図6-1に示す。ペリーが黒船で来航した港町函館には、砂浜もあれば磯浜もあり、津軽海峡がつくりだした自然の絶景を楽しむことができる。磯浜のすぐ近くには漁師の民家が建ち並んでいる。函館は海とともに歴史と文化を紡いできたと言っても過言ではないであろう。

2. 海への関心と理解

（1）　日本人の海離れ

　みなさんは海をどう思うだろうか？　雄大な海の景色に魅力を感じる人、どこまでも続く海の向こうに憧れを抱く人、荒波に恐怖を感じる人など、海への思いはさまざまであろう。ここで、日本人の海に対する意識調査の結果を紹介しよう。「海に行きたいか、行きたくないか」と質問すると、各年代とも7割が「海に行きたい」と答えている（日本財団　2019）。「海に行きたい」と答えた人のうち、9割以上が「子どものうちに海体験があることが大切」と回答している。また、海に行きたい人は、海辺で自分たちのゴミを持ち帰る、生活排水に配慮するなど、海の豊かさを守ることを意識した行動をとっていることが明らかになった。一方、「海に行きたくない」と答えた人は子どもの頃の楽しい海の思い出が乏しく、海の環境を守る意識も低いことがわかった。

　近年、日本人の「海離れ」が全国的に進んでいる。国内の海水浴客数はピークだった1985年の約3,790万人から2019年には約630万人と、約6分の1に減少した（日本生産性本部　2020）。特に、10代の4割が「海に親しみを感じていない」と答えており、若年層ほど海への愛着が薄れている実態が浮き彫

りになっている（日本財団 2017）。

（2）　海への関心と理解を深める取り組み

　海への関心と理解を深める取り組みが始まっている。1995 年に海の恩恵に感謝するとともに、海洋国日本の繁栄を願うことを趣旨として、国民の祝日「海の日」が誕生した（1996 年施行）。2007 年には海洋基本法が制定され、第 28 条に海洋に関する国民の理解の増進等が規定されている。第 1 項に「学校教育及び社会教育における海洋に関する教育の推進」、第 2 項に「大学等において学際的な教育及び研究の推進」が明記されている。これに基づき、各種団体が海を学ぶイベントなどを全国各地で開催している（東京大学海洋アライアンス海洋教育促進研究センター 2019；東京大学大学院教育学研究科附属海洋教育センター 2019）。

　2011 年 3 月 11 日に発生した巨大地震は、日本人の海への意識を大きく変えた。「東日本大震災によって、海の学習が大切だと考えるようになった」との回答が 83.2% となっている（日本財団 2012）。近年、海への関心と理解を深める教育活動への社会的な要請が高まっている。

（3）　環境意識の高まり

　国際地域学科・地域環境科学グループ学生の環境問題への関心について紹介しよう。2020 年度の 1 年生向け授業「アカデミックスキル」にて、関心のある環境問題について文献調査をするという課題を与えたところ、38% の学生が海洋汚染を選び、地球温暖化とともに同率 1 位となった（図 6-2）。特に、海洋プラスチックゴミやマイクロプラスチック問題などの海洋汚染について、学生が高い関心を寄せていることがうかがえる。プラスチックゴミの問題は 2020 年 7 月からレジ袋有料化が始まったことや、日本のみならず世界各国に共通する環境問題であることなどが関心を高めている要因と思われる。海の環境を守るための呼びかけを多言語で発信している図 6-1（d）のような看板が、函館の海岸にも設置されている。

　2015 年の国連サミットにおいて、「持続可能な開発のための 2030 アジェン

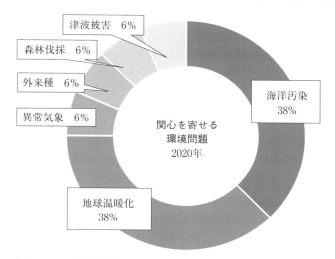

図 6-2　国際地域学科・地域環境科学グループ学生が関心を
寄せる環境問題
2020 年度は海洋汚染と地球温暖化が同率 1 位となった。

ダ」が採択され、人間、地球および繁栄のための行動計画として、17 の目標
と 169 のターゲットからなる「持続可能な開発目標（SDGs）」が掲げられた
（環境省 2020）。SDGs のうち、目標 14「Life Below Water（海の豊かさを守
ろう）」では、「海洋と海洋資源を持続可能な開発に向けて保全し、持続可能な
形で利用する」ことがうたわれ、2030 年までの段階的な達成を目指している。

　具体的な取り組みであるターゲット 14.1 を見ると、「2025 年までに、海洋
ごみや富栄養化を含む、特に陸上活動による汚染など、あらゆる種類の海洋汚
染を防止し、大幅に削減する」と示されており、学生が高い関心を寄せる環境
問題の解決を掲げている。ほかにも、海洋生物多様性の損失、海洋酸性化、気
候変動による沿岸被害など、海に関わるグローバルな環境問題の解決は世界共
通の目標となっている。海の豊かさを守るためには、海洋資源や海洋持続可能
性について多くの情報を読み解いたうえで、責任ある決定を行うことができる
「海洋リテラシー」をもつ人材の育成が世界的に求められている。

3. 海と学校教育

（1）　海洋リテラシー

　国際連合教育科学文化機関の政府間海洋学委員会（ユネスコ IOC）は、世界の市民が身につけるべき海に関する知識内容として、海洋リテラシーを提唱している（海洋リテラシー研究会 2020）。海洋リテラシーの7つの原則は次のとおりである。

原則1　地球には、多様な特徴を備えた巨大な一つの海洋がある
原則2　海洋と海洋生物が地球の特徴を形成する
原則3　海洋は気象と気候に大きな影響を与える
原則4　海洋が地球を生命生存可能な惑星にしている
原則5　海洋が豊かな生物多様性と生態系を支えている
原則6　海洋と人間は密接に結びついている
原則7　海洋の大部分は未知である

　上記の原則は、K-12（幼稚園から高校卒業まで）に身につけるべき体系的な知識として位置づけられている。しかし、2012年のヨーロッパ初の海洋リテラシーの会議において、主流の科学教育に海洋科学の内容項目が欠落している状況が指摘されている。

（2）　海の学習の教育史

　日本の学校教育では、海をどのように学んでいるのかを戦後の教育史から紐解こう。戦後初期には、小・中学校できわめて豊かな海洋教育教材が準備されていた。例えば、1947年3月に中学校2年生用教科書『私たちの科学9「海をどのように利用しているか」』を当時の文部省が作成している（小国他 2019）。全91ページにわたり、海洋（海の広さや深さ、海中の水圧、海水温、海はなぜ青いかなど）、海水の動き（波や海流、満潮・干潮、津波の発生など）、海水の作用（浸食、堆積など）、海水の成分（食塩の作り方、気体の溶解など）、海洋と生物（海藻類や貝類・魚類の生息場所と利用、漁法など）が取り上げら

れ、海に関する理科的な興味関心を生徒に喚起させる内容であった。しかし、1958 年告示の学習指導要領以降は海の記載が激減し、海の特徴や生活への影響について体系的に教える単元は設置されていない。2007 年に海洋基本法が施行されて以降も、その状況に変わりはない。学校教育における海の学習は、断片的に海が取り上げられることはあっても、十分とは言えない現状である。

　2017 年告示の中学校学習指導要領の理科に着目すると、海の学習は気象や津波など主に地学分野で取り上げられており（文部科学省　2017）、海洋リテラシーの原則 3 の体得に寄与している。しかし、授業内容を改善することで、魚介類や海藻類など海洋生物資源を積極的に扱い、海洋リテラシーの原則項目をより多く身につけさせる余地は十分にある。海の学習を充実させるためには、身近な海辺に暮らす生き物といった地域の海洋資源や海洋に関する環境問題等を教材化することが不可欠である。

4.　海洋リテラシーを培う科学教育の開発

（1）　島国フィリピンの教育事情

　物資が不足していた戦後初期には、科学教育の対象として、海が豊かな教材を提供していたことは事実である。視点を変えてみると、海を教材にすれば、教育環境が整っていない途上国等の教育の発展に貢献できるヒントがあると言える。

　フィリピンは日本と同様、7,000 以上の島からなる島国である。フィリピンの海岸線の長さは世界第 5 位（国土技術研究センター　2020）で、水産物の漁獲量・生産量は世界第 8 位（FAO 2018）であり、海との関わりが日本にきわめて近い。学校教育は 2012 年に K–12（幼稚園、小学校 6 年、中学校 4 年、高校 2 年）が導入され、世界標準の教育制度に見直された。しかし、主に公立学校では教科書や教材が不足し、理科の観察・実験ができないなど、教育環境は十分とはいえない（Tupas 2020a）。

（2） 島国共通教材の開発

筆者らは日本やフィリピンなど島国で活用できる、海洋生物資源に着目した島国共通教材の開発を行っている。この教材は、地域特有の海洋資源を有効活用するとともに、海洋リテラシーの体得を目的にしている点に特長がある。

島国共通教材の一例を図6-3に示す。図6-3（a）は、海辺などで採取した貝殻である。ホタテ類やバカガイ類などの二枚貝は身近に感じられるであろう。一方、日本、特に北海道とフィリピンでは気候が大きく異なるので、クモガイ類やノシメガンゼキ類など身近に感じられない貝もあるが、生物多様性を学ぶには有用である。理科のカリキュラム上、両国の小・中学校で活用が可能で、海洋リテラシーの原則2と5を培うことができる教材である。また、ケースに貝の名称を日本語と英語で記載しているので、両国の外国語教育にも活用できる。

図6-3（b）は海洋生物カードである。これらを並び替えるなどして、海の食物連鎖や食物網を疑似体験することができる。例えば、イワシ → イカ → マグロのようにカードを順に並べて食物連鎖を、またそれらカードを複数枚使っ

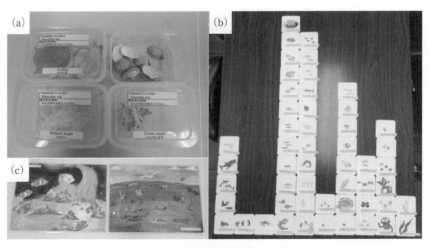

図6-3　島国共通教材の一例
（a）貝殻　（b）海洋生物カード　（c）海の環境を訴える絵

て数量のつり合いなどを学習することができる。さらに、クラゲ、エビ、マンボウ、サメなどのカードを追加して食物網を表現することも可能である。日本では中学校 3 年生、フィリピンでは中学校 2 年生で生態系のしくみを学ぶときに、この教材を活用することで海洋リテラシーの原則 5 を身につけさせることができる。

　図 6-3（c）は、生徒が描いた海の環境を訴える絵である。理科に限らず、図工や美術と連携できる環境学習は、海洋リテラシーの原則 4 と 6 を涵養するのに最適である。筆者らは、こうした島国共通教材を十分活用するための学習指導案も提案している。

おわりに

　島国共通教材は、海辺で採取できる天然素材や、安価もしくはリサイクル素材を活用しているため、物資が不足している地域でも準備できる（Tupas 2020b）。例えば、海に面したアジアやアフリカ諸国をはじめ、ポリネシア、メラネシア、ミクロネシアなどの多くの島国諸国でも活用しやすく、この教材の世界的な普及が見込まれる。こうした新しい教育の取り組みは、SDGs 達成の一助となるとともに、科学教育と国際教育協力の発展に貢献するものと期待している。

引用・参考文献

海洋リテラシー研究会（2020）『Ocean Literacy for All　海洋リテラシー翻訳　第 1 版』東京大学大学院教育学研究科附属海洋教育センター。

環境省（2020）『持続可能な開発目標（SDGs）活用ガイド第 2 版（資料編）』環境省。

小国喜弘・東京大学海洋アライアンス海洋教育促進研究センター編著（2019）『日本の海洋教育の原点 ―（戦後）理科編―』一藝社。

東京大学海洋アライアンス海洋教育促進研究センター編著（2019）『新学習指導要領時代の海洋教育スタイルブック　地域と学校をつなぐ実践』大日本図書。

東京大学大学院教育学研究科附属海洋教育センター編著（2019）『令和元年海洋教育指導資料

学校における海の学びガイドブック　小・中学校編』大日本図書。

日本財団・海洋政策研究財団（2012）『小中学校の海洋教育実施状況に関する全国調査報告書』日本財団。

日本財団（2017）『「海と日本」に関する意識調査2017』日本財団。

日本財団（2019）『「海と日本人」に関する意識調査』日本財団。

日本生産性本部（2020）『レジャー白書2020 — 余暇の現状と産業・市場の動向 —』日本生産性本部。

北海道農政事務所（2020）『北海道農林水産統計年報　平成30年〜令和元年』農林水産省。

文部科学省（2017）『中学校学習指導要領（平成29年告示）解説　理科編』文部科学省。

Tupas, F. P. and Matsuura, T.（2020a）"Science Teaching and Learning in Japan and the Philippines: A Comparative Study", *Universal Journal of Educational Research*, 8, 1237-1245.

Tupas, F. P. and Matsuura, T.（2020b）"Integrating arts in the basic science curriculum: in the context of local marine resources in the Visayan sea", *Indian Journal of Science and Technology*, 13, 1248-1258.

Web サイト

一般財団法人国土技術研究センター（2020）『海に囲まれている国、日本』　http://www.jice.or.jp/knowledge/japan/commentary03、2020年9月7日アクセス。

海上保安庁第一管区海上保安本部海洋情報部（2020）『北海道の海岸線距離と面積』　https://www1.kaiho.mlit.go.jp/KAN1/soudan/kyori.html、2020年9月7日アクセス。

国際連合食糧農業機関（FAO）（2018）『世界の水産物の漁獲量・生産量』グローバルノート、https://www.globalnote.jp/post-6999.html、2020年9月7日アクセス。

謝辞

本研究の一部は、科学研究費補助金（19F19014）の助成を受けたものである。

【国際化時代における教育の新たな可能性】

第7章

日本人青年期層の英語学習に関わる
動機づけをサポートするビジョン

菅原　健太・佐藤　将太

は じ め に

　本章では、ボーダーレスなグローバル社会の中で、日本人青年期層の英語学習に関わる動機づけ（motivation）をサポートするビジョン（vision）が育つ仕組みに注目する。本章で扱うビジョンとは、主に自分が望む将来の自己イメージである。動機づけ研究では、この自己イメージを鮮明かつ実現可能なものとして自ら捉えていると、その状態に近づく行動も維持できることが明らかになっている（Markus & Nurius 1986；他）。そのため、ビジョンが関わる動機づけ研究は、数多くの学術研究や実践場面で用いられている。例えば、学校教育における動機づけ研究や、ビジネス場面で用いるリーダーシップ論、または、スポーツ・芸術分野におけるコーチングの場面で用いられている。さらに、ここ10年間では、健全な幸福感を導くライフスタイルを扱ったウェルビーイング（well-being）の研究や、グローバル英語力の育成に係る応用言語学（applied linguistics）においても用いられている（Dörnyei 2009；2020；Boo et al. 2015）。

　本研究の目的は、ビジョンに基づく動機づけ研究をレビューし、日本人英語学習者の動機づけをサポートするビジョンの強化を促す方法・行動パターンを

明示することである。本章を通じて、青年期から英語学習における動機づけの減退が目立つ日本人英語学習者（Kikuchi 2013）に、動機づけの維持を促進するための知見が得られる。

1. ビジョンと動機づけ研究

本節では、数多く存在する動機づけ研究の中でも、ビジョンに基づく将来への思考に注目し、応用言語学で用いられている動機づけ研究をレビューする。

（1） ビジョンとは？

心理言語学者のゾルタン・ドルニェイによると、一般的に人々はビジョンを以下の3種類に分類し、解釈する（Dörnyei 2014；2020；Dörnyei & Kubanyiova 2014）。

① 物理的知覚（physical perception）：最近、ゲームのやりすぎで、目が悪くなってきたなど、実際に物事を目で知覚する能力を示す。

② メンタル画像（mental picture）：心の中で描くイメージや映像であり、「記憶イメージ、デイドリーム、ファンタジー、想像力、そして、スピリチュアルな啓示」（Dörnyei, 2020: 102）を含む。例えば、サッカー選手がインタビューで思い描きながら語るゴールにつながる自らの動きや選手間の距離など「心の眼」（mind's eye）である。

③ 将来への大きな志（future aspiration）：例えば、政治家が発する大望や、ビジネス・リーダーが語る野心である。

上記のうち、私たちが、メディアを通じて最も目にするビジョンの意味合いは、③の将来への大きな志であり、主に大きな組織が掲げるミッションなどに関して語ったものであろう。しかし、個人に目を向ける中で、たとえ苦境や挫折を経験しても、目標に向けた行動を辛抱強く維持できる力を導き出す根源には、②のメンタル画像の機能が大きな関わりを持つ（Dörnyei 2020；Dörnyei et al. 2016）。また、②のビジョンは、単なる到達目標の記述ではなく、五感

（視覚・聴覚・触覚・味覚・嗅覚）を伴うリアルな将来の姿・出来事である（Dörnyei 2014；2020；Dörnyei & Kubanyiova 2014）。例えば、それは、学歴・職歴・資格などをもとに記述した展望を超えて、今後、自分が加わりたいコミュニティや組織の中で、自らの企画をチームメイトや交渉相手にプレゼンテーションをして活躍している姿である。

　ドルニェイらの主張どおり、このような心の中で描くイメージ・映像は、実際の行動の中である程度現れる。その証拠の一つとして、神経心理学（neuro-psychology）では、②のメンタル画像と①の物理的知覚には、脳内で同じ神経回路の活用や、その賦活領域における 3 分の 2 程度の重なりが確認されている（Dörnyei & Kubanyiova 2014；Kosslyn et al. 2006）。以上を踏まえて、本章で扱う動機づけ研究が注目するビジョンは、主にメンタル画像の領域とする。

（2）　メンタル・タイム・トラベル

　前項のメンタル画像をもとに、私たちが日ごろから心の中で描くイメージやストーリーは、どこからやってくるものなのであろうか？ この疑問に対する答えは、メンタル・タイム・トラベル（mental time travel）の枠組みを用いた一連の心理学研究にある（Michaelian et al. 2016）。

　これらの研究によると、過去に経験した出来事を思い出せる力やそれに伴う感情を含むエピソード記憶（episodic memory）と、将来の出来事をシミュレーションする力は、同じくメンタル画像の機能・鮮明度により起こるものである。この能力を用いて過去の出来事を心の中で再び体験する中で、実現可能と思える将来のシナリオが形成されていく。また、将来起こりうる出来事を体験する中で、過去の出来事の再解釈も可能になる。このように、私たちは未来と過去の行き来を心の中でいつでも行うことができ、その中で現在の自分を見つめている（Dörnyei 2020；他）。

（3）　将来の自分：可能自己

　過去の経験をもとに、将来の自分を想像する力に注目した研究の中で最も有名なものが、心理学者のヘイゼル・マーカスらによる「可能自己」（possible selves）の枠組みを用いた動機づけ研究である。可能自己とは、現実に起こる可能性があるものとして鮮明に描ける、次の3つの自己像である（Markus & Nurius 1986: 954）。

①　「心からなりたいと思う理想的な自分」（the ideal selves that we would very much like to became）

②　「こうなると思える自分」（the selves we could become）

③　「こうなることを恐れる自分」（the selves we are afraid of becoming）

　もともと人間はさまざまな自分を描く力があるものの、①と③の自己は、意識的にも無意識的にも常に心で描写できる自分が望む・望まない最終状態である。そして、私たちは、自分が望む状態に達しようと、また、望まない状態を避けようと鮮明に描く中で、目標の達成に向けて自らを律することができる（Markus & Ruvolo 1989）。

　このように、可能自己とは、自らのビジョンであり、将来を導く自己指針（future self-guides）であり、行動の維持を促す強力なアンカーとして機能するものである（Dörnyei 2009；2014；2020；Dörnyei & Kubanyiova 2014）。

（4）　自己不一致

　可能自己の枠組みが確立した同時期に、将来の自分と動機づけの関係に関して脚光を浴びた研究が、心理学者のトーリー・ヒギンズらによる「自己不一致」（self-discrepancy）の概念を用いたものである。

　Higgins（1987）によると、私たちは自らの将来像に関して、自分または自分にとって重要な親や教師、友人などの他者が、希望や目標として持ち続けたいと願う「理想自己」（ideal self）と、義務や責務として持つべきと信じる「義務自己」（ought self）に分類し、解釈する。その中で、前者の理想自己と、実際の（鏡に映った）自分の姿である「現実自己」（actual self）の間に不一致を感じた場合、失望や挫折感などで落ち込む。一方で、義務自己と現実自己の不一致を感じた場合、不安や緊張感が高まり落ち着かなくなる。私たちは、これらの不快感を軽減したい気持ちのもと、理想自己に近づこうとする促進的

な自己制御と、義務自己からの逸脱を避けようとする回避的な自己制御の働きに沿って行動する（Higgins 1998）。

　上述の自己不一致理論は、学校教育における生徒や教師の動機づけの理解を目的とした研究において、広く用いられている。しかし、Dörnyei（2020）の指摘どおり、この理論は、もともとは人間の基本的な欲求である快楽（pleasure）を求め、痛み（pain）を避けたがる衝動から起こる動機づけに注目したものである。そのため、この視点のみでは、長期的な成長に必要な動機づけの維持を促す仕組みを説明するには不十分である。このことを踏まえ、Dörnyei（2020）では、自己不一致や可能自己の考えをもとに浮上した「メンタル・コントラスト」（mental contrasting）の概念枠組みの有用性を主張している。

（5）　メンタル・コントラスト

　これまでの内容から、明るい未来を描く行為がその実現を導くものであると私たちは感じるであろう。しかし、「夢は叶うもの、信じていればきっと大丈夫」といった感覚では、目標達成に向けた行動が停滞し、健全な幸福感には至らないと心理学者のガブリエル・エッティンゲンらは主張する（Oettingen & Sevincer 2018）。彼女らの将来への思考を扱った研究によると、自分が望む将来を実現するには、それを現実の状況とともに直視できることが必要となる。そのうえで、実際に乗り越えなければならないいくつもの壁や障害を認識し、それらを常に意識する中で自らの行動を律するメンタル・コントラストが必要である。

　この自己制御ストラテジーが効果的に機能すると、目標の達成に向けた目の前のタスクに集中でき、そのタスクにおけるエンゲージメント（engagement）が持続する。その中で、特定のタスク・活動をやり遂げる自信である自己効力感（self-efficacy）（Bandura 1997）が高まり、次の壁・障害にチャレンジできる力も育つ。つまり、メンタル・コントラストが機能すると、行動パターンも変わる。また、長期的にエンゲージメントを維持できる活動の中では、このストラテジーが無意識的に働いている（Dörnyei 2020）。

　一方で、メンタル・コントラストがうまく機能しないと、実際には起こりえない願望や夢を描く状況に陥りやすくなる。また、その願望や夢に至る道の

りも、自分にとって向き合いたくない現実を避けながら自らの将来をシンデレ
ラ・ストーリーのようにエピソード化したものにしてしまいやすい。エッティ
ンゲンらによる一連の研究では、この種の思考パターンを「ポジティブ・ファ
ンタジー」（positive fantasy）と呼んでいる。

　このファンタジーに浸ることは、一時の快楽やリラクゼーションの効果
をもたらすが、目標達成の見込みに関して楽観的な考えに陥りやすくさせる
（Oettingen & Sevincer 2018）。そのため、目標達成において必要な目の前の
タスクに集中できないなど自己制御が機能しにくくなり、その結果、望んでい
る状況に到達できず、夢の話で終わることも起こりやすくなる。その中で、達
成できていない自分を振り返ることができたとき、その落ち込みからさらなる
動機づけの減退が起こる。また、幸運にも目標が叶っても、達成できた自分を
誇りに思える真の幸福感は得られにくくなる（Oettingen & Sevincer 2018）。

2.　ビジョンが導く長期的な動機づけの維持

　前節のポジティブ・ファンタジーではなく、メンタル・コントラストが機能
する可能自己としてのビジョンは、どんな特性を持っているのであろうか？　ま
た、この種のビジョンをもとに辛抱強く物事に取り組める中では、どんなメカ
ニズムが機能しているのであろうか？　これらの問いに対し、ドルニェイらは、
ビジョンに基づく動機づけ理論の拡張を目指す中で浮上した「動機づけの潮流」
（directed motivational currents：DMC）現象を探る過程で、その答えを見つ
け出そうとしている。本節では、一連の DMC 研究をもとに、第二言語の習得
において欠かせない動機づけの維持を促す要因・条件について提示する。

（1）　DMC とは？
　DMC とは、第二言語の習得に向けた行動のように、長期的な行動をサポー
トする強力な動機づけであり、目標の達成に必要な活動・タスクにおいて最適
なエンゲージメントを促すものである（Dörnyei et al. 2016；Henry 2019）。

　彼らの主張どおり、この強力な動機づけの理解には、だれもが体験しているであろう「フロー」（flow）（Csikszentmihalyi 1990）現象との比較が有効である。フローとは、ある特定の活動自体に心から楽しめ、社会的な報酬等も考えず夢中になれる状態である。例えば、趣味としてのスポーツや作品創り、あるいは、ゲームやカラオケなど、一つの活動における楽しみから起こる短期的な没頭である。それに対し、DMC は、個人的に高い価値を感じる目標の達成に向けての長期的な没頭であり、そのために必要なさまざまな活動を明確な目的のもとで推進できる原動力である。

（2）　DMC の発生・維持のための条件

　ドルニェイらによると、DMC は、以下の4つの要素から発生し、維持できる（Dörnyei et al. 2016; Henry 2019）。
　（ア）「重要な目標・ビジョン」（significant goal/vision）
　（イ）「引き金となる刺激」（triggering stimulus）
　（ウ）「促進構造」（facilitative structure）
　（エ）「ポジティブな感情」（positive emotions）

（ア）　重要な目標・ビジョン

　DMC の発生・維持に関わるビジョンとは、可能自己の要素やメンタル・コントラストの機能に加え、自分にとって意味があり重要だと思える「自己調和的目標」（self-concordant goal）（Sheldon & Elliot 1999）を含むものである。シェルドンらによると、この目標は、内発的動機づけを生み出す自律性（autonomy）、有能感（competence）、そして、重要な他者との関係性（relatedness）からなる基本的な欲求（Richard & Deci 2017）を満たすものである。また、自らのアイデンティティや信念とも一致するものである。言い換えると、自らの選択により満足できる目標であり、自分にとって価値を感じるコミュニティの中で、良い行動規範として追求することで自分が幸福になれると思えるものである。
　DMC の中では、たとえ集中力の妨害や不幸な出来事に出くわしても、これ

らの特性を含むビジョンに「慢性的にアクセス可能」(chronically accessible)
(Higgins 1987) であり、動機づけが再び持続する (Dörnyei et al. 2016；
Henry 2019；他)。

（イ）引き金となる刺激

一連の DMC 研究 (Dörnyei et al. 2016；他) では、その現象が、長く待ち
望んでいた機会や、特定の招集から不足情報の発見、さらに、負のチャレンジ
に出くわすことなど、だれにでも起こりうる出来事から発生することを主張し
ている。特に、負のチャレンジに関わって、自分の能力不足から切望するポジ
ションを得られなかったり、自尊心が傷ついた出来事に対し、自己イメージ
の回復を切望する中で起こる強力なエネルギーが、DMC の発生源となりうる
(Dörnyei et al. 2016；他)。

DMC 体験者のように、そのエネルギーを実際に軌道に乗せることができる
には、その条件として、目の前のタスクに対し、自分の行動を計画・統制し
ながらやり遂げることができる感覚 (Ajzen 1991) が必要である。また、現
在自分が持っているスキルと新たにチャレンジが必要な面とのバランスがよ
く、夢中になれる状態 (Csikszentmihalyi 1990) が求められる。さらに、明
確な成功ビジョンのもとで、最終目標の達成に至る道のりを自ら所有できる状
態 (ownership) にまで達している必要がある (Dörnyei et al. 2016；Henry
2019；他)。

（ウ）促進構造

DMC 体験者の質的データから、「行動ルーティン」(behavioral routines)
や「段階的な目標・進捗チェック」(subgoals and progress checks) の実
施、さらに、「肯定的フィードバック」(affirmative feedback) を得る活動が、
DMC の促進構造として浮上している (Dörnyei et al. 2016；他)。

行動ルーティンとは、自らの制御を必要としない「自動化」(automatized)
した行動パターン (Aarts & Custers 2012) である。この行動パターンの中
では、特定の目標の達成に向けて必要な情報を集中的に知覚・解釈でき、競
合する不必要な情報については取り入れを避ける「無意識による自己制御」
(nonconscious self-regulation) が機能している。この自己制御が機能すると、

目標への到達を促す行為を中心とした日常生活を確立・継続できる。また、注意が分散して、あれこれ考えこみ、過度の認知負荷により起こる疲労状態に陥りにくくなる（Aarts & Custers 2012；Dörnyei et al. 2016；他）。

　次に、段階的な目標と進捗チェックが成立する条件として、最終目標への到達を促す一連のタスクが、相互に関連づき、「コンティンジェントな道筋」（contingent path）（Raynor 1974；他）になっている必要がある（Dörnyei et al. 2016；他）。この道筋は、一連のタスクが、ある段階のものをやり遂げることが次の段階のものを導く構造になっていることから形成される。この構造の中で、一連のタスクが自らのステップアップをもたらすものと捉えることができれば、目の前のクリアすべきステージごとの目標に集中して取り組める。また、自らのパフォーマンスに基づく進捗状況のチェックもしやすくなる。この進捗チェックを通じて、目標の達成に向けた着実な進歩（velocity）を実感できると、これまでの自らの取り組みに関してポジティブな感情が起こる。そして、この感情は次のタスクへの取り組みをいっそう動機づける（Carver & Scheier 1990；Dörnyei et al. 2016；他）。

　さらに、DMC の中で、その体験者は、重要な他者からフィードバックを得る機会を数多く構築して、動機づけの維持・強化に努める（Dörnyei et al. 2016；他）。その体験者が得ようとするフィードバックは、まだ達成できていない面に注目した不一致フィードバック（discrepancy feedback）と、以前より進歩した面に注目した進捗フィードバック（progress feedback）（Voerman et al. 2012）のうち、私たちの予想に反するかもしれないが、後者の肯定的なものである（Dörnyei et al. 2016；他）。その目的は、自らの成長に関して確認を得て、さらなる成長に向けた取り組みを支えるエネルギーを再び生み出そうとすることにある。

　（エ）　ポジティブな感情

　上述のとおり、DMC の中では、理想自己であるビジョンに常時アクセス可能な状態であるため、「ユーダイモニック・ウェルビーイング」（eudaimonic well-being）を維持できる（Dörnyei et al. 2016；他）。この種のウェルビーイングとは、前述（ア）に含まれる自己調和的目標に沿って、ありのままの自

分でいられる活動を日々追求でき、自らのポテンシャルを実感でき、そして、
自分らしさを表現でき満足感を伴う経験の中で持続する静かな幸福感である
（Waterman 2013）。

　このポジティブな感情を伴うオーセンティックな経験を通じて、自分が心か
ら望む最終状態に達したと実感できた際には、その効力感とともに自分への誇
りが得られる。また、新たな自己やアイデンティティが確立し、今後において
意味のある生き方やライフスタイルも発見できる（Dörnyei et al. 2016；他）。

3. 第二言語使用者としてのビジョンに基づく動機づけ研究

　前節の DMC 理論を全面的に用いて、第二言語（second language: 以下、
L2）習得における動機づけの維持メカニズムの理解を目指した研究は、まだ
多くはない。しかし、その前段階として、Dörnyei（2005；2009）が考案し
た「L2 動機づけ自己システム」（L2 motivational self system）を用いて、動
機づけモデルの妥当性を確認した研究は数多く存在する（Boo et al. 2015；
Csizér 2019）。本節では、この自己システムを用いた研究に関する文献レ
ビューから浮上した課題を提示する。また、その課題を踏まえて実施した日本
人英語学習者の動機づけ研究を再解釈し、対象者の特徴に関して、その一部を
明確にする。

（1）　L2 動機づけ自己システムとは？

　第 1 節に記述した可能自己や自己不一致をはじめ、ビジョンに基づく動機
づけ理論を用いて、L2（特に、英語）学習に当てはまる動機づけを全人的な
視点からシンプルに説明した理論が、「L2 動機づけ自己システム」である。こ
の自己システムは、「L2 理想自己」（ideal L2 self）・「L2 義務自己」（ought-
to L2 self）・「L2 学習経験」（L2 learning experience）からなる（Dörnyei
2005; 2009）。L2 理想自己とは、L2 の使用者として将来、自分が心からなり
たいと思う（例えば、国際コミュニティで英語を使って仕事をしている）自己

イメージを指す。この自己イメージが鮮明であるほど、その将来と現在の自分との不一致を減らそうとする取り組みが維持できる。一方で、L2 義務自己は、L2 の使用場面で義務や責務としてこうあるべきと思う自分の姿であり、他者の期待に応じて、失敗の回避に向けた行動を引き起こす。これらの自己指針に対し、L2 学習経験には、その場の学習環境や経験（例えば、教師・クラスメート・授業内容・カリキュラムによる影響や、自身の成功体験）から起こる状況動機が関わりを持つ。

　Dörnyei（2009：2014）では、L2 動機づけ自己システムの提唱とともに、L2 使用者としての自己指針が、強力な動機づけ要因として機能する条件を提示している。その条件として、L2 使用者としての理想的な自己イメージには、次の 9 点が必要である。

① 　自分の中にあること
② 　鮮明かつ詳細であること
③ 　現在の自分から見て異なっていること
④ 　気楽に到達できるものではないものであること
⑤ 　実現可能と自ら思えるものであること
⑥ 　自分の所属コミュニティや社会環境との調和がとれているものであること
⑦ 　頻繁に活性化していること
⑧ 　その到達を促すロードマップや効果的な手続き的ストラテジーを伴うものであること
⑨ 　なりたくない自分とも合わせて描けること

　①〜④についていえば、そもそもその自己イメージがなかったり、デイドリーム程度のものだったり、現実自己との不一致はなく、努力の必要性を感じないものであれば、自己指針は機能しない。続く条件として、自己イメージが努力によって到達できると思え、クラスメートや友人・家族らとも、対立して逸れず、共有できる目標になっていることである（⑤、⑥）。さらに、良い指導や学習環境の中で、目標への接近を容易にする促進的かつ回避的な自己制御

が常に機能していることである（⑦〜⑨）。

（2） L2動機づけ自己システムを用いた研究における課題

　L2動機づけ自己システムの妥当性の確認後も、この理論を用いて自己やアイデンティティの視点から動機づけのさらなる理解を目指す研究が、世界中で盛んに行われている（Csizér 2019）。これらの研究では、特定の国・文化圏・都会と地方における生活・学習環境による違い、年齢・性別・適性などの個人差、あるいは、英語に加えて英語以外の言語（languages other than English：LOTEs）の学習を同時に行った場合に起こる動機づけの特徴を示している。また、その発達過程における特異性（idiosyncrasy）の抽出にも成功している。

　上述の自己システムを用いた研究に関する徹底した文献レビュー（Al-Hoorie 2018；Csizér 2019）から、一連の実証研究における課題が明確になりつつある。とくに、一人ひとりの頭の中には異なる複数の自己が存在する実態を踏まえ、因果モデルの解釈に基づく量的研究における共通の課題として、次の4点がある。①ビジョンに基づく将来の自己指針に関して、これを強化する前項の9つの条件に注目して、より詳細に捉える必要がある（Dörnyei 2020）。その中では、②現実自己についてもモデルに含め、自己指針に近づく・遠ざかる心の動きにより起こる動機づけの変化を捉えること（Henry 2015）が求められる。以上の想像上の経験に加え、③実際のL2学習経験に関して、単に授業の楽しさなど「L2学習への態度」から測る状況を脱する必要がある。具体的には、教室内・外における学習者の文脈に基づき、人間発達の仕組みを生態学の視点から説明した理論（例えば、Bronfenbrenner 1979）を用いて、動機づけの維持・強化を促す真の学習環境を抽出すること（Sugawara 2019）である。さらに、④モデルの指標変数には、L2学習への「意図的努力」の尺度以外にも、自己制御を含む行動の質・パターンを映した構成概念を用いること（Al-Hoorie 2018）である。

（3）　日本人英語学習者の動機づけ自己システム

　前項の課題を踏まえ、L2 動機づけ自己システムを拡張し、日本人英語学習者の動機づけの理解を目指した研究を菅原（第一著者）の研究室では実施している（Sugawara 2019；Sugawara & Sato 2020；他）。中でも、佐藤（第二著者）の学士論文研究（佐藤 2020）では、②の課題の一部を踏まえて、現実自己を英語学習における動機づけモデルに含めた。具体的には、先行研究のレビューから、L2 理想自己・義務自己との関わりを予測した現実自己の一部として、教室内・外における「現在の自分の英語コミュニケーション力」と「英語使用における不安」を取り上げた。また、④の課題に関して、意図的努力に加え、実際に L2 で談話が起こっている場面に自ら入れるかを直接決定づける「自発的にコミュニケーションを図る意志」（willingness to communicate：WTC）（MacIntyre et al. 1998）を取り上げた。佐藤（2020）では、これらの自己と動機づけ、そして、自由意志の関係性を明確にすることが、研究の目的であった。そのために、非英語専攻の日本人学生から収集したデータを用いてパス解析を行った。

　その結果、L2 理想自己と現実自己には強い相関がみられ、前者の理想自己から意図的努力への影響力も先行研究（Sugawara 2012；Taguchi et al. 2009；他）と同様に確認できた。一方で、後者の現実自己から意図的努力への有意な影響力はみられなかった。また、理想自己から授業での英語の使用における WTC への影響力（Sugawara et al. 2013；Yashima 2009）に加え、現実自己からこの WTC への影響力（Sugawara 2015）が示された。L2 義務自己に関しては、不安との関わり（Sugawara 2015）が確認でき、意図的努力への弱い影響力（Sugawara 2012, Taguchi et al. 2009；他）もみられた。一方で、義務自己と現実自己や WTC との間に有意な関係性は確認できなかった。

　以上の結果から、対象者層は、L2 理想自己のみ現実自己と関連づけて認識し、この認識から教室内で英語を話す行為に踏み込むが、教室外も含めて実際に英語学習に努力を費やす行動の維持には至っていない可能性がある。

4. 日本人英語学習者のビジョンの強化を促す方法と行動パターン

　本節では、本章で扱った動機づけ研究をもとに、日本人英語学習者の動機づけをサポートするビジョンの強化を促す方法・行動パターンを提示する。

　その方法として、学習者は、可能自己や自己不一致の考えをもとに、英語使用者としての将来の自己イメージの特性や強さに関して、自ら探ることから始めるべきである。続いて、その目標到達への道のりには、途中、乗り越えなければならないいくつもの壁や障害がある現実を認識できているか、メンタル・コントラストによる自己評価が常に必要である。さらに、その評価の中で、ビジョンに基づく目標や、その達成を促す道のりの再評価・再構築への取り組みが、動機づけの維持において効果的である。また、自分はポジティブ・ファンタジーに陥りやすい状態になっていないか、振り返るべきである。

　上述の自己評価をもとに、第3節（1）で挙げたビジョンの強化を促す9つの条件を満たす目的に沿って、良い指導が受けられる学習環境に学習者は自ら加わることが大切である。その学習環境とは、目標を共有している複数の教育場面・機関の連携に基づき、国際的なプログラムやイベントへの参加が含まれるものである。また、その活動に関わる事前・事後活動を含め、プロジェクト型・問題解決型学習を提供している場である。一連の活動の中で、参加者は、チーム・メンバー間で共有できるオーセンティックな経験に基づき、社会貢献に資するテーマを設定し、共通の目標に基づく活動に没頭することである。また、英語を使って外部組織との交渉やフィールドワークを必要とする研究計画を立て、実行すべきである。さらに、これらの過程を経て生み出した成果を国際コミュニティで公表し、そこで得たフィードバックをもとに、チームのビジョンをさらに強化することである。その過程で、グローバル社会の中で英語使用者として活躍しているビジョンが、英語学習に辛抱強く取り組めるエネルギーであることを自ら体験することが重要である。

　上述の学びをもとに、学習者がさらに成長するには、DMC が自分の英語学習経験の中で起こることを目指した取り組みが求められる。具体的には、学習

者は、第2節で挙げた DMC の発生と維持を促す4つの要因・条件を満たす体験をしていると感じる自分のロールモデルを見つけ出すことから始めるべきである。続いて、ロールモデルの描くビジョンから日々の取り組みまでを本人の語りから真剣に学び、五感で感じ取ることである。また、その学びを自分が望む状況への到達を導くベースとして生かす取り組みを継続することである。さらに、ロールモデルと実際に会える国際コミュニティに参加することである。そして、その相手と英語で対話ができる場面を自ら築き、自分のビジョンと経験をもとに達成したい自らの目標に関して話すことが効果的である。

　以上、本節で示した方法・行動パターンから、英語学習における長期的な動機づけの維持力の発達を促すビジョンが育つ。

引用・参考文献

佐藤将太（2020）「第二言語コミュニケーションと動機づけの関係 ―― 理想自己の観点から」（学士論文）北海道教育大学。

Aarts, H. and Custers, R. (2012) "Unconscious goal pursuit: Nonconscious goal regulations and motivation." In R. M. Ryan. (Ed.), *The Oxford handbook of human motivation*, New York: Oxford University Press, 232-247.

Ajzen, I. (1991) "The theory of planned behavior," *Organizational Behavior and Human Decision Processes*, 50, 179-211.

Al-Hoorie, A. (2018) "The L2 motivational self system: A meta-analysis," *Studies in Second Language Learning and Teaching*, 8, 721-754.

Bandura, A. (1997) *Self-efficacy: The exercise of control*, New York: W. H. Freeman and Company.

Boo, Z., Dörnyei, Z., and Ryan, S. (2015) "L2 motivation research 2005-2014: Understanding a publication surge and a changing landscape," *System*, 55, 145-157.

Bronfenbrenner, U. (1979) *The ecology of human development: Experiments by nature and design*, Cambridge, MA: Harvard University Press.

Carver, C., and Scheier, M. (1990) "Origins and functions of positive and negative affect: A control-process view," *Psychological Review*, 97 (1), 19-35.

Csikszentmihalyi, M. (1990) *Flow: The psychology of optimal experience*, New York: Harper & Row.

Csizér, K. (2019) "The L2 motivational self system." In M. Lamb, K. Csizér, A. Henry and S. Ryan (Eds.), *The Palgrave handbook of motivation for language learning*, Switzerland: Palgrave Macmillan, 71–93.

Dörnyei, Z. [ドルニェイ] (2005) *The psychology of the language learner: Individual differences in second language acquisition*, Mahwah, NJ: Lawrence Erlbaum.

Dörnyei, Z. (2009) "The L2 motivational self system." In Z. Dörnyei and E. Ushioda (Eds.), *Motivation, language identity and the L2 self*, Bristol, UK: Multilingual Matters, 9–42.

Dörnyei, Z. (2014) "Future self-guides and vision." In K. Csizér & M. Magid (Eds.), *The impact of self-concept on language learning*, Bristol, UK: Multilingual Matters, 7–18.

Dörnyei, Z. (2020) *Innovations and challenges in language learning motivation*, London: Routledge.

Dörnyei, Z., Henry, A., and Muir, C. (2016) *Motivational currents in language learning: Frameworks for focused interventions*, New York: Routledge.

Dörnyei, Z., and Kubanyiova, M. (2014) *Motivating learners, motivating teachers: Building vision in the language classroom*. Cambridge: Cambridge University Press.

Henry, A. (2015) "The dynamics of possible selves." In Z. Dörnyei, P. D. MacIntyre, and A. Henry (Eds.), *Motivational dynamics in language learning*, Bristol, UK: Multilingual Matters, 83–94.

Henry, A. (2019) "Directed motivational currents: Extending the theory of L2 vision." In M. Lamb, K. Csizér, A. Henry and S. Ryan (Eds.), *The Palgrave handbook of motivation for language learning*, Switzerland: Palgrave Macmillan, 139–161.

Higgins, E. T. [ヒギンズ] (1987) "Self-discrepancy: A theory relating self and affect," *Psychological Review*, 94, 319–340.

Higgins, E. T. (1998) "Promotion and prevention: Regulatory focus as a motivational principle," *Advances in Experimental Social Psychology*, 30, 1–46.

Kikuchi, K. (2013) "Demotivators in the Japanese EFL context." In M. T. Apple, D. Da Silva, and T. Fellner (Eds.), *Language learning motivation in Japan*, Bristol, UK: Multilingual Matters, 206–224.

Kosslyn, S. M., Thompson, W. L., and Ganis, G. (2006) *The case for mental imagery*, New York: Oxford University Press.

MacIntyre, P. D., Clément, R., Dörnyei, Z., and Noels, K. A. (1998) "Conceptualizing willingness to communicate in a L2: A situational model of L2 confidence and affiliation," *Modern Language Journal*, 82, 545–562.

Markus, H. R. [マーカス], and Nurius, P. (1986) "Possible selves," *American Psychologist*,

41, 954-969.

Markus, H. R., and Ruvolo, A. (1989) "Possible selves: Personalized representations of goals." In L. A. Pervin (Ed.), *Goal concepts in personality and social psychology*, Erlbaum, Hillsdale, NJ: 1989, 211-241.

Michaelian, K., Klein, S. B., and Szpunar, K. K. (2016) "The past, the present and the future of future-oriented time travel: Editors' introduction." In K. Michaelian, S. B. Klein and K. K. Szpunar (Eds.), *Seeing the future: Theoretical perspectives on future-oriented mental time travel*, New York: Oxford University Press, 1-18.

Oettingen, G. [エッティンゲン], and Sevincer, A. T. (2018) "Fantasy about the future as friend and foe." In G. Oettingen, A. T. Sevincer and P. M. Gollwitzer (Eds.), *The psychology of thinking about the future*, New York: Guilford Press, 127-149.

Raynor, J. O. (1974) "Motivation and career striving." In J. W. Atkinson and J. O. Raynor (Eds.), *Motivation and achievement*, Washington, DC: Winston & Sons, 369-387.

Richard, R. M., and Deci, E. L. (2017) *Self-determination theory: Basic psychological needs in motivation, development, and wellness*, New York: Guilford Press.

Sheldon, K. M. [シェルドン], and Elliot, A. J. (1999) "Goal striving, need satisfaction, and longitudinal well-being: The self-concordance model," *Journal of Personality and Social Psychology*, 76 (3), 482-497.

Sugawara, K. (2012) "Impacts of personality, international attitudes, and socially constructed beliefs on self-related motivation and L2 production performance among Japanese learners of English," *JACET Journal*, 55, 49-70.

Sugawara, K. (2015) "Willingness to communicate and self-discrepancy among Japanese Learners of English," *ARELE*, 26, 13-28.

Sugawara, K. (2019) "Intensive motivational drive supports vision and motivated behavior in Japanese learners of English," *ARELE*, 30, 33-48.

Sugawara, K., and Sato, M. (2020) "Future self-guides, engagement-specific learning experiences, and emotional states support motivated behavior in Japanese learners of English," *ARELE*, 31, 17-32.

Sugawara, K., Sano, A., Kawai, Y., Yokoyama, Y., Nakamura, K., and Mitsugi, M. (2013) "Influences of international attitudes and possible selves on willingness to communicate in English: A comparative analysis of models for Japanese high school and university learners of English," *JACET Journal*, 57, 21-40.

Taguchi, T., Magid, M., and Papi, M. (2009) "The L2 motivational self system among Japanese, Chinese and Iranian Learners of English: A comparative study." In Z.

Dörnyei and E. Ushioda (Eds.), *Motivation, language identity and the L2 self*, Bristol, UK: Multilingual Matters, 66–97.

Voerman, L., Meijer, P. C., Korthagen, F. A. J., and Simons, R. J. (2012) "Types and frequencies of feedback interventions in classroom interaction in secondary education," *Teaching and Teacher Education*, 28 (8), 1107–1115.

Waterman, A. S. (2013) "Introduction: Considering the nature of a life well lived Intersections of positive psychology and eudaimonist philosophy." In A. S. Waterman (Ed.), *The best within us: Positive psychology perspectives on eudaimonia*, Washington: DC. American Psychological Association, 3–17.

Yashima, T. (2009) "International posture and the ideal L2 self in the Japanese EFL context." In Z. Dörnyei and E. Ushioda (Eds.), *Motivation, language identity and the L2 self*, Bristol, UK: Multilingual Matters, 144–163.

謝辞

本研究は、菅原（第一著者）が日本学術振興会の科学研究費補助金（基盤研究（C）19K00844）の助成を受けて行われたものである。

【国際化時代における教育の新たな可能性】

第 **8** 章

JICA 課題別研修「初等算数教授法」における
授業研究アプローチの可能性
— 附属函館小学校での実践例をもとに —

石井　洋

1. 国際教育協力の実際

（1）質の高い教育の実現

　2015 年 9 月、国連持続可能な開発サミットにおいて「持続可能な開発のための 2030 アジェンダ」が採択され、17 の持続可能な開発目標（Sustainable Development Goals：SDGs）が発表された。教育分野においては、「すべての人にインクルーシブかつ公正な質の高い教育を確保し、生涯学習の機会を促進する」という新たな目標（SDG4）が示され、教育の質の保証に重点が置かれるようになった。これは、1990 年のジョムティエン宣言以降、「万人のための教育」のもとで初等教育のアクセスの拡大が図られ、2000 年ミレニアム開発目標（MDGs）を経て、途上国の初等教育純就学率が 2000 年の 83 パーセント（%）から 91%（United Nations 2015）へと大幅に改善したことを受け、教育分野における目標が量的拡大から質的向上にシフトしてきたことを意味する。

　途上国の教育は、これまでの急速な量的拡大により、1 学級あたりの在籍生徒数が急増し、学校整備や教員養成が追いつかないといった教育環境の問題が生じている。また、教師に教科知識や教授知識が十分に備わっておらず、教え

込みや暗記中心の授業が多くなっており、学校に行けたとしても、読み書き計算が十分に身に付かない等、教育の質的側面の問題が指摘されている。

　これらの状況を解決するために、教育分野の技術協力のニーズが高まっている。わが国の国際協力の中核を担っている国際協力機構（以下、JICA）は、質の高い教育に向けた技術協力として授業研究アプローチを採用し、理数科教育を重点的に支援している。

（2）授業研究アプローチ

　わが国の理数科教育は PISA や TIMSS 等の国際調査の結果から、国際的に優位にあることが認識されており、わが国の教育文化において醸成されてきた授業研究は、途上国をはじめとして世界各国から高い関心が寄せられている。授業研究とは、同僚とともに教材を研究し、授業を実践し、それについて討論し、その結果を次の教材研究に活かすという「計画 — 実施 — 評価（Plan-Do-See）」の原理が組み込まれた授業改善の方法であり（馬場 2005）、その起源は明治時代までさかのぼる。

　2007 年には、授業研究に関する研究と実践を促進するため、国際授業研究学会（World Association of Lesson Study：WALS）が創設され、多くの国で授業研究が実践されている（秋田・藤江 2010）。途上国においても、JICAが教育の質的改善のために 27 カ国で授業研究の事業に取り組んできており、授業研究に関するグローバルなレベルにおける学び合いの機会が増加している（国際協力機構 2015）。

　授業研究が、これほどまでに世界的な流行になったのは、これまでの講義型の教員研修が実践とつながらない知識伝達型であったのに対し、授業研究型の

表 8-1　教員研修における講義型と授業研究型の比較

講義型	授業研究型
多くの教師に新しい知識を伝達する	教室の教授学習活動の改善
新しい知識に焦点化	実際の教室活動に焦点化
情報の流れが一方向	情報の流れが複数
効果的な説明	相互の学び合い

教員研修は、実際の教室活動を観察し、その気づきを同僚教員との学び合いを通して、授業の質的改善に直接活かしていくことができる実践的なアプローチであったことが大きい（表8-1）。

わが国の授業研究は、現職教員研修として校内研修の場で行われており、指導案検討から研究授業、事後協議という協働的な学び

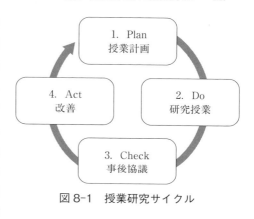

図8-1　授業研究サイクル

を通して、教師の授業実践力の向上に大きな効果をもたらしてきた（図8-1）。

（3）　問題解決型授業

技術革新が求められている現代社会において、21世紀型スキルの育成は世界中の国々で学校教育の目標として取り上げられるようになっている（松尾他2016）。そこでは、コンピテンシー・ベースのカリキュラムが作成され、教科等の断片化された知識・技能ではなく、問題解決能力や批判的思考といった汎用的な能力の育成が期待されている。途上国においても、経済成長を実現するためには、汎用的な能力の育成が不可欠と捉えられており、問題解決能力を育成することが、今日的な教育課題となっている。しかし、藤井（2012）が「問題を解決すれば問題解決型授業である」という諸外国教師のミスコンセプションを指摘しているように、問題解決能力の育成につながらない授業が蔓延しているのが現状である。

一方、国際教育協力の文脈では、問題解決型授業の技術協力が行われている。サモア独立国では、JICA事業により、日本の問題解決型授業の教員研修が実践され、多くの教師が問題解決型授業を肯定的に捉え、授業改善が確認されている（石井2019）。しかしそこでの授業実践は生徒のグループ活動や教材・教具の使用等、表面的な活動の導入にとどまっており、真に問題解決型授業の授業観を形成したかについては明らかになっていない。途上国教師は定型

的熟達者と言われ、授業の効率性を重視し、創造性を欠いて成長していくケース（千葉 2003）が多いことが指摘されており、教師経験を積めば積むほど、要領よく定型化された「チョーク＆トーク」と称される教師中心の授業実践へと落ち着いてしまう傾向にある。

　教師の信念は単純には変容しないとされているように（Pajares 1992；Philipp 2007）、これまで途上国の教師が経験してきた授業観を改めることは容易なことではなく、その変容過程の一端を明らかにすることが求められている。

　そこで本章では、JICA 課題別研修に参加したアフリカ教師教育者に焦点を当て、授業研究アプローチを取り入れることで、いかに問題解決型授業の授業観を形成し、授業実践を変容させていくのか、その可能性について考察することを目的とする。

2.　JICA 課題別研修「初等算数教授法」の事例

　本章では、わが国の算数教授法を学びに来日した JICA 研修員を対象に、先述した授業研究アプローチによる研修方法を実施し、その効果を検証する。

（1）　JICA 課題別研修の概要
　本章で取り上げる研修は、2019 年 9 月に北海道教育大学附属函館小学校においてアフリカの教師教育者（以下、研修員）を対象として実施したものである。研修期間は 2 週間で、日本の問題解決型授業について、授業研究を通して理解し、その授業構築の具現化を図ることで理解を深めることを目的とした。表 8-2 に示すとおり、研修の前半に授業観察、後半には研究授業を行い、それぞれ事後協議と講義を行うことで研修員の理解を補う研修内容となっている。

　本研修では初めに、算数の授業観察を通して日本の問題解決型授業について理解し、自国の児童が主体的・意欲的に学ぶための授業改善に向けた課題をもつことを促した。授業観察は、附属小学校 6 学年の「比例」の導入（2 時間）と同じく 2 学年の「加法の筆算」（1 時間）、公立小学校 4 学年の「除法のきま

表8-2　研修の実施内容

研修名「児童の学び改善のための初等算数教授法」
1日目	授業観察①、事後協議①、講義①②
2日目	授業観察②、事後協議②、講義③
3日目	授業観察③、事後協議③、講義④
4日目	研究授業①、事後協議④、講義⑤
5日目	研究授業②、事後協議⑤、講義⑥
6日目	研究授業③、事後協議⑥、講義⑦
7日目	研究授業④、事後協議⑦、講義⑧
8日目	授業観察④、研究授業⑤、事後協議⑧

表8-3　講義の内容

講義①	函館での研修および授業観察のねらい
講義②	児童主体の算数授業づくり
講義③	学習評価（児童の実態把握）
講義④	教材・教具の活用
講義⑤	授業研究（校内研修）
講義⑥	日常生活を意識した問題設定
講義⑦	算数カリキュラム体系（単元構成）
講義⑧	算数科教材研究

り」（1時間）の計4時間である。

　その後、自ら問題解決型の授業計画や研究授業を行うことで理解を深め、自国の算数授業の課題解決のための手立てを考察することにしている。研修員が問題提示や発問を考え、教材・教具を準備したり、指導方法を検討したりすることで授業実践を行う。授業観察、研究授業後には、表8-3に示す講義を行い、研修員の知識を整理できるようにした。

（2）　研究の対象

　本研究の調査対象は、研修参加者5カ国6名である。本研修にはほかにもハイチからの参加者が2名いたが、アフリカ諸国ではなく、考え方も大きく異

なっていたため本章では除外している。参加者の基礎情報は、表8-4のとおりであり、年齢や立場も多様な参加者であった。

　この6名の研修員が自国の算数授業の課題として研修参加前に挙げていたのが表8-5の点である。

　研修員は、これらの課題解決を目指し、その手立てを本研修から得ることを目的として参加していた。

表8-4　研修参加者の基礎情報

研修員	国名	性	年	職種
A	ブルキナファソ	男	41	校長
B	ブルキナファソ	女	39	教員
C	マリ	男	41	教育管理官
D	ニジェール	男	52	教員養成校教師
E	セネガル	男	33	教員
F	ジブチ	男	55	教員養成校教師

表8-5　研修員の自国の算数授業の課題

児童	・児童の学力（計算力）が低い ・児童の学力差（不均衡）がある ・児童の学習意欲が低い
教師	・教師が算数の授業に対して意欲が低い ・教授が講義スタイル（一斉授業） ・児童を受動的にしている ・児童の活動が学習の中心になっていない ・知識を伝達することが中心になっている ・理論は知っているが、実践につながらない ・クラスを活性化する技術がない ・教材・教具の使い方がわかっていない（チョークだけ） ・日常生活を意識した問題設定ができない
学習環境	・教科書が不足している ・教科書の質が低い ・教材・教具が不足している

（3）　調査方法

　本研究では、研修員の授業観の形成過程を捉えるために、研修中に扱った授業観察シートと事後協議シートを収集し分析する。また、研究授業や事後協議においては、その内実を把握するために、動画記録をもとに発話のトランスクリプトを作成する。そして、研修終了時の成果発表では、その内容の音声記録をとり、トランスクリプトを作成することで研修の学びについて明らかにする。本研修における使用言語は仏語だが、日本語による翻訳が適宜行われるため、分析はすべて翻訳後の日本語によるデータを用いて行う。

（4）　分析の枠組み

　本章では、研修員の問題解決型授業に対する授業観の形成過程を捉えるために、(1) 授業観察の分析、(2) 研究授業および事後協議の分析、(3) 成果発表の分析を行う。

　まず授業観察の分析では、問題解決型授業を観察する際に観察シートに記入してもらい、その記述をセグメントに分けて分類し、オープン・コーディングを行う。その後、得られたコードの枠組みに基づく焦点的コーディングを行うことでそれらを整理し、日本の問題解決型授業の特徴を研修員がどのように捉えているのかを考察する。文字データ分析には、質的研究支援ソフトNVivo 12 を用いた。

　次に研究授業および事後協議の分析では、動画記録をもとに作成した発話のトランスクリプトを用いて、それぞれの授業の概要を整理する。そして、授業観察の分析で得られた研修員の授業観が、どのように授業実践に反映されていたかを考察するとともに、事後協議の内容を踏まえて、授業観と授業実践の関係性を捉えていく。

　最後に成果発表の分析では、研修終了時の各研修員の報告内容について、授業観察の分析で得られたコードを用いて、本研修の学びを整理し、どのように授業観が形成されたのかを考察することとした。

3. 調査結果の分析

(1) 授業観察の分析

　日本の教師の問題解決型授業を観察することによって、どのような授業観が形成されたのかを分析する。授業観察は全4回行い、参考にしたい点や授業に対する気づきを授業観察シートに記入してもらった。その記述をオープン・コーディングし、得られたコードの枠組みに基づく焦点的コーディングを行い、整理したものが表8-6である。これに基づいて、分析結果を提示する。

表8-6　授業観察におけるコードの概要

大コード	小コード	概要	セグメント数
問題把握	01 問題提示	問題提示の内容や方法についての記述。主に場面設定に関するものが見られた。	19
	02 ICT	デジタル視覚教材についての記述。主に問題提示におけるスライドに関するものが見られた。	4
	03 興味・意欲	生き生きと積極的に参加していたといった、児童の授業態度に関する記述。	20
	04 既習事項	前時までの授業の振り返りについての記述。主に本時の内容との関連に関するものが見られた。	6
自力解決	05 主体性	児童が自由に思考方法や表現方法を選択することができていたとする記述。	35
	06 思考・表現	自力解決やその時間の確保、児童の表現に関する記述。	6
	07 発見	児童自身による発見についての記述。主に性質や規則を見つけた場面に関するものが見られた。	18
	08 教材・教具	授業で提示された教材や児童に提供されていた教具に関する記述。	12
交流・練り上げ	09 対話	近くの児童と話したり、全体で交流したりする場面に関する記述。	24
	10 グループ	グループを設定して活動させていた場面に関する記述。	9
まとめ	11 振り返り	児童と一緒にまとめることや授業の感想を聞いていた場面に関する記述。	11

（ア）　問題把握に関する気づき

　問題提示については、全研修員からその工夫した点が記述された。研修員の国の算数授業では、教科書の問題をそのまま提示することが多く、児童に問題場面が把握しやすいよう、スライドや場面提示に工夫をしている日本の授業は新鮮に映ったと推測される。

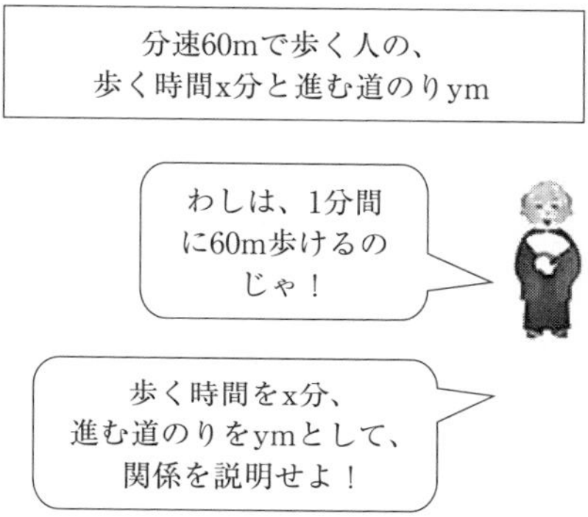

　中でも観察した 4 回の授業のうち 2 回の授業で ICT を用いており、そ

図 8-2　問題提示に使用されたスライド

の問題提示の仕方に興味をもったようである。そこでは、学習に意欲的な参加を促すための工夫として、比例を日常の文脈で提示している点や、図 8-2 のようにキャラクターを用いて児童に問題への親近感をもたせている点などの気づきが見られた。

　そして、活動に意欲的に取り組んでいる児童の姿から、興味をもたせることができていること、学習意欲を高めることができていることについての記述もあった。

　また、多くの研修員が既習事項について振り返る場面についても記述していた。中でも、本時の内容とのつながりを見いだしているのもあったことから、問題解決型授業に重要な要素であることを認識したのではないかと推察される。

　このように、日本の問題解決型授業は 1 つの問題で授業を展開するため、良質な問題設定をし、導入場面で児童の問題解決に向かう動機づけを高めているが、観察を通して研修員もその点について理解できていたと推察される。

（イ）　自力解決に関する気づき

　研修員の記述をセグメントに分けて分類した際に、最も多く表出したのが「主体性」のコードであった。ここでは、児童が自由に思考、表現できることに価値を見いだしている研修員が多かった。自国では、教師主導で授業が展開されており、問題の解き方が制限され、しかも 1 つの解法しか取り上げられない実態があるため、多様な解法を多様な表現方法で説明する日本の児童の姿に

図 8-3 加法の計算の仕方の板書

驚嘆したと推察される。2 年生の加法の授業では、「83 ＋ 46」の計算の仕方を
お金やさくらんぼ図、位計算、言葉等、多様な思考・表現を用いて、児童自身
が黒板上で自分の考えと他者との共通点や相違点などを考えて分類したり構成
したりする場面が見られた。

「思考」については、観察したすべての授業で個人思考をする自力解決の時
間を設けていたことから、研修員の気づきとして表出したと考えられる。研修
員の国では、算数の授業において教師主導の教え込みによる暗記に頼った授業
が展開されているとの指摘もあるため、思考時間を保障している授業場面に注
目したと考えられる。

そのようなことから、「発見」についての記述も多く見られ、問題解決型授
業の核として、児童による気づきを大切にしているという授業観を形成したと
推察される。ここでは、「活動を通して規則を見つけていた」や「対話を通し
て気づいていた」等の記述が見られた。また、教材・教具が思考活動や気づき
に生かされていたとする記述もあり、問題解決過程で重要なツールになってい
るということを理解していた。このように、授業観察を通して多くの研修員に
問題解決型授業の本質的な点についての気づきがあったと考えられる。

（ウ） 交流・練り上げに関する気づき

今回観察したすべての授業でペアやグループでの交流が設定されていたた
め、「対話」についての記述が多く見られた。研修員の国では、課題で挙げら

れていたように対話と言っても教師と児童の発問－応答のスタイルが一般的
で、児童間の対話はあまり見られない。今回観察した授業では児童間の対話が
多く、そのことについて参考にしたいと考えている研修員が多く見られた。

　とくに、児童自らが解き方の違いによって自由にグループに分かれる場面が
あり、研修員は驚きをもってその場面を捉えていた。そして、次のような研修
員の発言も確認された。

> A：各グループのレベルは同じではないことがわかった。できる児童で構成され
> たグループもあれば、中程度の児童とできない児童で構成されたグループも
> あった。グループは学力の異なるメンバーで構成し、グループ同士は均質な
> グループを作ることにより、グループをより活動的にし、教師の仕事を軽く
> することができると思われる。　　　　　　　　（下線は筆者による）

　グループ構成に対して意見を述べているが、効率を優先した教師主導の分け
方を支持していることがわかる。このように、グループでの対話は必要としな
がらも、その学習効果を十分に理解しているとは言い難く、形式的に導入した
方がよいと考えている可能性も否定できない。グループ活動の意図を踏まえた
うえで設定することが重要であると研修員に理解を促していく必要があった。

　（エ）　まとめに関する気づき

　最後は、振り返りに関する記述であるが、大きく感想とまとめに集約され
る結果となった。学習感想については、自国ではあまり意識されていないよう
で、取り入れたいとする研修員が多く見られた。

　一方、まとめについては、児童と一緒にまとめるという記述も見られ、教師
主導ではなく児童の思考を優先させようとする姿勢が見られた。

　このように、4回の授業観察を通して、研修員にはある程度の問題解決型授
業の授業観が形成されたと言える。次節では、その授業観を実際の研究授業に
取り入れることができていたかどうかを検証する。

（2）　研究授業および事後協議の分析

　6名の研修員のうち4名が研究授業を行った。授業観察で形成された問題解決型授業の授業観をどのように研究授業に反映させているのかについて、授業分析とその後の事後協議の内容から捉えることを試みる。

（ア）　研究授業①

　第1回目の授業は、ニジェールの教員養成校教師Dが行った。授業単元は第6学年の「比例」第3時の授業である。研究授業の概要は表8-7のとおりである。

表8-7　研究授業①の概要

1）前時の復習
比例の定義と式を確認した。
2）問題提示
平行四辺形の図を提示し、高さと面積の関係が比例になっていることを確認した。その後、比例の表を配布し、空欄になっている箇所を完成させるよう指示をした。
3）自力解決
児童は比例の表の空欄を埋めていた。
4）全体交流
指名された児童が黒板の表に正答を記入した。教師から追加の発問があり、2倍、3倍になっているところについても矢印で示した。
5）問題提示
問題文を提示。xの値が1/2倍、1/3倍になるとyの値はどうなるかを考えるよう指示をした。
6）自力解決
児童はxの値が1/2倍、1/3倍になっている箇所を探し、yの値を考えていた。
7）全体交流
指名された児童が黒板の表に正答を記入した。
8）まとめ
用意していたまとめを提示した。

　授業観察で形成された授業観のうち、本授業で意識されていたのは、「04既習事項」と「06思考・表現」「08教材・教具」であった。授業の冒頭で既習事項を確認し、それを生かしながら本時の問題へと進めていた点が確認された。また、自力解決の時間を保障し、教具を準備したことで、児童は思考活動をじっくり進めることができていた。

　一方、問題解決型授業の授業観として捉えられていた発見や主体性、意欲等については、ほとんど観察されることはなかった。授業後の事後協議の場面においては、次のような指摘があった。

> Ａ：比例の表について、ｘの変化とｙの変化を一方ずつ確認していたが、2量の関係を示すためには同時に提示すべきだった。
> Ｃ：表の扱いは先ほどの指摘どおりだと思う。また、<u>授業中のコミュニケーションが教師と児童になっていたので、児童同士の相互作用が必要だった。</u>

（下線は筆者による）

　上記のように比例の関係性を適切に示すことができていなかったという問題点が挙げられていた。また、教師と児童の対話はあったものの児童間の対話は見られなかったという指摘があり、児童同士の対話的な学びの設定に慣れていない研修員の実態が確認された。

（イ）　研究授業②

　第2回目の授業は、ブルキナファソの校長Ａが行った。授業単元は第6学年の「比例」第3時の授業であり、前回の授業と同じ学習内容を隣の学級で行ったものである。そのため、研究授業の概要は表8-7とほぼ同様となった。

　研究授業で大きく変わったのは、前回の反省点を踏まえてｘの変化とｙの変化を対応させて示した点である。また、比例の表だけではなく、その関係性が視覚的に把握できるよう、平行四辺形が変化する図も示しながら行っていた。

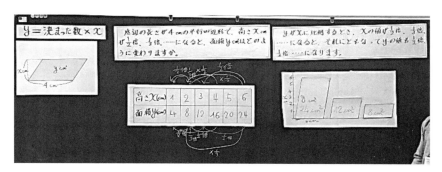

図8-4　授業時の板書

　一方、授業後の協議会では、授業者から児童同士の話し合いの場を予定していたが、忘れていてできなかったという反省が語られた。前回の事後協議会において改善すべき内容として取り上げていたが、実際にその場面を作り出すことはできなかった。この点についてDは次のように指摘している。

> 　D：学習者に指示をたくさん与えすぎていた。もちろん教師が児童に対して質問して、それに対して児童が答えるというインターラクティブな形で授業は行われていたが、児童は自分自身で発見するという余地が少なかった。アクティブラーニングと言うように、児童は参加はしていたが、xの値が1/2倍、1/3倍になるとき、yの値も1/2倍、1/3倍になるということを先生が説明するのではなく、児童が表を見て、「ここがそうなっている」ということを児童の方から見つけていければよかった。つまり、「表を見てどのようなことが言えますか」と児童に投げかけて、1/2倍、1/3倍になっているということを児童自身からもっと引き出していくべきだったと思う。　　（下線は筆者による）

　このようにDは、児童が自ら問題解決していく授業観を有しており、それに基づいた授業改善の方向性を具体的に提示している。しかし、Aが釈明したように研修員には教師主導の授業実践が染みついており、その壁を乗り越えることは容易ではないことが確認された。

（ウ）　研究授業③

　第3回目の授業は、マリの教育管理官Cが行った。授業単元は第6学年の「比例」第4時のグラフを作成する授業である。研究授業の概要は表8-8のとおりである。

　授業観察で形成された授業観のうち、本授業で主に意識されていたのは、「04 既習事項」と「05 主体性」「06 思考・表現」「09 対話」であった。授業の冒頭で既習事項である比例の定義や折れ線グラフについて確認し、それを生かしながら本時の問題へと進めていた点が確認された。また、多様な考え方を引き出すために、導入場面では既習事項の振り返りを端的に済ませ、自力解決の時間を十分に取るようにしていた。対話についても、自力解決時に作成したグラフの説明を相互にさせて、児童に気づきを促していた。このように、問題解決の授業観である主体性や対話からの気づきを、ある程度研

表 8-8 研究授業③の概要

1) 前時の復習 　比例の定義と式を確認した。4 年生で学習した折れ線グラフについても復習した。 2) 問題提示 　問題文と表を提示。その後、グラフ用紙を配布し、グラフを完成させるよう指示した。 3) 自力解決 　児童は表を見ながらグラフをかいた。 4) ペア交流 　完成したグラフをペアで交流するよう指示し、児童間で対話が始まった。 5) 全体交流 　指名された児童（2 名）が実物投影機に写した自分のグラフをそれぞれ説明した。一人の作成したグラフが正しかったので、間違った児童には、かき直しを指示した。 6) まとめ 　グラフを見て気がついたことを尋ね、指名された 3 名の児童が説明した（直線になっていること、0 を通っていること）。その後、用意していたまとめを提示し、説明した。

授業の中で取り入れることができていたと考えられる。事後協議時にも他の研修員から、児童同士の対話を設定した点、既習事項をもとに本時の問題を考えさせることができていた点が称賛された。

一方で下記のような指摘も見られた。

　　F：先に線を引いた後で点を打つ児童がいた。知識の発見において児童を誘導するのを避けるために、最初から 2 つ点を打つのではなく、1 つの点だけにしてはどうだろうか。また、点と線が均等ではなく、直線が折れ線になっているグラフがあった。
　　　　　　　　　　　　　　　　　　　　　　　　　（下線は筆者による）

このように研修員の中には、問題解決型授業を十分に理解し、児童の発見に価値を見いだしている発言もあった。これは、掲示するグラフと配布するグラフ用紙を変えればよいので、次の授業で対応することが可能な反省点である。しかしながら、次のような指摘になると単純には対応できないと考えられる。

　　D：最初になぜ女の子を発表させたのか。その女の子は、実際よく見てみると点の打ち方が間違っていた。x が 3 のとき 12 のところに打つべきなのに、11 のところに点を打っていたし、4 のところは 16 で打つべきなのに、15.5 と間

　　　　違った打ち方をしていて、しかもその線は原点を通らない、途中から途中ま
　　　　での線で終わっていた。それでその子の間違っている点については一切指摘
　　　　せずにその子を帰してしまったが、その子が間違ったやり方をしているとい
　　　　うこと利用して、他のクラスの子どもたち全体がそのグラフのかき方につい
　　　　て、よくわかるような形で、その子の間違いを利用することが必要だったの
　　　　ではないか。その子をそのまま帰らせて次の子に発表させて、正答が出て、
　　　　みなさん間違った人は直しましょうというやり方だったが、最初の女の子の
　　　　時に何かするべきだったのではないだろうか。　　　　（下線は筆者による）

　児童に考えさせることには成功したものの、それをどのように扱うかという
点で、教師側に力量が求められる場面である。その場で児童の間違いを取り上
げることができず、この児童は授業の最後になっても、正しい比例のグラフを
かくことができていなかったようである。研修員の国の教師は正答のみを取り
上げるような授業をしていることが多く、間違いの取り上げ方について対応す
ることができなかったと考えられる。誤答を取り上げることで児童の理解を深
めるという授業観は形成されていても、それを授業実践に取り入れることは、
容易ではないことが推察される。

　（エ）　研究授業④

　第 4 回目の授業は、セネガルの教員 E が行った。授業単元は第 6 学年の「比
例」第 4 時の授業であり、前回の授業と同じ学習内容を隣の学級で行ったもの
である。そのため、研究授業の概要は表 8-8 とほぼ同様となった。

　研究授業で大きく変わったのは、前回の反省点を踏まえて、掲示するグラフ
と配布するグラフにあらかじめ打っておいた点をなくしたことである。また、
児童が作成したグラフの取り上げについて、前回は 2 人の児童だったものを 4
人の児童を取り上げていた。

　授業後の事後協議会では、前回の授業と同様、児童のかいたグラフの取り上
げ方が話題になった。2 人の研修員が、交流場面で 4 人のグラフを取り上げる
必要はなかったと指摘した。同じ考え方をしていた児童もおり、どう収拾をつ
けるか授業者が明確に決めておらず、ただの発表会になってしまったからであ
る。児童に考えさせること、対話させることはできたものの、出てきた考え方

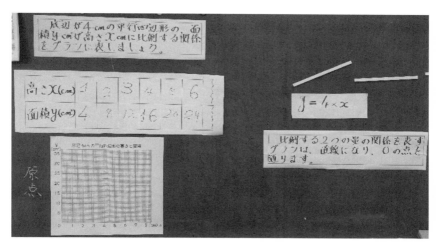

図8-5　授業時の板書

に対応し、比較・検討するだけの教師の力量がなかったと考えられる。問題解決型授業の授業観を形成するだけでなく、それを実践するだけの教師の力量も必要であることが明らかとなった。

（3）　成果発表の分析

　研修で学んだ成果を講師等の関係者に報告する場として、帰国前に JICA センターで成果発表会を行っている。そこでの研修員の報告内容について、「(1) 授業観察の分析」（p.152）で分類したコードに分けて、整理したのが表8-9である。

　研修員からは授業観察時よりも具体的な内容が示されるようになった。例えば問題提示では、学習意欲を高めるというというだけではなく、日常生活を意識した問題設定がそれには効果的であると述べている。また、児童に思考させるための手立てとして、導きすぎる指導は避けるようにする、児童に任せる時間を設ける、誤答を扱うことで気づきを促す等、指導の方向性も具体的に示せるようになっていた。それは、具体的な手立てを通して、児童が主体的に授業に参加している実態を目の当たりにしたことで、その授業観が強化されたと推察される。

表 8-9　研修員の学んだ成果に関する報告内容

01 問題提示	・日常生活を意識した問題設定 ・児童に考えさせる問題設定
02 ICT	・ICT を授業で活用できるようにする
03 興味・意欲	・児童の学習意欲を高めるための工夫 ・積極的に授業に参加する姿勢 ・ゲーム的な活動の有効性（信頼関係や意欲向上）
04 既習事項	・導入の既習事項の想起の必要性
05 主体性	・児童の主体性を重視すること ・児童に責任をもたせる（任せる） ・主体的に授業に参加する姿勢
06 思考・表現	・導きすぎる指導は避け、児童に考えさせる必要性 ・児童が言葉や図、グラフで表現すること ・児童が自分の考えを表現できる雰囲気づくり ・自ら思考・表現する授業の習慣化
07 発見	・児童の思考活動に焦点を当てた学習過程 ・正答に行き着くまでのプロセスの重要性 ・児童が未習のことを発問する ・誤答を扱い、気づきを促す
08 教材・教具	・使用する教材・教具の吟味 ・児童の学習参加を促すための教材・教具の準備 ・適切な教具の準備（児童が操作）
09 対話	・児童の発言を大切にする（答えるまで待つ） ・意見交換、考えの共有を促す ・児童が取り組んだことを他の児童と交流させる ・ゲーム性のある活動を通してコミュニケーションを図る ・教師が対話を調整する必要性
10 グループ	
11 振り返り	・まとめ、振り返りを行う
12 授業研究	・授業研究のアプローチの有効性（授業設計、授業観察、授業分析） ・授業準備における教材研究の重要性 ・教材内容や年間指導計画の検討 ・授業改善すること ・児童の学習状況を見取り、指導に生かす ・机間指導で観察したことを記録する
13 その他	・間違った解答を受け入れ、間違えられる環境づくり ・間違えてもよい雰囲気づくり ・教師のファシリテーターの役割 ・学習過程の理解

　そして授業観察時には出てこなかったが、最後の成果発表会では、教師が対話を調整する必要性や教師のファシリテーターとしての役割があることも示されるようになった。研修員の中には、児童に考えさせて、発表させれば児童主体の問題解決型授業になると考えていた者もいたようだが、授業実践の中で児童の発表をうまく取り上げることができなかったことから、その重要性に気づくに至ったと考えられる。

　また、誤答を取り上げるにあたって、学級の雰囲気づくりに関する報告も出てきた。自国での正答主義を見直すためには、教師の意識はもちろん児童の意識も変えていく必要があることに気づいたと考えられる。そして、研修において研究授業のアプローチを取り入れたことによって、研修員が本研修での学びを実感し、教員研修そのもののアプローチに対する利点についても言及するようになった。

　一方で、グループに関する記述は授業観察時には多く出てきたものの、成果発表時には何の報告もなされなかった。グループ活動をすれば児童中心の授業になるという短絡的な考え方をする教員もいたが、ここではそういった発言はなく、研修を通して問題解決型授業に対する本質的な理解が深まったと推察される。

4. 考　　察

　まず、授業観察シートの分析から、問題解決型授業に対する研修員の授業観が明らかとなった。そこでの授業観は、問題解決型授業の授業過程に照らしてコードごとに整理すると、問題提示から思考・表現、発見、対話、振り返り等、おおむね網羅されていたことがわかる。しかし、観察シートの記述のほとんどは表層的なものであり、秋田（2009）の言葉を借りれば、思考レベルにとどまっている段階である。

　それが授業実践という行動に移し、事後協議での省察を通して、徐々に問題解決型授業の授業観が形成されていくこととなった。研究授業①では、自力解

決の時間を保障し、教具を準備したことで、児童は思考活動をじっくり進めることができていた。しかし、児童間の対話がなく、児童同士の対話的な学びの設定に慣れていない研修員の実態が確認された。

また、研究授業②では、協議会において改善すべき内容として取り上げていたにもかかわらず、児童同士の話し合いの場面をつくり出すことはできなかった。研修員には教師主導の授業実践が染みついており、その壁を乗り越えることは簡単ではないことが確認された。これは省察と実践化が複雑に混ざり合い、授業観が複雑に形成されている状態であると言える。

研究授業③では、多様な考え方を引き出すために、導入場面では既習事項の振り返りを端的に済ませ、自力解決の時間を十分に取るようにするなど、問題解決型の授業観が実践化されていた。また、これまでに実践化できていなかった対話についても、自力解決時に作成したグラフの説明を相互にさせて、児童に気づきを促すことができていた。そのような児童の姿を省察することで授業観はさらに強化されたと推察される。しかし、誤答を取り上げることで児童の理解を深めるという授業観は形成されていても、それを授業実践に取り入れることはできていなかった。誤答の扱いについては、わかっていても行動に移すことができないというレベルにあり、変容は容易ではないことが考えられる。

研究授業④でも、児童に考えさせること、対話させることはできたものの、発表された考え方に対応し、どう収拾をつけるかを授業者が明確に決めておらず、ただの発表会になってしまう場面が見られた。問題解決型授業の授業観が形成されても、それを実践するだけの教師の力量がないと実践化に結びつかないことが明らかとなった。このように、研修員の問題解決型授業の授業観は形成されたものの実践化に至らなかったものもあった。

そして、最後の成果発表時には、児童に思考させるための手立てとして、導きすぎる指導は避けるようにする、児童に任せる時間を設ける、誤答を扱うことで気づきを促す等、指導の方向性も具体的に示せるようになっていた。それは、具体的な手立てを通して、児童が主体的に授業に参加している実態を目の当たりにしたことで、その授業観が強化されたと考えられる。

また、授業実践の中で児童の発表をうまく取り上げることができなかったた

め、教師が対話を調整する必要性や教師のファシリテーターとしての役割の重要性に気づくに至った点も、結果から生起した授業観であると考えられる。

このように教師の授業観の形成は、授業観察だけではなく、実践化とそれに伴う省察、そして児童の学習状況の把握によって、複雑に混ざり合いその相互作用の中で不規則に生起している様相が明らかとなった。

成果発表時に、「最初は日本との授業の違いはよくわからなかったが、授業を観察し、問題解決型の授業を自ら考え、授業実践を進めていく中でわかるようになった」と報告した研修員がいたが、この発言は授業研究アプローチの成果にほかならない。わが国において、教員研修のアプローチとして確立している授業研究を JICA 研修の中に用いたことで、その研修スタイルを学ぶと同時に授業改善の方向性もつかむことができ、研修員にとって有意義な研修となったことがアンケート結果等からも明らかとなった。

おわりに

本章では、JICA 課題別研修に参加したアフリカ教師教育者に焦点を当て、授業研究アプローチを取り入れることで、いかに問題解決型授業の授業観を形成し、授業実践を変容させていくのか、また事後協議等を通してどのように授業観が形成されていくのかを実証的に捉えることを目的として調査結果を考察した。

研究成果としては、授業観の形成について、授業観察だけではなく、実践化、それに伴う省察、そして児童の学習状況の理解によって、複雑に混ざり合うその相互作用の中で不規則に生起していることを明らかにした点である。

また、授業研究アプローチを JICA 研修の中に用いたことで、研修生が問題解決型の授業改善の方向性をつかむとともに、その研修スタイルについても実体験を通して理解できたことも大きな成果である。

一方で今後の課題として、短期的な授業観の形成にとどまらず、長期的な過程として捉える必要性を指摘する。形成された授業観が安定していく長期的な

過程を示さなければ、本研修のような異国での研修成果は限定的になりかねないからである。

　今後は、授業研究アプローチを通した授業観の形成に関する研究事例のさらなる蓄積が必要であり、このような事例が増えることで、途上国の授業改善がさらに進んでいくと考えられる。

引用・参考文献

秋田喜代美（2009）「教師教育から教師の学習過程研究への転回 ── ミクロ教育実践研究への変貌 ──」、矢野智司他編『変貌する教育学』世織書房、45-75 ページ。

秋田喜代美・藤江康彦（2010）『授業研究と学習過程』財団法人放送大学教育振興会。

石井洋（2019）「国際教育協力における日本型理数科教育導入の可能性 ── サモア独立国の事例から ──」、北海道教育大学函館校国際地域研究編集委員会編『国際地域研究 I』大学教育出版、137-151 ページ。

国際協力機構（2015）『JICA 教育協力ポジションペーパー』独立行政法人 国際協力機構（JICA）。

千葉たか子（2003）　『途上国の教員教育 ── 国際協力の現場からの報告 ──』国際協力出版会。

馬場卓也（2005）「授業研究」、国際協力機構編著『日本の教育経験 途上国の教育開発を考える』東信堂、271-283 ページ。

藤井斉亮（2012）「理論構築の萌芽領域としての授業研究 ── Lewis（2009）の理論的モデルの検討 ──」、日本数学教育学会編『第 45 回数学教育論文発表会論文集 1』31-40 ページ。

Pajares, F. (1992) "Teachers' beliefs and educational research: Clearning up a messy construct", *Review of educational research, 62*, no.2,　307-332.

Philipp, R. A. (2007) "Mathematics Teachers' beliefs and affect", F. K. Lester, Jr. (Ed.) *Second handbook of research on mathematics teaching and learning*, 257-315.

United Nations (2015) *The Millennium Development Goals Report 2015*, New York, United Nations.

付記　本研究は、JSPS 科学研究費補助金（課題番号 19K14225）の助成を受けて行われた。

コラム4 エチオピア農村におけるインクルーシブ教育

　エチオピア西南部に位置する調査村に初めて訪れたのは2010年のことである。当時、大学院生だった私は、エチオピア農村の教育状況について調査をしたいと漠然と考えていた。調査村の小学校を最初に訪ねたとき、校庭で手にサンダルを「履いて」地面を四つん這いで移動する青年に出会った。調査村で知り合いを増やしたかったこともあり、出会った人にはとりあえず名前を聞いていたので、彼にも挨拶をして名前を聞いた。「テメカだ」と言って、私が手に持っていたノートに英語で自分の名前を書いてくれた。英語で自分の名前を書けるところから、テメカが学校教育をいくらか受けていることに気がついたが、20歳くらいに見える彼が小学校の校庭でいったい何をしているのだろうと疑問に思っていた。その日は授業日ではなく、校庭に人の姿はほとんどなかった。当時、現地語を話せなかったため、テメカには名前を聞くのが精いっぱいで、コミュニケーションをとることはほとんどできなかった。

　小学校を何度か訪れるうちに、テメカがこの学校の生徒であることを知った。ちなみに、この小学校では障害の有無にかかわらず、彼のように大幅に学齢を超えた生徒も珍しくなかった。では、なぜテメカは出会ったとき、授業がないのに学校の校庭にいたのだろうか。後日、校長から事情を聞いてようやく合点がいった。彼は学校に通うために、校庭の中に建てられた小屋で暮らしていたのである。

　テメカの実家は学校から歩いて数十分かかるところにあった。足に運動麻痺があり立つことができない彼にとって学校は遠い存在であったが、当時の校長らの提案によって授業期間中は学校の敷地内で暮らすことになったのだという。ちなみに、テメカはとても器用な人で、サンダルの修繕などを行って、わずかばかりではあるがお金も稼いでいた。

　翌年、別の村の小学校を訪れたときも、足に運動麻痺を抱える女子生徒に出会った。彼女もまた、校庭に建てられた小屋に寝泊まりをしていた。彼女が小学校に通えるようにと、マットレスや衣類などを家から親族たちが運びこんだのだという。

　テメカや彼女は一人きりで学校に暮らしていたわけではなく、親戚にあたる同世代の若者が一緒に暮らしており、日頃の生活をサポートしていた。二人に出会ったのは十年ほど前のことであり、その後、彼らには会っていないが、知人によれば、二人とも学校を卒業して、現在は村役場で働いていると

いう。

　アフリカでは初等教育を中心に就学率は急激に上昇している。アフリカの子どもたちは学校に行っていないというイメージは、もはや過去のものとなりつつある。その一方で、障害のある子どもに対する教育は依然として大きな課題となっている。近年では、より多くの子どもたちに対する教育機会を保障するために、インクルーシブ教育の推進が目指されている。エチオピアにおいても、インクルーシブ教育を推進する政策がとられているが、障害のあるすべての子どもを受け入れる教育システムが整っているとは言い難い状況である。今回取り上げた事例は、公的支援をもとにした取り組みではなく、校長や地域住民の働きかけによって実現したローカルな取り組みといえる。こうしたローカルな実践に注目することもまた、あらゆる子どものニーズに配慮した教育を実現していくうえで重要になるのではないだろうか。

（有井　晴香）

【時代の深層を読み解く】

第 **9** 章

社会科学とマンガの架橋
いしいひさいち農民論
― 中島正都市論を媒介にして ―[1]

田村　伊知朗

は じ め に

　本章では、いしいひさいち（1951 年 -　）のマンガによって描写された現
代社会の一側面を論じてみよう。彼は、『朝日新聞』の朝刊紙面において毎日、
「ののちゃん」を掲載している。その業績に関して、ここで詳細に触れるまで
もないであろう。彼は、1970 年代から約半世紀間、ほぼ毎日、数編の４コマ
マンガを世に送り出している。彼のマンガが本邦の最高水準にあることは、誰
もが認めざるをえないであろう。「改めて言うまでもない。いしいひさいちは
天才である」（戸川 2012：161）。現代国際政治、現代哲学そしてプロ野球に至
るまで、彼は該博な知識を駆使し、現代社会の一側面を４コママンガの形式に
おいて切り取っている。

　彼のマンガは主として都市を舞台に展開されている。その中で少数ではあ
るが、農村を舞台にしたマンガも存在している。しかし、その視座は農村居住
者ではなく、都市住民の意識にある。本章では、彼のマンガをいくつか取り上
げ、その中で表象されている農民と農村に関する都市住民の即自的意識を対象
化する。その際、中島正（1920-2017 年）の都市論を媒介にする。

　中島正の思想は、いしいひさいちのマンガほど人口に膾炙されていないの

で、ここで簡明に触れておこう。彼はすでに幽明界を異にしているが、1960年代以降、その死に至るまで自然養鶏の先駆的実践者の一人として著名であった。前近代的な平飼い養鶏に関する技術を集成した『自然卵養鶏法』とその増補改訂版は、約半世紀が経過した現在でも、版を重ねている（中島 1980a；2001）。また、彼の自然卵養鶏法に基づき、1983年に全国自然養鶏会が結成され、現在なお、活動している（全国自然養鶏会 2020）。

彼は、前近代的な平飼い家族養鶏を実践しながら、理想的農民像を百姓として定式化した。都市から自立した百姓を構想することによって、独自の近代都市論を構築した[2]。都市論に関する彼の主著、『都市を滅ぼせ』は、洛陽の紙価を高めた（中島 1994；2014）。彼の都市論は、近代思想のある側面を明示している。近代思想は都市という人口密集空間を暗黙の前提にしている。同書において展開されている都市論は、現在流布している都市論と根底的に異なっている。

同書は、プロジェクト・グーテンベルクに採用されている。このプロジェクトによって、世界中の出版物から、人類にとって貴重な古典とみなされた多くの著作が英訳されて、インターネット上において無料で公開されている。彼の都市論が世界的に認知された客観的証明の一つでもあろう。また、同書は英語書籍としても公刊されている（Nakashima 2012）。

1. マンガにおける農村と農民

本章の目的は、農村に居住している農民が、都市住民の意識においてどのように映現しているのかを解明することにある。したがって、いしいひさいちのマンガにおける農民に対する差別意識を糾弾しようとするのではない。

筆者が依拠している叙述方法は、ブルーノ・バウアー（Bauer, Bruno 1809-1882年）によって提起された純粋批判である（田村 2008）。19世紀のヘーゲル左派、カール・シュミット（Schmidt, Karl 1819-1864年）は、バウアーの哲学的方法論、つまり純粋批判という手続きを次のように把握する。

　批判はすべての対象をそれ自身において考察し、その対象に固有の矛盾を示す。

（Schmidt 1850：201）

　いしいのマンガによって描かれている農民の固有の矛盾は、都市住民の潜在意識における都市と農村の関係性に関する矛盾である。

　批判的嘲笑のテロリズム…（中略）…が、現実的に必然である。

（Bauer 1844：31）

　実体としての社会的現実態の変革は、前提にされていない。いしいも、この矛盾を変革しようとしているのではない。彼はこの矛盾を嘲笑しているだけである。もし、何らかの理念を掲げ、現実態を変革しようとすれば、その理念は容易にドグマに転換される。

　純粋批判は…（中略）…破壊しない。なぜなら、それは建設しようとしないという単純な根拠からである。純粋批判は新たな理念を提起しない。それは古いドグマを新たなドグマによって代替しようとしない。　　　（Szeliga 1844：45）

　いしいは、都市住民の即自的意識において存在している事柄を対自化したにすぎない。本章も、都市住民の意識変革を目的にしていない。

　マンガ家の精神構造も、後期近代という時代精神によって規定されている。後期近代の日本そして西欧において、9割以上の国民が、農村ではなく、都市に居住している。農民も、後期近代の日本そして西欧においてほぼ都市化された生活様式を営んでいる。

　広大な農民文化とその伝統的生活様式が、1950～1960年代のドイツにおいてかなり解体した。…（中略）…ラジオとテレビという近代的コミュニケーション手段が、都市の生活スタイルを指導文化へとプロパガンダした。

（Droesser 2005：183）

　都市と農村の区別は、人口密度という自然的規定でしかないかのようである。いしいのマンガ、そして現代日本のマンガ一般が、都市住民の生活様式とその意識構造に基づき読解されている。

　対照的に、中島正は、都市内労働者を資本家に対峙する存在ではなく、資本家と共に都市住民と一括し、農民と対比させている。安藤昌益に依拠しながら、彼は近代の社会的コンフリクトの根源を以下のように規定している。

> マルクスが階級対立の根源をブルジョワジーとプロレタリアートに求めたのに対し、安藤昌益はこれを、直耕の人と不耕貪食の人とに求めたのである。
>
> （中島 1994：73）

　都市住民が不耕貪食の人として規定され、農村と都市が対比されている。中島の都市論を媒介にしながら、いしいの農村論を後期近代という時代精神において考察してみよう。中島の思想を媒介にすることによって、時代精神の暗黙の前提がより鮮明に映し出されるであろう。

2.　土地所有者としての都市内農民

　本節のいしいひさいちのマンガは、都市住民の意識に映現している農民あるいは農業の本質を描き出している。都市住民の意識における農民という概念は、第一義的には農村に居住している農民ではなく、都市内農民を意味している。農民の社会的役割は農業という営みにあるのではなく、農地という仮象によって覆われた土地の所有者であることにある。

　都市住民の意識にとって、都市内農民とその遺産継承者は潜在的な不労所得者である。彼らは農地を売却し、巨額の所得を得ようとしている。もちろん、その背景には都市宅地の価格高騰がある。さらに、日本独特の慣習として一軒家を購入して初めて、一人前というイデオロギーがある。自己所有の持ち家を購入するために、都市労働者が生涯賃金の約 3 分の 1 前後を住宅ローンとして銀行に支払うことも稀ではない。

　労働の目的は、労働過程における自己実現ではなく、住宅という財を購入することにある。もちろん、現在では土地の価値を別にすれば、建造物は築 20 年を過ぎれば、その資産価値はほぼ 0 円に近づくはずである。多くの都市労働

いしいひさいち『バイトくん』第6
巻、双葉社、2006年、11ページ
Ⓒいしいひさいち

者は住宅の購入を人生最大の資産購入と同義とみなしている。換金できない資産は資産という概念と矛盾するにもかかわらず、住宅は資産であるという幻想に囚われている。

住宅ローンを支払う都市労働者の意識では、住宅購入の意義と労働の意義がほぼ同一化している。にもかかわらず、都市内農民は一夜にして、労働者の生涯賃金と同額の富、あるいはその数倍の富を獲得することも可能である。まさに、農民は泡銭を得ることが可能な存在であるので、労働者にとって羨望の対象であると同時に、不労所得を得る不道徳な存在して侮蔑の対象でもある。

生涯賃金の低い都市下層市民もまた、住宅取得という社会的要請に囚われている。彼らは、住宅地を都市中心街ではなく、都市近郊の農村においてしか取得できない。通勤時間が、片道2時間以上になる場合も多い。

農村に居住している都市労働者と、都市に居住している農民という事態が生じている。近代合理主義からすれば、都市内は用途ごとに分離されるべきである。都市構造の理想型は、前世紀前半に宣言されたアテネ憲章に端的に現象している。

　　アテネ憲章（1933 年）によって担われた理念は、分割編成され、分節化された
街である。この理念から出発して、住居、労働、休息の最大限の分離、そして輸
送力豊かな交通網に基づく移動によって、衛星都市と郊外住居が生成した。

（Ponel 1999：23）

　この憲章は、交通を媒介することによって、都市内の産業ごとの機能分化を
宣言している。この憲章からすれば、都市内に農村を混合させる事態は、まさ
に想定外である。

　都市外の農村に居住している遠距離通勤者は、都市内において広大な土地を
必要とする産業を憎悪している。この感情は近代合理主義からすれば正当であ
ろう。この遠距離通勤者の感情は、機能的に分化した近代都市構造という通説
に基づいている。

　しかし、都市内農民であろうと、都市外農民であろうと、同じ職業範疇に
属する農業を営んでいる。土地を耕し、種を播き、数カ月後にそれを刈り取る
という一連の作業工程は両者において同じである。その過程で植物が二酸化炭
素を取り入れ、酸素を大気中に放出している。農業が都市において営まれてい
ることによって、都市の大気が清浄化されている。自然的人間として都市住民
は、都市内農業によって産出された清浄な大気を享受している。

　また、大地の微生物も地球上で海洋に次ぐ炭素貯留庫である。コンクリート
建造物とアスファルト塗装に覆われた土地は、微生物の居住環境として不適切
であろう。

　　動植物が育ったり、雨水の調整が行われたり、汚物が浄化還元されたりという
　ような大地の機能は、これは自然循環作用の大動脈である。…（中略）…コンク
　リートこそはこの血流を断ち切る元凶なのである。　　　　（中島 1984a：12）

　大地の機能によって産出された自然循環作用が、コンクリートによって中断
されることによって、都市の保水機能と保温機能も減少し、都市住民の生活の
質を悪化させている。また、現代ではほとんど数値化されない景観という観点
も重要であろう。コンクリートではなく、大群の植生は、人類にとっての原初
的風景と重なることによって人間の精神に癒しを与える。しかし、景観は、限

界値が設定不可能なので、学問的対象にすらならない（Reck 1991：79）。

　さらに、都市労働者は農民から食料の供給を受けている。農業が都市において営まれることによって、その都市住民は新鮮な農産物を安価に享受できる。にもかかわらず、都市は拡大していく。

　　　都市の人々よ、…（中略）…あなた方が都市化のために奪わんとする農地は、
　　　あなた方の生命の糧を作る大切な場であることを忘れるな。

（中島 1994：20-21）

　農地が侵食されることによって、都市住民の環境破壊が進行するにもかかわらず、都市の機能と平面が拡大される。都市内農地によって産出される環境改善的要素は、都市住民の意識において捨象されている。

3.　社会的位階制における農民

　本節のマンガの主人公である甚太君は、小学校のある村落の中心街から 30 キロメートル（km）ほど離れた山村に住んでいる。毎日、往復 60 km ほどの道程を往復約 10 時間かけて通学している。通常ならば、村落共同体の中心街に下宿するという選択肢が採用されるが、さまざまな事情で通学を余儀なくされたのであろう。通学時間の 10 時間と睡眠時間の 8 時間を除けば、実質的な活動時間は 6 時間しか残っていない。その結果、彼は登校することを諦め、「ただの百姓」になった。おそらく、甚太君は小学校の教育課程を完全には履修できなかったであろう。義務教育すら満足に終了していない青年にとって、職業選択肢はきわめて少ない。彼には、ただの百姓という選択肢しか残っていなかった。

　ただの百姓という概念は、近代社会において肯定的に使用されることはなかった。多くの農民の子弟は、百十数年にわたる近代化過程において、学校制度という選択装置を通じて都市に移住した。有意の人材であれば、なおさらである。郷土の希望の星として官界、政界、財界、学界等において君臨した。彼

らが身を立て、名を上げることは、農山村にとどまっていたならば、不可能であったであろう。彼らは郷土を後にし、都市に住むことを選択した。ただの百姓であることを拒否し、農村を捨てた。有意の人材でなかったとしても、彼らは都市下層市民として、大衆社会の一翼を担った。有意であろうが、なかろうが、近代そして後期近代における農村の青年は都市に流入した。逆に、都市から農村への生産人口の流出は、ほとんどなかった。前者の潮流の前に、後者の潮流はなす術もなかった。

　都市住民はただの百姓から食料を供給された。この点において、都市住民とただの百姓は、対立関係にある。かつてただの百姓あるいはその子弟であった青年は、自らの出自であるただの百姓であることを否定している。あたかも、農村なくして、都市内の分業によって高度な文明生活を営むことが可能になったかのようである。

　　不耕民は（田舎と関係なく）都市の中
　　だけで相互に補完しあって支えられえて
　　いると錯覚するにいたる──つまり都
　　市だけで自立し、田舎などはゴミ捨て場
　　にも値しないと思いはじめるのである。
　　　　　　　　　　　（中島 1986：135）

いしいひさいち『ドーナツブックス』第9巻、双葉社、1985 年、91 ページ
© いしいひさいち

農村に住むことは近代人に値しないという錯覚が生じている。いしいひさいちが、このような現代日本、否、初期近代と後期近代を通底する近代の自己意識の一側面を抽出した。彼は、この意味で賞賛に値するであろう。ほぼすべての文化は、都市において生産されている。彼によって描写された日本の現代社会論としても読解可能なマンガ、例えば『山田家の人々』と『ののちゃん』は、その叙述対象がほとんど都市住民の生活様式である。

　都市住民は、農民を社会的劣後者とみなしている。その根拠は、都市における社会的位階制が学歴というフィルターに基づき構築されていることにある。都市住民にとって学歴は、自らキャリアを形成する過程において大きな比重を占めている。とりわけ、大学卒業労働者と中学校卒業労働者はかなり区別されている。さらに、大学卒業労働者という範疇も、かなり細分化されている。都市に居住している市民は、自らの大学入試体験、そして子弟の大学入試体験を通じて、大学間の社会的位階制を実感せざるをえない。

　とりわけ、東京大学とそれ以外の大学は確実に区別されている。さらに、後者も有名私立大学、旧帝国大学、地方国立大学等に区別されている。このような学歴の区別は、受験産業によって産出された偏差値という社会的位階制に基づき、承認されている。もっとも、このような区別は法的根拠を持っていない。偏差値25以下の大学であろうと、東京大学であろうと、同じ4年制大学である。両者の間には何ら区別はない。にもかかわらず、この区別が都市住民の意識構造を支配している。学歴に基づく社会的位階制は、生涯賃金、社会的地位等という観点から自明である。中学校卒業労働者と東京大学卒業労働者の間には、顕著な差異が存在している。それが差別として糾弾されることは、未来永劫にわたってないであろう。

　しかし、学歴は、農民という社会的な存在形式においてまったく顧慮されない。むしろ、幼年期を含めた青年期において肉体的鍛錬を怠った人間は、農作業においてかなりのハンディキャップを負うであろう。大学卒業というキャリアを形成するためには、その前提として中学校入試、高校入試というイニシエーションを体験しなければならない。肉体的鍛錬は、この過程において看過されがちである。大学卒業という学歴は、農作業において無駄である。都市

下層労働者と同様に、農民は学歴なき肉体労働者として都市住民に映現している。したがって、農民の社会的意義は、いしいのマンガにおいてかなり低く描かれているばかりでなく、ほとんど侮蔑の対象でしかないようにさえ描かれていることもある。

> 今は農業はすっかり見捨てられバカにされながら、大量に搾取されている。
>
> （中島 1986：129）

　都市住民の意識からすれば、農村に居住することは、馬鹿げたことである。対照的に、中島は、身を立て、名をあげることを拒否する。不耕貪食の都市住民という存在形式が、中島によって根底的に批判される（田村 2020b：5）。
　彼の思想は、この近代という時代精神とは異なる位相にある。彼はただの百姓であることの意義を称揚し、都市住民の存在意義を否定した。彼の思想の根底には、「養虫革命」と命名された原理がある。

> 　養虫革命とは──「自分の食い扶持は自分でさがすか、つくる」という人間本来の生存の原則にしたがって、大自然の掟に順応した自然循環型農業を営み、…（中略）…自給自足自立の生活に入ることをいうのである。　（中島 1983：352）

中島は、究極的には民族皆農を主張する。

> 都市機構を潰し、都市活動をやめて、太古に存在した農耕社会に還る。
>
> （中島 1994：174）

　万人が都市ではなく、農村に居住する社会が、人類の究極的理想とされる。都市住民の多くが農村居住者になることを拒否することと対照的に、彼は万人の就農を提唱する。

4. 都市化された農民

　前節において考察したように、中島正は民族皆農を主張している。しかし、農民自身がその子弟を農業継承者ではなく、都市住民、正確に言えば都市上層市民に教育しようとしている。農民の意識は、農村固有の意義を宣揚せず、都市住民と同化し、都市化している。

　本節のマンガの主人公である政次君は、村で初めて東京の大学に行った。これまで、農村近郊の地方都市に存在する大学に進学する子弟は、少なからずいたのであろう。しかし、日本の首都に進学した子弟は、政次君が初めてであったようである。前節の主人公である甚太君と、本節の主人公である政次君は、学歴に基づく社会的位階制において対蹠的関係にある。前者がその最底辺に低迷していることと対照的に、後者はその頂点に君臨している。

　政次君は、三菱物産という日本を代表する企業において就職内定を獲得した。三菱物産という会社名は、三菱商事と三井物産という代表的な旧財閥系商社に由来している。創作の世界では一般に使用されている超一流企業の名称である。生涯賃金、社会的知名度、福利厚生等の観点から、現代日本における最高の企業の代名詞として使用されている。多くの大学生そして多くの日本人は、この企業で労働をすることを艶羨している。しかも、第2節で考察したような土地所有者としての都市内農民とは異なり、この企業の労働者になることは、個人的業績原理に基づく成果として称揚されている。

　政次君がこの企業に内定した。この事象は、彼の故郷の農村においてニュース的価値を持っていた。彼の就職内定に関する記事が、地方新聞の地域欄に掲載された。有名無実化しているとはいえ、就職協定は遵守されねばならない。したがって、この内定が取り消されるという、いしいひさいち流の落ちがついている。

　この4コママンガの落ちの部分を除いて、この物語は次の点を前提にしている。第1に、農民の子弟が東京の大学に進学することが、農民あるいは農村の共同意識において賞賛に値すると認識されている。学歴信仰が都市だけでは

いしいひさいち『ノンキャリウーマン』第
2巻、双葉社、1999年、110ページ
© いしいひさいち

なく、農村にも及んでいる。政次君は、農村の共同意識において東京の大学に進学した段階においてすでに郷土の誉れであった。彼が三菱物産に就職する可能性も、暗喩されていた。子弟が大学生として都市住民になること、より厳格に言えば、都市上層市民になることが、農民の意識において郷土の誉れとみなされている。もちろん、この農村から都市下層市民になったことは、これまでも稀ではなかったであろう。しかし、政次君が中学を卒業して、東京の下層労働者となったとしても、その事実が新聞記事になることはない。

　第2に、政次君は東京の大学に進学し、大学生として就職活動をした。三菱物産という日本を代表する企業に内定した。三菱物産の労働者は、ほぼ偏差値の高い大学卒業者から構成されている。難関大学に入学することは、高校生を抱える両親の大いなる願望である。大企業に就職することは、社会的に承認されている。少なくとも、大企業に就職することによって、後ろ指をさされることは、めったにないであろう。

　彼が有名大学において優秀な成績を修めたことは、当然であろう。有名大学の平均的な卒業生の大半は、三菱物

産に就職できない。上位の成績優秀者のうちにいなければならない。多数の優
評価を獲得することは、成績優秀者として当然であった。社会的エリートとし
て十分な基礎教養が、彼の４年間の学業生活において形成されていた。

　本節のいしいひさいちの４コママンガにおいて描写されている事態は、現代
日本人にとって願望である。子弟が東京の有名大学に進学し、有名企業に就職
した。この事実において非難される要素は、ないかのようである。しかし、中
島正はこのような大学生の意識ひいては大学の社会的役割を次のように批判す
る。

　　大学は、汚染破壊集団の予備軍養成所である…（中略）…年々無慮二十数万に
　　も及ぶ大卒が、悉く農民の汗の上に居座って不耕貪食を企み、汚染農業を余儀な
　　からしむるだけでなく、その過半数は工業化社会の活動の中心になり、…（中略）
　　…自然＝環境に迫害を加え続ける。　　　　　　　　　　　（中島 1986：152-153）

大学生という社会的存在形式は、環境破壊を促進する予備軍とみなされてい
る。そして、大学生そして都市住民は、金属資源とエネルギー資源を浪費する
ことによって、農民と農村に害悪を加える。

　　都市の機能は膨大なエネルギーや金属資源の浪費によって支えられている。そ
　　れらはほとんど都市の贅沢と便利のために（エレベーター、自動ドア、ネオン、
　　交通網、冷暖房など）、また、くだらないオモチャやアクセサリー（車やカメラ
　　やテレビやロボットなど）を作るために使われる。…（中略）…近代都市文明、
　　即ち都市の贅沢、繁栄はこのエネルギーや金属資源の浪費の上に咲くアダ花で
　　あった。　　　　　　　　　　　　　　　　　　　　　　　　　（中島 1994：25）

都市は環境破壊の元凶である。にもかかわらず、農民の子弟が社会的賞賛を
受けるためには、農村ではなく、都市において居住しなければならない。ただ
の百姓であることは、社会的賞賛の対象外である。対照的に、中島は、身を立
て、名をあげることを拒否する。

　　たとい百姓が、厳しい修業など必要としない、だれでも…（中略）…できる簡
　　単な仕事であるとしても、それが断じて一日も欠かすことのできぬ人類必須の仕

事である。 (中島 1994：159-160)

　都市住民という不耕貪食の民ではなく、むしろ農民こそが称賛されるべきなのである。中島によれば、百姓であることは、人間の自然的つまり当然の存在形式である。

　　　百姓とは百の仕事をする意であり、衣食住のすべてにわたってセルフサービス＝自前の労力で賄うことが可能であった。 (中島 1984b：44)

　百姓は人間の食料を自前で生産し、森林において採集する。衣食住すべてを他者に依存せず、生産した。それ以外の人間的活動は、余計なことになる。

5. 都市住民に優越している農民

　本節のいしいひさいちのマンガは、1995年の「関税及び貿易に関する一般協定」（ウルグアイ・ラウンド）合意を揶揄している。日本政府は、それまで国内の米作農家を保護するために、米の輸入に対して高い関税をかけていた。しかし、米の一定量の輸入、つまりミニマム・アクセス米が、この合意によって義務づけられた。米の価格下落が予想された。当然のことながら、この合意は農民の怒りを買った。

　農民はこの事態を前にして、「ミニマム・アクセク」を宣言する。農民は、米の主要な生産目的を、都市への供給ではなく、自家消費にしようとしていた。農民によるミニマム・アクセク宣言を前にして、都市住民は途方にくれるしかない。いしいは、ミニマム・アクセスをミニマム・アクセクと関連づけ、嘲笑している。

　彼の語彙能力に感嘆せざるをえないが、ミニマム・アクセクという概念は、言葉遊びの領域を超え、都市と農村の本質的関係を明瞭に示している。中島正の所説によって、この概念をより詳細に検討してみよう。

　農業に従事する人口は、後期近代において減少する傾向にある。また、農民

にとっての最大の生産手段である農地
が、住宅用地、交通用地、第2次産業
と第3次産業のための施設へと転用さ
れた。

> 都市はアメーバーのようにひろが
> り続ける。…（中略）…太平洋ベルト
> 地帯は全部都市化されてしまうであろ
> う。　　　　　（中島 1993：32）

農民にとって農地は、神聖性を失い、
単なる換金対象にすぎなくなった。農
民は農産物を貨幣と交換することと同
様に、農業の生産財である農地すら売
却した。農地は交換価値を持つ商品と
してとし売却され、農村が都市化され
た。農地そして農村が減少した。

都市住民は、農村に居住することを
忌避し、都市生活を謳歌し、農民に対
して精神的優位に立っている。都市住
民が貨幣を媒介にして食料を獲得し、
そして農民が貨幣を得るために農産物
を都市に供給している限り、都市に居
住している消費者は王様である。

> 殊更（私は）消費者だ、と誇りを込
> めていうのである。買い手市場に立つ
> 強みからか、消費者は王様であると思
> い上がっている。（中島 1980b：351）

商品所有者と貨幣所有者は、商品の

いしいひさいち『いしいひさいちの
経済外論【ハイパー・エディション】』
朝日新聞社、1995 年、144 ページ
© いしいひさいち

売買関係において形式上対等である。しかし、「万国の労働者よ、団結せよ」という著名なスローガンは、労働者が団結しなければ、労働力商品が資本家によって買い叩かれることを前提にしている。労働力商品の売買と同様に、農産物所有者である農民と貨幣所有者である都市住民もまた対等ではない。消費者は、農産物という多数の商品の中から自己の選好に基づいて選択できるからである。近代において形成された業績原理としての学歴なき農民に対して、都市住民は優位に立っているかのようである。

　しかし、農民が都市への食料供給を停止した場合、事態は反転する。彼らは、農民の決定を前にして途方にくれるしかない。農民が農業的営為を、自己自身とその家族の生命を再生産することに限定すれば、都市住民はそのわずかな余剰農産物をめぐって闘争するしかない。

　　　われわれ（＝農民）は自分の生命を維持するために、その生命の糧を大自然のサイクルの中から戴いているのである。そしてもし自給した残りの農産物があれば、「王様」（＝都市の消費者）に乞われて頒ち与えるのである。これが農業の基本姿勢でなければならない。このとき「王様」は転落して「乞食」となるのである。　　　　　　　　　　　　　　　　　　　　　　　　　（中島1980b：353-354）

　農村からの食料供給が減少すれば、農民に対する都市住民の精神的優位性も消滅するであろう。都市住民が築いてきた学歴に基礎づけられた業績は、人間的自然の再生産という不可避の要請の前では砂上の楼閣と化す。

　　　食糧させ途絶えさせれば、都市は滅ぶということである。　　　（中島1985b：6）

　もし、農村から食料供給が完全に途絶えれば、都市住民は都市を放擲するしかない。そして都市それ自身が滅亡するであろう。
　都市が農村に依存しているのは、食料だけではない。

　　　都市は、一日といえども田園に依存しなければ都市だけで生きていくことは不可能だからである（酸素も食糧も水も）。　　　　　　　　（中島1985a：32）

　都市住民にとって人間的自然の再生産にとって不可欠な物質、例えば新鮮な

大気等を農村に依存している。にもかかわらず、この事態は都市住民の意識において看過されている。

お わ り に

いしいひさいちのマンガは、農村に対する都市住民の即自的意識を表現している。対照的に、中島正の都市論は、近代の通説的理解と対蹠的関係にある。もちろん、彼がどのように都市と都市住民の意識を批判しようとも、都市住民の意識が変革されることはないであろう。彼は都市の滅亡を主張したが、都市が滅ぼされることもないであろう。都市への食料供給停止という前節での構想が夢物語であることは、彼も認識している。

　　数千年の長きにわたって飼い慣らされてきた奉仕型農民の農民魂が、都市への食料供給停止を安易に許すはずがないのである。　　　　　　（中島 1992：57）

農民自身が都市化されており、金銭を媒介にして都市への食料を供給しようとする。しかし、都市という社会的存在が、農村との対比においてより根底的に批判される根拠の一端もより明確になったであろう。

本章は、いしいのマンガとの関連性というコンテキストにおいて中島の都市論を考察しているが、それだけに収斂するはずもない。彼の都市論は、人間論、近代化論等とも関連しているからである。その詳細な研究は今後の課題として残されている。

注
1)　本章は、「社会科学とマンガの架橋—いしいひさいちマンガ論（1）〜（8）」の（6）を構成している。そのうち、（1）〜（5）は、「いしいひさいち官僚制論（1）〜（5）」からなっている。「いしいひさいち官僚制論（2）〜（5）」は未定稿であるが、「いしいひさいち官僚制論（1）」は、公表済みである（田村：2020a）。また、（7）〜（8）は、「いしいひさいち社会＝経済論」からなっている。なお、本章の一部は、インターネット上において、すでに公表されている（田村：2019）。

2)　中島正の著作目録はすでに公表されている（田村 2020b）。近代思想における彼の都市論
　の意義が、その序文として展開されている。

引用・参考文献

いしいひさいち『バイトくん』第6巻、双葉社、2006年、11ページ。

いしいひさいち『ドーナツブックス』第9巻、双葉社、1985年、91ページ。

いしいひさいち『ノンキャリウーマン』第2巻、双葉社、1999年、110ページ。

いしいひさいち『いしいひさいちの経済外論【ハイパー・エディション】』朝日新聞社、1995年、
　144ページ。

田村伊知朗（2008）「初期ブルーノ・バウアー純粋批判研究序説 ― 後期近代における時代認識
　との連関において」『北海道教育大学紀要（人文科学・社会科学編）』第58巻第2号、27-37
　ページ。

田村伊知朗（2020a）「社会科学とマンガの架橋（1）― いしいひさいち官僚制論（1）」『人文
　論究（北海道教育大学函館人文学会）』第89号、9-28ページ。

田村伊知朗（2020b）「中島正の思想研究序説 ― その著作目録と都市論に対する序文」『北海道
　教育大学紀要（人文科学・社会科学編）』第71巻第1号、1-16ページ。

戸川安宣（2012）「いしいひさいちの多元宇宙」『総特集　いしいひさいち　仁義なきお笑い』
　河出書房新社、157-161ページ。

中島正（1980a）『自然卵養鶏法』農山漁村文化協会。

中島正（1980b）「雄飛する平飼い養鶏⑤　誰のためにトリを飼うのか ― 農家こそ"王様"である」
　農山漁村文化協会編『現代農業』第59巻第9号、351-354ページ。

中島正（1983）「私の百姓自立宣言⑦　『自然世』を近づける養虫革命とは」農山漁村文化協会
　編『現代農業』第62巻第7号、352-355ページ。

中島正（1984a）「都市を滅ぼせ（連載第一回）　第一章　都市のひろがり、第二章　都市の悪」
　公害問題研究会編『環境破壊』第155号、6-15ページ。

中島正（1984b）「都市を滅ぼせ（第四回）　第三章　都市と田舎」公害問題研究会編『環境破
　壊』第158号、42-46ページ。

中島正（1985a）「都市を滅ぼせ（第6回）　第五章　都市を滅ぼせ（上）」公害問題研究会編『環
　境破壊』第160号、32-35ページ。

中島正（1985b）「都市を滅ぼせ　第五章　都市を滅ぼせ（中）」公害問題研究会編『環境破壊』
　第161号、2-6ページ。

中島正（1986）『みの虫革命 ― 独立農民の書』十月社出版局。

中島正（1992）「農業が滅んで、都市が滅ぶ①」地球百姓ネットワーク編『百姓天国　元気な
　百姓達の手づくり本』第3集、56-59ページ。

中島正（1993）「都市をどうする　第三章」全国自然養鶏会編『鶏声』第31号、31-37ページ。

中島正（1994）『都市を滅ぼせ　人類を救う最後の選択』舞字社。

中島正（2001）『増補版　自然卵養鶏法』農山漁村文化協会。

中島正（2014）『都市を滅ぼせ　目から鱗の未来文明論』双葉社。

Bauer, Bruno（1844）Korrespondenz aus der Provinz. In: Hrsg. v. Bauer, Bruno: *Allgemeine Literatur Zeitung*. Charlottenburg: Egbert Bauer. H. 6, S. 20-38.

Droesser, Gerhard（2005）Ortangaben. In: Hrsg. Hrsg. v. Droesser, Gerhard u. Schirm, Stephan: *Kreuzungen. Ethische Probleme der modernen Stadt*. Berlin u. New York: Peter Lang, S. 173-210.

Nakashima, Tadashi（2012）Down with the Cities. Hamburg: tredition.

Ponel, Thomas（1999）*Verkehrsvermeidung: Handlungskonzepte für eine integrierte Stadt- und Verkehrsentwicklungsplanung*. Berlin: Deutsches Institut für Urbanistik.

Reck, Heinrich（1991）Auswirkungen des Verkehrs auf Ökologie, Natur und Landschaft. In: Hrsg. v. Röthke, Petra: *Verkehrsbedingte Umweltbelastungen. Analysen, Prognosen, Ziele, Minderungen. Seminar im Rahmen der UTECH Berlin-Umwelttechnologieforum 1991 am 4. und 5. Februar 1991 im internationalen Congress Centrum Berlin (ICC)*. Berlin: Umweltbundesamt, S. 79-100.

Schmidt, Karl（1850）*Eine Weltanschauung. Wahrheiten und Irrtümer*. Dessau: Julius Fritsche.

Szeliga（1844）Die Kritik. In: Hrsg. v. Bauer, Bruno: *Allgemeine Literatur-Zeitung*. Charlottenburg: Egbert Bauer. H. 11-12, S. 25-46.

Web サイト

全国自然養鶏会（2020）、http://shizenran.jp/、2020年10月5日アクセス。

田村伊知朗（2019）「いしいひさいちから学ぶ政治学（4）―― 都市と農村の対立」『田村伊知朗　政治学研究室』、http://izl.moe-nifty.com/tamura/2019/06/post-a44084.html、2019年6月17日アクセス。

Nakashima, Tadashi（1996）Down with the Cities. In: Project Gutenberg、https://www.gutenberg.org/ebooks/578、2020年10月5日アクセス。

【時代の深層を読み解く】

第 10 章

ロールズの「格差原理」についての覚書
― 格差論のための予備的考察 ―

羽根田　秀実

は じ め に

　現代社会の至る所に格差・不平等が蔓延している。このような格差・不平等が示す現実に対して、多くの人々がそれぞれの立場から、格差・不平等是正のための提言や実践を行っている。その際彼らが依拠している価値が「平等」である。このことについて、井上彰は次のように述べている。

> 　今日、最も問われている価値の一つが平等であることに、疑いを差し挟む者は少ないだろう。たとえば……（略）……日本を含む先進国では、格差や貧困が先鋭的な問題となり、二〇一一年のウォール街占拠（オキュパイ）運動を代表格とするデモが活発化するなど、国民の間に社会的不満が渦巻いている。平等を軸に不正や悪を評価・判断するわれわれの規範的態度は、こうした現実に表れている。
> 　それゆえ正義論の構築を目的とする今日の政治哲学や法哲学 ―― 広く「規範理論」と呼ばれるもの ―― において、平等を軸として議論が構成されてきたのも頷ける話である。
> 　　　　　　　　　　　　　　　　　　　　　　　　　　　（井上 2017：1）

　井上は、このような動向があることを述べると同時に、他方では次のような現象も見られると指摘する。

　その一方で、平等に対するアンビヴァレントな評価が先進国を中心にみられることも、無視できない事実である。右に触れたように、昨今の格差社会をめぐる諸問題を前に、平等への関心は高まっている一方、……（略）……ネオ・リベラリズムは、貧者が福祉に依存する状況をつくってしまう平等主義的政策を批判し、貧者にも自身が陥った境遇に対する責任が問われるべきだとして自己責任言説を流布してきた。このように昨今では、平等化を求める方向性と、個人に責任がある場合に不平等を不正とはみなさない考え方が「同居」しているのである。

（井上 2017：2）

　井上によれば、現在は２つの立場が「同居」しているという。そのうちの一つ、つまり「平等化を求める方向性」の論者には、ドゥオーキン、セン、アーナソン、コーエンなどの名を挙げることができるだろう（竹内 1999：89-148）。これに対して、「不平等を不正とはみなさない考え方」の論者には、ノージック[1]、フランクファートなどの名を挙げてもよいだろう。

　後者の立場であるフランクファートは、次のように述べている。

　　平等主義的な理想が、何らかの平等性というのがそれ自体として道徳的に望ましいという想定に基づいている限り、経済的平等主義の道徳的な魅力は幻影にすぎないと私には思える。道徳的な良心を持つ個人の間では、平等性に基づく訴えがしばしばかなりの情緒的、レトリック的な力を持つというのは事実だ。さらに、すでに示した通り、道徳的に重要な考察が確かにある種の不平等を避けるか減らすかすべきだと示唆する状況も存在する。それでも、どんな平等性であれそれを本質的に望ましいものと考えるのは、絶対にまちがっていると私は信じる。平等主義的な理想の中で、その実現が単純かつ厳密にそれ自体のために価値あるものだと言えるようなものは一つもない。

（Frankfurt 2015：67-68, 68）

　フランクファートに代表されるような反平等主義の主張は、われわれの素朴な直観に反しているようにも思われる。しかしながら、このような反平等主義的な視点であっても、それは、われわれがこれまで格差問題を捉えてきた基本的な認識の枠組み（格差・不平等の解消・縮小という認識の枠組み）とは違う新たな認識の枠組みを、われわれの思考方法の中にもたらすことになるのではないだろうか。このような意図のもとに、本章においては、ロールズの『正義

論』を取り上げ、そこで論じられている「格差原理」に注目することにした。それは、次のような理由からである。

　　分配的正義全般に関する、そしてとくに平等主義に関する現代の研究においては、その論証に同意するか否かにかかわらず、ジョン・ロールズの『正義論』を避けて通ることはできない。平等主義に関する現代の論争は、正義に関する彼の理論に始まる。　　　　　　　　　　　　　　　　　　　　　　（広瀬 2016：17）

　現代社会において問題にされている格差・不平等は、理論的には、「分配的正義」の問題であり、ロールズが『正義論』において提示した「格差原理」は、彼がこの分配問題に対して与えた一つの解答であると考えることができる。
　そして、この「格差原理」についての多くの解釈は、当然のことながら、平等主義の文脈においてなされてきた。竹内の次のような主張もその流れの中にある [2]。

　　ロールズの基本的社会財のように、グッズが財と訳される場合ですら平等配分グッズは多様である。実際、「基本的社会財とは、より広い範疇で述べれば、権利、自由と機会および所得と富であり」（Rawls, 1971 [92]）、平等配分グッズは権利や自由をも含む。しかも、この平等配分グッズたる所得や富の再配分自身も、マキシミン基準に従う単なる所得格差の是正（相対的平等）にとどまらない。
　　なぜなら、ロールズの正義の第二原理 A《格差原理の平等》——最も不遇な人々の便益の最大化＝平等化を図るように資源の再配分を行う原理——が示すように、諸能力の分布を共有資産としてとらえて、個人ごとの能力格差がもたらす所得格差をも縮小する配分論が主張されるからである。　　　　　（竹内 1999：106）

　このように、ロールズの「格差原理」を、平等主義の文脈において理解する論者が多い。しかし、本章では、そのような平等主義の視点からではなく、反平等主義の視点 [3] から「格差原理」に光を当てることを試みたい。というのは、そのことによって、これまで平等主義に向けられてきた「水準低下批判」[4] を回避しながら、格差・不平等問題に接近していきたいと考えるからである。そしてそれは取りも直さず、これまで平等主義が主張してきた格差縮小・解消といった格差・不平等の見方とは違う、新たな格差・不平等の見方を

獲得する可能性を探っていくことでもある。

1.　ロールズの「格差原理」

　ロールズは、その著書『正義論』において、彼の理論の核心となる原理として「正義の二原理」というものを提示している。この「正義の二原理」は、「原初状態」にいる人が合意すると思われる、社会の制度を編成するための基準となる原理である。彼はまず第11節において、これはあくまで暫定的なものであると断りながら、その二原理を提示している。

　　第一原理　各人は、平等な基本的諸自由の最も広範な〔＝手広い生活領域をカバーでき、種類も豊富な〕制度枠組みに対する対等な権利を保持すべきである。ただし最も広範な枠組みといっても〔無制限なものではなく〕他の人びととの諸自由の同様〔に広範〕な制度枠組みと両立可能なものでなければならない。
　　第二原理　社会的・経済的不平等は、次の二条件を充たすように編成されなければならない。――（a）そうした不平等が各人の利益になると無理なく予期しうること、かつ（b）全員に開かれている地位や職務に付帯する〔ものだけに不平等をとどめるべき〕こと[5]。
　　　　　　　　　　　　　　　　　　　　　　　　　　　（Rawls 1991 : 53, 84）
　　（以下において、『正義論』からの引用は、（*TJ* : 53, 84）のように略す。）

　さらに、ロールズは、この正義の二原理に対して、「二つの原理は、第一原理が第二原理に先行するという逐次的順序に従って配列されねばならない」（*TJ* : 53, 85）と補足している。つまりここでは、第一原理と第二原理との関係は「逐次的順序」に従い、第一原理が第二原理に優先するということ、そしててまた、各人の持つ基本的諸自由は、他の何よりも優先されなければならないということが語られている。これが意味することは、次のようなことである。つまり、たとえその社会全体の社会的・経済的利益がそれまでより増大したとしても、それがその社会成員の誰であれ、誰かの「自由」を侵害することによってもたらされたものであるならば、そのことを決して認めないということである。これは、社会全体の利益よりも、個人の「自由」を最優先するという

思想なのであり、功利主義的な考え方への批判なのである。

このように自由は最優先されるべきものであるが、だからといって絶対的なものではない。この自由も制限されることがある。しかしそれは、ある人の自由が他の人々の諸自由と衝突し対立するときである。このような場合にのみ、自由は制限されるのである。

この第一原理に続いて、第二原理の（a）（b）についても「逐次的順序」が成り立っている。ここでは、第46節において最終的に定式化された第二原理を引用しながら説明することにしよう。

> 第二原理
> 　社会的・経済的不平等は、次の二条件を充たすように編成されなければならない。
> （a）そうした不平等が、正義にかなった貯蓄原理と首尾一貫しつつ、最も不遇な人びとの最大の便益に資するように。
> （b）公正な機会均等の諸条件のもとで、全員に開かれている職務と地位に付帯する〔ものだけに不平等がとどまる〕ように。　　　　　　　　　（*TJ*：266, 403）

（a）は「格差原理」について、（b）は「公正な機会均等原理」について述べたものである。この両者の間にも「辞書式順序」（第11節では「逐次的順序」といわれていた）が成り立っており（ただし、ここでは（a）と（b）の順序が入れ替えられて）、「公正な機会均等原理」が「格差原理」に優先するとされる。

「格差原理」は、次のようなことを述べていると理解できる。つまり、社会的・経済的不平等が容認されるのは、「最も不遇な人びと」の「便益」が最大になるようなときである。このような条件が充たされない限り、社会的・経済的不平等は受け入れることができない。

2. ロールズの理論における「格差原理」の位置

　前節では、ロールズの「正義の二原理」について見たが、ここではその「正義の二原理」のうちの第二原理について見ることにしよう。そのことによって、「格差原理」がロールズの理論においてどのような位置を占めるのかが明らかになるだろう。

　ロールズは、第二原理の解釈は1つではなく、複数あると言う。

　　　前節〔『正義論』第11節のこと：筆者〕で述べたように、「各人の利益」と「全員に平等に開かれている」という字句は多義的に解されるため、第二原理の二つの部分に対しておのおの二つずつの（それなりにもっともな）意味解釈を与えることができる。それぞれの解釈は互いに〔背反するものでなく〕独立して成り立つので、第二原理は〔2×2の〕四つの意味を合わせ持つことになる。〈平等な自由〉という第一原理が同一の意味解釈を一貫して保持しうると想定するならば、正義の二原理に関して四つの解釈が成り立つ。　　　　　　　　（*TJ*：57, 91）

　ロールズは、「各人の利益」という字句は、「効率性原理」としても「格差原理」としても両方の解釈ができ、「全員に平等に開かれている」という字句は、「才能に開かれたキャリア（職業選択）としての平等」としても「公正な機会均等としての平等」としても解釈できると言っている。そうだとするならば、ここに、「正義の二原理」の解釈として、次の4つが成り立つことになる。すなわち、①「自然本性的自由の体系：効率性原理×才能に開かれたキャリア（職業選択）としての平等」、②「リベラルな平等：効率性原理×公正な機会均等としての平等」、③「自然本性的な貴族制：格差原理×才能に開かれたキャリア（職業選択）としての平等」、④「デモクラティックな平等：格差原理×公正な機会均等としての平等」の4つである。

　ロールズは、これらについて一つひとつ検討を加えていく。「自然本性的自由の体系」については、次のように言う。

　　　〈自然本性的自由の体系〉の主張するところでは、次のような基礎構造が正義

にかなった分配をもたらすことになる。すなわち、〔1〕効率性原理を充たしており、〔2〕地位を求めて努力する意欲と能力を兼備した人びとにもろもろの地位が開かれているような、基礎構造がそれである。このように権利と義務を割り振るならば、富と所得および職権と責任を公正なやり方で配分する制度枠組みが成立するものと考えられる（その配分がどんな結果をもたらそうとも、制度は公正と見なされる）。 (*TJ*：57-58, 91)

　ここでは、あらゆる「地位」は、「意欲と能力」に対して開かれている。その意味では、ここに成立した制度においては、確かに「機会の形式上の平等」（*TJ*：62, 98）が保障されている。それはつまり、「地位」「富と所得」「職権と責任」が「意欲と能力」に基づいて配分されているということであり、その点においてここには「公正なやり方」が成立しているといってよい。しかしながら、ここでは、「社会的な条件の平等」（*TJ*：62, 98）が確保されているとはいえない。そのため、人がどのような地位に就き、どれだけの「富と所得」を得るのかは、その人の「生来の才能や能力」（*TJ*：63, 98）によるのだといっても、これらの「生来の才能や能力」の開花や発揮は、その人が生まれ落ちた社会的環境・境遇（社会的な条件）の影響を強く受けてしまうのである。それはすなわち、本人に責任のない偶然的な要因が、「分配上の取り分に不適切な影響を与えるのを許容してしまう」（*TJ*：63, 98）ことなのである。ここに、「〈自然本性的自由の体系〉の最も明白な不正義がある」（*TJ*：63, 98）。

　この不正義を乗り越えるのが、「リベラルな平等」である。

　　〈リベラルな〔平等〕〉と名づけた解釈は、才能に開かれたキャリア（職業選択）という要求事項に公正な機会均等原理という追加条件を付加することによって、〈自然本性的自由の体系〉の不正義を矯正しようとする。この解釈の命じるところでは、もろもろの地位は形式的な意味で開かれているべきのみならず、それらの地位を手に入れる公正なチャンスを全員が持つべきだということになる。このことの意味するところは即座には明らかではないけれども、同じような能力と技能を持つ人びととは同じようなライフ・チャンス（人生を切り開く可能性）を持つべきだとは言えるだろう。もっと明確に説明するならば、生来の資産の分布が定まっているものと想定して、才能と能力が同一水準にありそれらを活用しよう

する意欲も同程度にある人びとは、社会システムにおける出発点がどのような境遇にあったとしても、同等の成功の見通しを有するべきなのである。

(TJ：63, 98-99)

〈自然本性的自由の体系〉においては、たとえ「才能と能力」に恵まれた人であっても、その人が恵まれない社会的・経済的条件のもとに生まれたならば、その「才能と能力」を全面的に開花させ発揮することができなかった。このようなケースに眼をつぶっていたのが、〈自然本性的自由の体系〉なのである。そのような不正義を矯正するのが「リベラルな平等」である。それは、「才能と能力」「意欲」が同一水準・同程度にある人には、その人が「どのような境遇」に生まれ落ちたのであっても、「同等の成功の見通し」を持つことができるようにするというものである。このことによって、「リベラルな平等」は、形式的な「機会均等」のみならず、「公正な機会均等」を実現しようとする。

　しかし、それでも十分ではない。というのは、「リベラルな平等」が、たとえ「社会的な偶発性の影響力」（TJ：64, 100）を取り除くことができたとしても、依然としてそこでは、「分配上の取り分は生来のめぐり合わせの結果いかん」（TJ：64, 100）によって決められてしまっているからである。この点において、「リベラルな平等」もやはり、正義にかなった社会を構想することに失敗していることになる。

　ここからさらにロールズは、「デモクラティックな平等」の考察へと歩を進める。

　　〈デモクラティックな〉解釈は、公正な機会均等の原理と格差原理とを組み合わせたところに成り立つ。格差原理は、基礎構造がもたらす社会的・経済的不平等の正／不正を判別するための特定の地位を選び出すことを通じて、効率性原理の不確定性〔＝複数の効率的な分配を指示することにとどまるところ〕を除去してくれる。平等な自由と公正な機会均等とが要求する制度の骨組みが出来あがっているものと想定しよう。その内部で、良好な状況にある人びとの予期をより高めることが正義にかなうのは、予期の向上が、社会の最も不遇な成員の予期を改善する制度枠組みの一部として、有効に機能する場合に限られる。〔あれこれ論弁を重ねるのでなく、単刀直入に〕直観に訴える着想を開陳しておくとこうなる

　　——社会秩序は、そうすることが運に恵まれない人びとのましな暮らし向きに
資さない限り、より裕福な人びとの予期をさらに魅力あるものにしたりそれを保
護したりするものであってはならない、と。　　　　　　　　（*TJ*：65, 102-103）

　この「デモクラティックな平等」においては、「平等な自由」と「公正な機
会均等」が実現されているということが前提になっている。ここでの問題は、
この 2 つが実現されてもなお残る人々の間の格差・不平等にどう対処するかと
いうことなのである。この問題に対処するための原理が、「格差原理」なので
ある。

3.「友愛」理念の具体化としての「格差原理」

（1）「友愛」の理念
　これまで見てきたところからもわかるように、「格差原理」は「最も不遇な
人びとの最大の便益に資する」（*TJ*：266, 403）ことを要求する原理であった。
この「格差原理」は、「デモクラティックな平等」において導入されたもので
ある。それでは、この原理がここにおいて導入されたということには、どのよ
うな意味があるのであろうか。

　　　格差原理には、友愛の原理のひとつの解釈を提供してくれるという、さらなる
　　利点がある。自由や平等と比べると、友愛の理念はデモクラシーの理論において
　　それほど重視されてこなかった。友愛は政治的概念としての具体性に欠けており、
　　デモクラティックな権利を何ら規定するものではないと考えられてきた。だがそ
　　の代わりに友愛は、ある種の精神態度および振る舞いの形態を伝えてくれる。そ
　　れらがなければ、デモクラティックな権利によって表明されている複数の価値が
　　見失われてしまうかもしれない、精神態度と振る舞いの形態をである。

　　　　　　　　　　　　　　　　　　　　　　　　　　　（*TJ*：90, 141-142）

　そして彼は、この「友愛」とは、「市民間の友情および社会的連帯」「情操お
よび感情の絆」（*TJ*：90, 142）のことであるとも言っている。そしてそれに続

けて、次のように言う。

　　　友愛という理想は情操および感情の絆を必要とする、と時に考えられてきた。
　　だが大規模な社会の構成員どうしがそうした絆でつながると予期することは、現
　　実離れしている。……（略）……友愛は政治的な諸事情の内部に適切な居場所を
　　持たないと多くの人が感じてきた。だが、友愛が格差原理の要求事項を組み込ん
　　でいると解釈するならば、友愛は非現実的な構想ではない。

　　　　　　　　　　　　　　　　　　　　　　　　　　（*TJ*：90-91, 142-143）

　この引用にあるように「友愛」の理念は、その中に「格差原理」を組み込む
ことによって、政治的な概念としての具体性を持ち、実行可能なものになりう
るのである。そのことによって「友愛」は、「デモクラシーの理論」において、
「自由」「平等」と並ぶ確固たる位置を占めることになるのである。それをロー
ルズは、次のように表現している。

　　　私たちは〈自由、平等、友愛〉という伝統的な理念群を、正義の二原理のデモ
　　クラティックな解釈と次のように関連づけることができる。すなわち、〈自由〉は
　　第一原理に、〈平等〉は第一原理における平等の理念と公正な機会均等とに、〈友
　　愛〉は格差原理に対応するのだ、と。このようにして、私たちは二原理のデモク
　　ラティックな解釈の中に友愛の構想の落ち着き先を見出したのであり、そして友
　　愛が社会の基礎構造の決定的な要求事項を課すものであることを理解する。友愛
　　の他の側面は見落とされるべきではないにせよ、格差原理こそが社会正義の見地
　　からする友愛の根本的な意義を表現している。　　　　　　（*TJ*：91, 143）

（2）「格差原理」の意味

　それでは次に、「格差原理」が「友愛」の理念をどのような形で具体化して
いるのかを見ていくことにしよう。つまり、「格差原理」が具体的にはどのよ
うな内容を指し示しているかを見ていくことにしよう。

　まず、次に見る場合を、仮に「場合1」と呼ぶことにしよう。この「場合1」
についてロールズは、「恵まれない人びと」と「裕福な人びと」の「両者の暮
らし向きを改善する分配状態がない限りは、平等な分配が選好されるという意
味において、格差原理は平等主義を強調する構想のひとつを提供する」（*TJ*：

65-66, 103) と言う。

しかしロールズがこのように言ったからといって、「格差原理」を平等主義の原理であると理解してはならないだろう。ロールズがここで言っていることは、「恵まれない人びと」と「裕福な人びと」の両者の「暮らし向きを改善する分配状態」がない場合には、その場合に限って、「格差原理」は「不平等」な分配ではなく「平等な分配」の方を選ぶ（認める）と言っているにすぎないのである。「平等な分配」は、きわめて特殊な場合なのである。

「格差原理」は、特殊な場合を除いて、一般的には「平等な分配」を指示するような原理ではない。このことは、ロールズの次の言葉からも理解できるだろう。

> 格差原理はもちろん矯正原理と同じものではない。あたかも全員が同一のレースを公正な基盤に基づいて競い合うことが予期されているかのように、もろもろのハンディキャップ（不利な条件）を解消する試みを、格差原理が社会に要求することはない。 (*TJ*：86, 136)

> ところで第二原理は、基礎構造において許容可能な不平等から各人が便益を得るべきだと主張する。この主張は以下のことを意味する。基礎構造が規定する当該の地位・職務を代表する諸個人が、自分たちの基礎構造の運営がうまくいっていると見なすときには、〔所得や地位の〕不平等を含まない見通しよりも不平等を含んだ見通しを選好するのが、必ずや理にかなうということ、これである。 (*TJ*：56, 89)

この引用からも分かるように、ロールズは、格差・不平等を解消しようとはしていない。格差・不平等が容認・是認されるのは、「そうした不平等が各人の利益になると無理なく予期しうる」（*TJ*：53, 84［第11節］）場合、あるいは「そうした不平等が最も不遇な人びとの期待便益を最大に高める」（*TJ*：72, 114［第13節］）場合なのである。

さらにロールズは、次のようなケースもあると言う。これらを「場合2」「場合3」と呼ぶことにしよう。

　　第一に、最も不遇な人びとの予期が実際に最大化されているケースがある。
　　……（略）……この場合、暮らし向きがより良好な人びとの予期をどう変化させ
　　ようとも、暮らし向きが最も劣悪な人びとの状況をまったく改善できない。最善
　　の制度編成（〈完全に正義にかなった制度枠組み〉と呼ばれるもの）がそこに成
　　立することになる。第二に、暮らし向きがより良好な人全員の予期が少なくとも
　　比較的不遇な人びとの福祉に寄与するケースがある。……（略）……私に言わせ
　　れば、このような制度枠組みは全体を通じて正義にかなっているけれども、正義
　　にかなった最善の制度編成ではない。　　　　　　　　　　　（*TJ*：68, 106-107）

　「格差原理」が適用されるケースについてロールズは、以上のように述べて
いる。しかし、ここで言われていることは少々わかりにくい。そこでこれを、
X と Y を座標軸とする座標平面上（第 1 象限）で考えることにしてみよう。
　まず、X 軸は「裕福な人びと」の「利益・利得」「期待便益」を、Y 軸は「恵
まれない人びと」の「利益・利得」「期待便
益」を表すとする。このとき、「場合 1」の平
等な分配については、原点 O を起点とする Y
＝X のグラフによって表すことができるだろ
う。そうすると、この直線上の任意の点 Q(q,
q）は、平等な分配が実現されていることを表
す（図 10-1）。

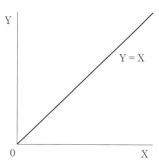

図 10-1　平等な分配のグラフ

　またロールズは、「無差別曲線」（*TJ*：65,
103）という語も使っていた。これは、Y ＝
X の直線上の任意の点 Q(q, q）から、X 軸
に水平に引かれた直線 Y ＝ q（X＞q）によっ
て表される。ただし、この直線は、「同程度
に正義にかなうと判定された点どうしを結」
（*TJ*：33, 53）んだものであり、それゆえ Y ＝
X の直線上の任意の点から複数引くことがで
きる。これらの直線のうち最も上にある直線
は、「場合 2」の「最も不遇な人びとの予期が

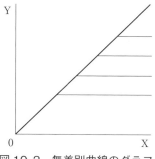

図 10-2　無差別曲線のグラフ

実際に最大化されているケース」を表したものであり、この時この「最大化」の値は、グラフ上では q になる（複数ある直線のうち、最も上にある直線に関して、亀本は「高いところにある等正義線［無差別曲線のこと：筆者］ほど、最低所得者の所得が高いから正義値は高い」（亀本 2012：128）と言っている。図 10-2）。

　さらに「場合3」が指示する内容は、「寄与曲線」（*TJ*：66, 104）によって描かれるとロールズは言う。彼は、この「寄与曲線」について「基礎構造が規定する社会的協働が相互の相対的利益を目指すものだと想定されているため、寄与曲線 OP は右上がりとなるところに留意せよ」（*TJ*：66, 104）と言っている。つまり、この「寄与曲線」は、原点 O を起点とする右上がりの曲線で、上に凸になっている曲線である。この曲線は、頂点で最大値をとり、それより右の部分では下降する曲線として描かれる。また、この「寄与曲線」は、最大値をとるところで「無差別曲線」に接している。そうするとこの曲線は、原点 O から出発して、「無差別曲線」に接するところ（この点を R(r, q) としよう）までの間は、X の値が増加すれば、Y

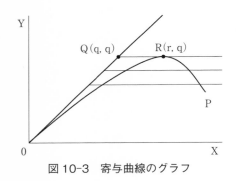

図 10-3　寄与曲線のグラフ

の値もそれに伴って増加し、点 R において最大値をとり、それより右（X＞r）では、X の値が増加しても、Y の値は減少していくような曲線として描かれる（図 10-3）。

　ロールズの言うところをこのように図示することができるとするならば、これらのグラフから、「格差原理」はどのようなものであると解釈することができるのであろうか。

　Y=X のグラフ、すなわち「場合1」は、「不平等が各人の利益になると無理なく予期しうる」（*TJ*：53, 84）ような分配状態がないときに選好される「平等な分配」を表しているから、「格差原理」の意味するところからは除外して

よいだろう。

　「場合2」、すなわち Y=q（X＞q）のグラフは、「最善の制度編成」（*TJ*：68, 107）が成立していることを表す。したがって、X（X＞q）がどのような値をとろうとも、Y の値は Y=q で一定である。つまり、X の値が大きくなればなるほど、X（「裕福な人びと」の「利益・利得」）と Y（「不遇な人びと」の「利益・利得」）の間の格差は増大していくのである。しかしすでに「格差原理」の説明において、第11節では「不平等が各人の利益になると無理なく予期しうる」（*TJ*：53, 84）と言われており、また、第13節では「どちらか一方の人の状況がどれほど改善されようとも、他方が利得を得ない限り格差原理の観点からすると何の利得も生じていない」（*TJ*：66, 103）と言われていることから判断するならば、「場合2」もまた、「格差原理」が意味する事態を十全に表現していると考えることはできないだろう。

　それでは、「場合3」についてはどうであろうか。

　ここでは、「寄与曲線」の X の値が、0≦X≦r の間において増加するにしたがって、Y の値も増加している。これは、「裕福な人びと」の「利益・利得」（X）が増加するにしたがって、それに伴い「不遇な人びと」の「利益・利得」（Y）もまた増加していることを表している。X の値が、X＞r になると、これ以降は、X が増加しても Y は減少していく。したがって、グラフ上で言うならば、「格差原理」が成り立つのは、0≦X≦r の間だけだということになる。

　以上のような「格差原理」の理解に対して、亀本の考察（亀本 2012：121-156）は傍証となるものを提供してくれるかもしれない。彼の考察は、ロールズの『公正としての正義　再説』（2001）の内容に焦点が絞られているが、参考となる点が多い。

　亀本は、ロールズの「格差原理」の意味は多義的であると言って、それらを整理している。それによれば、「格差原理」には3つの意味（それらを、「格差原理Ⅰ」「格差原理Ⅱ」「格差原理Ⅲ」と言っている）があり、「格差原理Ⅰ」は「最低所得最大」、「格差原理Ⅱ」は「OP 曲線（「寄与曲線」のこと：筆者）上の点の傾きが右上がり」、「格差原理Ⅲ」は「格差縮小」を表していると言っている。

彼は、「格差原理Ⅲ」については、これが「使用されるのは、きわめて例外的である」から、「とくに断らないかぎり、格差原理Ⅲは考慮の外に置くことにする」と述べている（亀本 2012：132）。

そうすると問題は、「必ずしも両立しないものではないが、場合によっては対立する」（亀本 2012：130）「格差原理Ⅰ」と「格差原理Ⅱ」をどう扱うかということになる。この問題に対して亀本は、3つの対応の仕方があると言う。第1の対応は、両者の意味の離齬は大して問題ではないから、何もせずに放置するというもの、第2の対応は、「格差原理Ⅱを捨て、Ⅰのみで格差原理を理解する」（亀本 2012：131）というもの、第3の対応は、「第2の意味のみで行く」（亀本 2012：133）、つまり「格差原理Ⅱ」のみで行くというものである。このような3つの対応の仕方があることを示したうえで、彼は、第3の対応、すなわち「格差原理Ⅱ」のみで行く対応がよいという。

> この解釈が、ロールズの提示する OP 曲線およびそれに対して彼が与えている
> 説明および意図と最もよく適合するように思われる。　　　　（亀本 2012：133）

このようにして亀本は、最終的には、「格差原理Ⅱ」の意味こそがロールズが意図したものだとする。

（3）「優先主義」による「格差原理」の意義づけ

　亀本からの傍証を得ながら「格差原理」の意味するところを見てきたが、「格差原理」をこのように理解することができるなら、それではこれを、どのように意義づけることができるのであろうか。

　この点を考えるにあたって、パーフィットの論考（Parfit 2002）は、われわれにとってきわめて示唆に富むものである。

　パーフィットもまた、上で見た

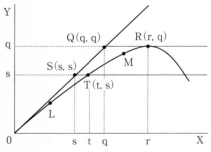

図 10-4　パーフィット解釈のためのグラフ

のと同じグラフを使いながら、ロールズの「格差原理」が指し示すものが何かを明らかにしている（図10-4）。その際彼は、次のような選択問題を出すことによって、ロールズの主張を解明しようとしている。すなわちその問いとは、「〔1〕二人の人が同一のレベルにある場合。〔2〕一人はこのレベル、もう一人はそれより良いレベルにある場合」（Parfit 2002：119）というものである。

　彼はこの問いには3つの答えがあると言う。第1の答えは、「〔2〕は〔1〕よりも悪い」というものである（ただし、この判断は、〔2〕においては、より良いレベルにある人からそれよりも低いレベルにある人への財の移転は行われないという前提に基づいてなされている）。これは、Y=Xの直線上の点S(s, s) と、「寄与曲線」上の任意の点L（ただし0＜X＜tの範囲）を比べることを表している。点Sは、XとYの値がともにsとなり〔1〕の場合を、また点Lは、Yの値がY＜sとなり〔2〕の場合を表している。〔1〕と〔2〕のYに注目すれば、〔1〕のYの値（Y=s）が〔2〕のYの値（Y＜s）よりも大きいので、〔1〕の方が望ましいことになる。この「〔2〕は〔1〕よりも悪い」という発言は、ロールズの「不平等が最も恵まれない人びとに利益を与えないのなら、それは不正である」という主張に与していることを示している（図10-5）。

　第2の答えは、「〔2〕は、〔1〕と同じように良い」というものである。この場合の〔1〕は、Y=Xの直線上の点S(s, s)のXとYの値によって、〔2〕は、「Y

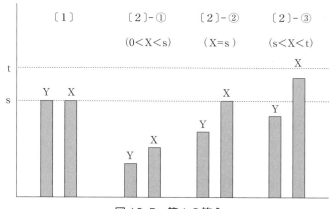

図10-5　第1の答え

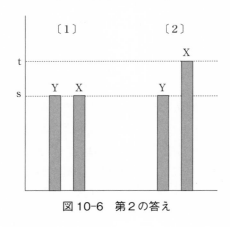

図 10-6 第2の答え

=sの直線と寄与曲線との交点T（t, s）（ただし、s＜t）」のXとYの値によって表すことができる。そうすると、〔1〕のYの値はsになり、また〔2〕のYの値も〔1〕と同様にsになる。このような状況では、恵まれない立場の人にとっては、自分が受け取る財は、〔1〕と〔2〕のどちらの場合でもsであり、どちらでも同じことになるのである（図10-6）。

　　　　第3の答えについては、パーフィットは、「ロールズは、『格差原理は、効率性原理[6]と両立しうる』と書いている。これは、〔2〕は〔1〕よりも良いということを暗示している。〔1〕と比べて、〔2〕はある人にとって良いが、それは誰にとっても悪くはないのである」（Parfit 2002：120）と言うのみである。

　パーフィットのこの言葉は少々わかりにくい。グラフを使って考えれば、次のようになるのではないだろうか。

　ここでは、①と②の2つの場合が考えられる。①は、Y=Xの直線上の点S（〔1〕の状況）と「寄与曲線」上の点M（〔2〕の状況）とを比べる場合である。このとき、〔1〕ではXの値もYの値もともにsである。〔2〕では、Xの値がt＜X≦rの間に、そしてYの値がs＜Y≦qの間にある。したがって、〔1〕（Y=s）と〔2〕（s＜Y）のYの値に注目すれば、〔2〕のYの値の方が大きいので、〔2〕の方が望ましいことになる。

　②は、Y=Xの直線上の点Q（〔1〕の状況）と、「Y=qの直線と寄与曲線との接点R（〔2〕の状況）」とを比べる場合である。ここでは、Xの値が〔1〕ではq、〔2〕ではr（ただしq＜r）となっているが、Yの値はどちらもqとなっており等しい。これは、第2の答えのところで点Sと点Tとを比べたときのパターンと同じように見えるが、ここでの点Rは、「パレート効率点のうちから平等分配（つまり45度線）[Y=Xの直線のこと：筆者]に最も近い点」

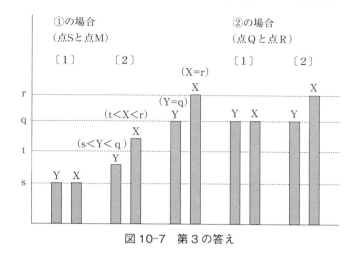

図 10-7　第 3 の答え

（亀本 2012：54）であり、同時にまた「完全に正義にかなっている」（亀本 2012：128）点なのであるから、点 T が表すものとはその意味がまったく違っているのである。このような意味において、②でも〔2〕の方が望ましいと言ってよいであろう。

　以上のように、ロールズの 3 つの答えについて見た後で、パーフィットは、ロールズには首尾一貫しない点があると言い、次のように続ける。

　　この首尾一貫しない点は、実践においては痛手を与えない。しかし、理論の目的にとっては、これらの内どれがロールズの真の見解なのかを問う価値がある。……（略）……ロールズのテキストではそれほどしばしば支持されているわけではないが、第 3 の答えが彼の真の見解であると、私は考える。　　　　　　（Parfit 2002：120）

　第 3 の答えがロールズの真の見解であるとするならば、パーフィットは、この見解をどのように意義づけるのであろうか。彼は、次のように言う。

　　ロールズの中心的な議論を勘案すると、彼の考えは、その内容面において、優先主義の一つのヴァージョンであるに違いない。というのは、優先主義は、相対的なレベルにではなく、絶対的なレベルに関心を向けなければならないからである。格差原理においては、我々は、最も不遇な集団をできるだけ豊かにしなけれ

ばならない。　　　　　　　　　　　　　　　　　　　　（Parfit 2002 : 121）

　このように言って、パーフィットは、「格差原理」に関しては、これが「優先主義[7]」の観点からの解釈が可能であることを示唆している。

　パーフィットがこのように考えるのは、「格差原理」では「不平等が……（略）……最も不遇な人びととの最大の便益に資するように」（*TJ* : 266, 403）という要請がなされているからである。しかし、「最も不遇な人びと」に眼を向けるのは、「優先主義」においては、他者との比較ではなく、「人びとの絶対的なレベルだけを気にかけている」（Parfit 2002 : 104）からであり、「この見解では、我々は、不遇な人びとに優先権を与えなければならないが、それは我々が不平等を減少させなければならないためではない」（Parfit 2002 : 106）からである。

　このような点においては、確かに「優先主義」と「格差原理」との間には共通点があるといってよいだろう。しかし、パーフィットは、「優先主義」を義務論的平等主義との対比において際立たせようとするとき、「優先主義の見解においては、暮らし向きがより良い人びとが多くを失ったとしても、暮らし向きがより悪い人びとの利得の方がそれ以上に重要なのである」（Parfit 2002 : 116）と言っている。この主張は、「格差原理」の内容とは相容れない。これは、「寄与曲線」でいえば、この「寄与曲線」（X＞rの範囲）上の任意の点が、最大値をとる点R(r, q)へ近づいていくことを表している。これは、Xの値が減少し、Yの値が増加していることなのである。しかし、すでに述べたように、X＞rの範囲は、「格差原理」が意味するところを表現したものではない。

　このように、「優先主義」と「格差原理」との間には、共通点もあるが、不一致点もある。しかし、このようにしてパーフィットは、格差・不平等の是認・容認という視点からも財の分配問題に応える方途があるということを示したのである。そしてこのことは同時に、ロールズの「格差原理」を解釈し評価するうえで、「優先主義」は重要な視点になるということをも示したということなのである。

　おわりに

　これまで本章において、ロールズの「格差原理」について見てきた。「格差原理」は、「不平等が……（略）……最も不遇な人びとの最大の便益に資する」ような場合に限って、「社会的・経済的不平等」を容認するというものであった。しかしながらこれは、ノージックに代表されるリバタリアニズムなどの格差・不平等肯定論とはまったく違うものである。

　ロールズが、格差・不平等を容認する論理は次のようなものであった。すなわち、本章でも見たように、「格差原理」が「デモクラティックな平等」の段階において導入されたのは、「平等な自由」や「公正な機会均等」が仮に実現されたとしても、それでもなお残る格差・不平等に対処するためであった。それは、これらが実現されたとしても、依然として「生来の潜在的諸力」「生来の資質・賦存」（*TJ*：64, 100）が富や所得の分配に影響を与えてしまうからである。

　「格差原理」は確かに「不平等」を容認するものであるが、しかし、この原理は、「不平等」を助長し、そのことによって人々を対立・分断へと導くようなものではない。それは、この原理が、「友愛」の理念と密接に結びついていることからもわかる。人々の間にある格差・不平等は、「市民間の友情および社会的連帯」「情操および感情の絆」によって、人々に相互的な利益をもたらすものになるのであり、「最も不遇な人びと」に「最大の便益」を与えるものになるのである。

　このように、ロールズの「格差原理」は、「友愛」の理念の具体化・現実化を目指すものであったが、この原理自体は、格差・不平等を是認・容認していた。そして「格差原理」がこのようなものとして構想されていたからこそ、それは、平等主義に向けられた「水準低下批判」を免れたところで、格差・不平等問題を扱うことができたのである。

　このようにわれわれは、ロールズの「格差原理」の読解を通して、平等主義的な視点からとは違う、格差・不平等を捉えるための新たな視点を得ることが

できたといってもよいのではないだろうか。

注

1)　ノージックは、「ある正しい状態からこの原理（『獲得の正義の原理』と『移転の正義の原理』のこと：筆者）に従った移行を繰り返すことによって実際に生起する状態は、どんなものもそれ自体正しいのである」（Nozick 2013：151, 257）と言っている。スウィフトは、ノージックのこのような主張を次のようにまとめている。

　　　　人々の財産権が尊重されている限り……（略）……どのようなものであれ、分配の結果は —— それが、いかに不平等であったとしても ——、正義に適っているのである。

（Swift 2020：35, 52）

2)　このように言ったからといって、竹内は単純にロールズを平等主義者としてのみ捉えているわけではないことに注意する必要がある。

　　　　ロールズにあっては自由と平等との伝統的な対置が存続しているため、その正義の原理には、平等主義から見れば、不平等主義を肯定するリバタリアニズムと通底しかねない問題がある。

（竹内 1999：157）

3)　このような視点を提示している論者には、スウィフトやパーフィットがいる。スウィフトは、次のように言っている。

　　　　もし「ロールズは平等主義者か」と問うたとすれば、厳密な答えは次のようなものであろう。すなわち、「そうではない。彼は、不平等がもっとも恵まれていない人の利益になるのならば、それを容認するのだし、平等に本来的な価値はないことを理解している」。

（Swift 2020：217, 172）。

4)　宇佐美（2019）は、「水準低下批判」について、次のように説明している。

　　　　水準低下批判とは、不利者の状態を改善することなく、有利者の状態を悪化させることが、少なくとも1つの観点からは道徳的に望ましいことになるという批判である。……（略）……水準低下批判は、純粋平等主義だけでなく多元的平等主義にも当てはまる。ある人が、水準低下は平等と異なる価値をそこねるという理由で、道徳的に望ましくないという最終的判断を下すとしよう。……（略）……それでも、その人が、平等を1つの価値としているかぎり、その観点からは、水準低下が望ましいと認めざるをえない。私たちの多くが多元的平等主義者だとすれば、水準低下批判から逃れられないことになる。

（宇佐美 2019：110-111）

5)　『正義論』の訳文については、翻訳者が「凡例」に次のように記している。

　　　　二、訳文中の（　）は原著者による補足や注記のほか、訳者の判断で適宜加えたものがある。三、〔　〕は、文意や文脈をとりやすくするための訳者による補いであるとともに、簡単な訳注も兼ねている。四、〈　〉は、訳文中の語句や命題を強調するため訳者が括ったものである。

6)　ロールズがここで「効率性原理」と言っているのは、「〈他の人びと（少なくともひとり）の暮らしを同時により困窮させることなしに、ある人びと（少なくともひとり）の暮らし向きが向上するように、経済の配置形態を変更することが不可能な場合にはつねに、当の配置形態は効率的である〉」（*TJ*：58, 92）というものである。

7)　宇佐美は、「優先性説は、個人のあいだの格差を問題にしないで、絶対的な意味でより不利な人ほど、より優先的にあつかいます」と言い、この「優先性説」の定式化は、「より不利な個人がもつ利益ほど、より重視するべきである」というようになされるとしている（cf. 宇佐美 2011：171）。

引用・参考文献

井上彰（2017）『正義・平等・責任』岩波書店。

宇佐美誠（2011）『その先の正義論　宇佐美教授の白熱教室』武田ランダムハウスジャパン。

宇佐美誠（2019）「再分配は平等をめざすべきか」、宇佐美誠・児玉聡・井上彰・松元雅和『正義論　ベーシックスからフロンティアまで』法律文化社。

亀本洋（2012）『格差原理』成文堂。

竹内章郎（1999）『現代平等論ガイド』青木書店。

広瀬巌（2016）（齊藤拓訳）『平等主義の哲学　ロールズから健康の分配まで』勁草書房。

Frankfurt, H. G.［フランクファート］(2015) *On Inequality*, Princeton University Press.（山形浩生訳（2016）『不平等論　格差は悪なのか？』筑摩書房）。

Nozick, R.［ノージック］(2013 [1974]) *Anarchy, State,and Utopia*, Basic Books.（嶋津格訳（2012）『アナーキー・国家・ユートピア』木鐸社）。

Parfit, D.［パーフィット］(2002 [1995]) Equality or Priority? in Clayton, M. and Williams, A (eds) *The Ideal of Equality*, Palgrave Macmillan.

Rawls, J.［ロールズ］(1991 [1971]) *A Theory of Justice, Revised Edition*: the Belknap Press of Harvard University Press.（川本隆史・福間聡・神島裕子訳（2010）『正義論』紀伊國屋書店）。

Rawls, J.［ロールズ］(2001) *Justice as Fairness: A Restatement*, Harvard University Press.（田中成明・亀本洋・平井亮輔訳（2004）『公正としての正義　再説』岩波書店）。

Swift, A.［スウィフト］(2020 [2001]) *Political Philosophy, Fourth Edition*: Polity Press.（有賀誠・武藤功訳（2011）『政治哲学への招待（第 2 版）』風行社）。

┃コラム 5┃ コロナ禍におけるジェンダー平等の問題

　2020 年は、新型コロナウイルス感染症という未知の脅威が全世界を襲い私たちの日常が転換を余儀なくされるという不測の事態に陥った年であった。新型コロナウイルス感染症予防のため、各国がロックダウンを行ったり、外出制限を加えたりなど、これまでに経験したことのない景色が目の前に広がった。これによって、えも言われぬ恐怖と、先が見えない不安に駆られた人も少なくないだろう。

　こうした予期せぬ出来事や災害が起きたとき、その被害はすべての人に同じように広がるかというと、決してそうではない。予期せぬ災害の被害は、社会にあった不平等がさらに悪化した形として現れ、既存の格差や差別によって不平等に分配されていくのである。したがって、このたびのような未曾有の事態が起きたときにこそ、社会の不平等や格差によってどのような人々が包摂され、他方でどのような人々が社会的に排除されることになるのか、多角的に私たちの社会を眼差すことが重要になる。

　この視点で日本社会を捉え直すと、コロナ禍によりすでにあるジェンダーによる格差がますます浮き彫りになったといえる事態が多々発生していることがわかる。

　例えば、国民 1 人に一律 10 万円を給付する「特別定額給付金」では、その給付の仕方について深刻なジェンダーの問題が生じた。特別定額給付金は、個々人ではなく、世帯主が受給権者となったのは周知の事実である。もし、世帯主によって家族成員に DV や虐待が行われている場合、DV や虐待の被害者の手に果たして特別定額給付金は無事に渡るのだろうか。家族（世帯）をある一定の固定的なイメージでしか見ないことにより、さまざまな事情や状況を抱えたそれ以外の多様な人々が、見事に救済の仕組みから排除されてしまうことになるのである。

　特別定額給付金のこの問題については、支援団体が声を上げたことによって運用段階での改善が行われるに至ったが、それ以外のコロナ関連対策についても、その対策が果たして人々や家族の多様なありようを果たしてきちんと捉えているのか、常に敏感な視点を持って見ていく必要がある。外出制限により児童生徒が全国で一斉に自宅待機を余儀なくされたときも、政府の対策は各家庭に必ず専業主婦（主夫）がいるものだという前提で進められてはいなかっただろうか。西村康稔経済再生担当相が BS のテレビ番組で、コロナ禍で休業中のキャビンアテンダントに職種を特定して防護服（医療用ガウ

ン）の縫製を要請するような発言をしたこと[1]についても、SNSを中心に批判が相次いだのではなかったか。

　このように、性別特性論を前提に維持されている日本社会の諸問題が、コロナ禍によって、今日、いっそう浮き彫りになっている。社会公正の問題として、「生きる」という根源的な問題として、これらのことは決して他人事ではない。

　世界経済フォーラムが2019年12月に発表した「ジェンダー・ギャップ指数」では、日本は153各国中で121位と過去最低を更新した。ジェンダー・ギャップ指数とは、経済・教育・健康・政治の4分野について、世界経済フォーラムが各国の男女間格差を算出し、ランク付けしたものである。日本の121位というこの順位は、いわゆる先進国の中で最低である。コロナ禍における先述のような政府主導の取り組みは、残念ながら、この121位という順位が日本社会のまぎれもない現実だということをわれわれに十分に納得させる出来事だったように思われる。

　自己と他者の尊厳を大切にしながら豊かに生きていくためには、性の決めつけであるジェンダー・バイアスに気づき、その問題を考え続けることが重要である。コロナ禍の今だからこそ、社会のあらゆる領域において、これまで以上に、ジェンダーの決めつけに敏感に気づく「ジェンダーに敏感な視点」が欠かせない。

注
1)　例えば、次のような記事が確認できる。
　　朝日新聞デジタル「ANAのCAらが防護服の縫製支援か　時代錯誤と批判も」2020年4月9日、https://www.asahi.com/articles/ASN493QMQN49ULFA00H.html、2020年10月13日アクセス。

（木村　育恵）

コラム 6 新型コロナウイルスが止めた世界の往来

2019 年に日本を訪れた外国人旅行客数は史上最高の 3,188 万人に上った[1]。

東日本大震災のあった 2011 年、622 万人だった外国からの訪問客は 2 年後に初めて 1,000 万人台に達し、さらに 2 年後の 2015 年には出国日本人数（1,621 万人）を上回る 1,974 万人へと倍増、2018 年に 3,000 万人の大台に乗せていた。

この勢いが持続すれば、東京で夏季オリンピック大会が開かれるはずだった 2020 年には 4,000 万人台が見込まれていたが、新型コロナウイルスの爆発的な世界蔓延によって、年間 400 万人台へと、目標数値の 10 分の 1 規模に激減することとなった。欧州由来のウイルスが日本全国に拡大する中、政府が外国からの入国をほぼ全面的に禁止したからである。

日本人の出国者数も、政府による渡航中止勧告によって激減した。2020 年は 317 万人で、過去最高の 2,008 万人[2] だった前年より 8 割以上も減った。

諸外国も同様に入国禁止措置を取ったことから、地球的規模で人々の往来がストップしてしまった。

航空会社の国際線運航は軒並み減便や欠航に追い込まれ、低料金が売りだった LCC（格安航空会社）はどこも大打撃を受けた。あれほど盛んだった外国旅行はすっかり影をひそめてしまった。IATA（国際航空運送協会）は 2020 年 7 月末、航空需要がコロナ禍以前の水準に回復するのは 2024 年になるとの見通しを発表している。

函館校でも春、秋に予定していた海外スタディーツアーが実施できなくなってしまった。留学していた学生は帰国を余儀なくされた。このままコロナ禍が衰えなければ、若い人たちが外国を訪れる機会が失われてしまう。

アメリカでは、感染者数が 1,000 万人近くに膨れ上がり、死者が 25 万人にもなろうかという中で大統領選挙が行われ、現職のトランプ大統領を破って当選確定者となったバイデン前副大統領は、ただちにコロナ対策委員会を立ち上げて万全の処置を講じると明言した。

同時期、パンデミックの猛威はとどまるところを知らず、米ジョンズ・ホプキンス大学の集計によると、世界全体の感染者数は 11 月 8 日に 5,000 万人を超えた。4,000 万人に達したのが 10 月 19 日だったから、1 日 50 万人ずつ増えた勘定となる[3]。

欧米に比べると、東アジアでの感染は少ない方だ。欧州に襲来したコロナ第 2 波が 1 週間で 170 万人の新規感染者を出した 11 月初めの時点で、日本

の感染者数は 10 万人強（死者約 1,800 人）、中国は感染者数が 8 万 6 千人（死者約 4,600 人）、韓国は 2 万 7 千人（死者約 470 人）、台湾 570 人（死者 7 人）である。欧米との差は、政府の初期対応やウイルスの型の違い、さらには人々の行動様式や遺伝子の違いに起因するとみられている。

　訪日外国人数を押し上げてきた原動力は、実は東アジアの中産層である。中国、韓国、台湾、香港からの訪日客だけで全体の 7 割を占めてきた。

　こうした地域とのビジネス客の往来は、コロナ感染の状況を注視しつつ、制限が緩和されたりもしている。対象が一般旅行者にまで広がるのかどうかは、しばらく注視するほかあるまい。

　外国を訪れて、日本とは異なる文化、社会に身を置くことは、さまざまな効用をもたらす。「違い」を皮膚で感じ、意識することは、ものごとを考えていく出発点にもなる。異質なものに出くわして刺激を受け、自分や日本社会を見つめなおすきっかけになることも多い。感性の鋭い青年期であれば、なおさらである。

　自由な渡航の再開される日が遠くないことを願っている。

注
1)　日本政府観光局（JNTO）の「年別　訪日外客数、出国日本人数の推移（1964 年 -2019 年）」による。
2)　同上および JNTO「2021 年　訪日外客数・出国日本人数」（2021 年 2 月 17 日発表）。
3)　米ジョンズ・ホプキンス大学の集計では、感染拡大のペースはその後も衰えを見せず、世界の感染者数は 11 月 26 日に 6,000 万人、12 月 10 日に 7,000 万人、12 月 26 日に 8,000 万人を超え、変異株も確認されて、2021 年 1 月 27 日にはついに 1 億人（死者 215 万人）に達した。

（山岡　邦彦）

第3部

シンポジウム

1. 概　　要

　北海道教育大学函館校の第3回国際地域研究公開シンポジウムが、2020（令和2）年10月9日、第14講義室で開かれた。「国際地域研究の発展 ― 世界を呼び込む地域へ　世界に挑む地域を ―」をテーマとした今回のシンポジウムは、新型コロナウイルス感染の拡大防止の観点から、Zoom利用による初のオンライン開催となった。会場と一般参加者を結ぶネットワークが途中トラブルに見舞われ、中継が一時中断するというアクシデントもあったが、盛況裡に終了した。

　シンポジウム第1部は、蓑 豊 兵庫県立美術館館長・金沢21世紀美術館特任館長による基調講演「都市文化におけるミュージアムの役割」であった。蓑氏は、子どもに一生忘れられない場となるのが美術館・博物館であり、ミュージアムには街と人々の生活を豊かで創造的なものに変える大きな力があると指摘した。「やればできる、やらなければできない、この一言で今日までやってきた。ビジョンを持てば必ずそれをやり遂げる、これをずっと実現してきている」と述べて、ビジョンを持ち実践することの重要性を強調した。その活躍ぶりは『超・美術館革命 ― 金沢21世紀美術館の挑戦』（角川書店）などの著書に詳しいが、100枚以上の画像を提示しながらの多面的かつビジュアルな講演は、今後の国際地域研究にとって、重要な示唆に富むものとなった。

　第2部の連続講演では、長尾智絵准教授（函館校）が「函館とハリストス正教会の音楽」、菅原健太准教授（函館校）が「ビジョンと動機づけの維持：英語教育への示唆」、そして宇田川耕一教授（岩見沢校）が「地域と大学をつなぐアートマネジメント ― 万字線プロジェクトが拓く新たな地平 ―」について、それぞれの視点からテーマに沿った研究発表を行った。

　第3部のパネルディスカッションでは、蓑豊氏と宇田川耕一教授、松浦俊彦教授（函館校）が登壇し、「世界を呼び込む地域へ　世界に挑む地域を」をテーマに、コロナ禍で顕在化した課題とは何か、地域活性化の取り組みに何が必要かなどを議論した。パネリストからは「改めて自分の住む町の魅力を再発

見するときだ」「自分たちの資産がどれだけの価値があるのか、今は見つめ直す時期にある」などの見解が示された。長期的な視野を持ちながら前向きに取り組む気概の必要性、人材養成における大学の役割の重要性について、改めて認識させられる議論の場となった。

　今回のシンポジウムは『北海道新聞』[1]で紹介された。

　これまでのシンポジウムの内容は、北海道教育大学函館校国際地域研究編集委員会編『国際地域研究　Ⅰ』『国際地域研究　Ⅱ』（大学教育出版）に収録されている。

　今後も函館校は国際地域研究をさまざまな角度から推進していく所存である。

Zoom で行われたシンポジウム基調講演全景

注
1)　『北海道新聞』2020 年 10 月 7 日（水）、第 17 面「函教大が 9 日に地域活性化考えるシンポ」。

〔シンポジウム　ポスター〕

公開シンポジウム
「国際地域研究の発展 ― 世界を呼び込む地域へ　世界に挑む地域を ―」
プログラム

日時：2020 年 10 月 9 日（金）13：00 ～ 16：15
場所：北海道教育大学函館校第 14 講義室　　オンライン開催
主催：北海道教育大学函館校

13：00- 13：05	開会挨拶：蛇穴　治夫（北海道教育大学長） 開会にあたって：五十嵐　靖夫（北海道教育大学函館校キャンパス長）
13：05- 14：05	基調講演：「都市文化におけるミュージアムの役割」 蓑　豊（兵庫県立美術館館長・金沢 21 世紀美術館特任館長）
14：05- 14：15	休憩
14：15- 14：30	講演 1：「函館とハリストス正教会の音楽」 長尾　智絵（北海道教育大学函館校）
14：30- 14：45	講演 2：「ビジョンと動機づけの維持：英語教育への示唆」 菅原　健太（北海道教育大学函館校）
14：45- 15：00	講演 3：「地域と大学をつなぐアートマネジメント ― 万字線プロジェ 　　　　クトが拓く新たな地平 ―」 宇田川　耕一（北海道教育大学岩見沢校）
15：00- 15：10	休憩
15：10- 16：10	パネルディスカッション「世界を呼び込む地域へ　世界に挑む地域を」 　蓑　豊　　　　　（兵庫県立美術館館長・金沢 21 世紀美術館特任館長） 　宇田川　耕一　　（北海道教育大学岩見沢校） 　松浦　俊彦　　　（北海道教育大学函館校） 　コーディネータ：山岡　邦彦（北海道教育大学函館校）
16：10- 16：15	閉会挨拶：木村　育恵（北海道教育大学函館校キャンパス長補佐）
司会	林　美都子（北海道教育大学函館校）

2. パネルディスカッション
「世界を呼び込む地域へ　世界に挑む地域を」

パネリスト（発言順）
　蓑　豊　　　　　（兵庫県立美術館館長・金沢 21 世紀美術館特任館長）
　宇田川耕一　　　（北海道教育大学岩見沢校教授）
　松浦　俊彦　　　（北海道教育大学函館校教授）
コーディネータ：山岡　邦彦　（北海道教育大学函館校特任教授）

山岡：シンポジウム最後のパネルディスカッションでは、「世界を呼び込む地域へ――世界に挑む地域を」をテーマに、3 人の先生方といろいろ話し合ってみたいと思います。つまり、「地域が元気になるためには、どうしたらいいか」について、お話を伺っていきます。

　ご存知のとおり、今日の日本は少子化が進み、人口はすでにピークを過ぎて減少に転じています。若い人が減り、生産人口が減って、生産性を向上させない限り、税収の伸びはもはや期待できません。一方で、総人口の 3 割近くが 65 歳以上の高齢者となり、世界で最も早く超高齢社会に入った日本では、社会保障費は増加の一途をたどっています。現状を維持していこうとするなら何か工夫が要る、そういう時代に入りました。

　これからの社会を考えると、地域社会を活性化していくことは喫緊の課題と言えるでしょう。「地域の活性化」と一口に言ってもさまざまですね。私たちがいる北海道の南あるいは東北地方では、都会へ流れた若者たちをどうやって地元に呼び戻すことができるのか、元気を失ったこの町をもう一度再生していくためにはどうすればよいのか、ということです。日本もまた、世界の中の一つの地域ですね。世界全体の中で日本はどうあるべきか、というような観点も欠かせません。

　まず、現状をどう見るかですね。どういう問題意識を持っておられますか。

　最初に、蓑先生にお話を伺いたいと思います。先生は、30年近く、北米で活動していらっしゃいましたね。日本では、大阪、神戸、金沢でお仕事をされています。そういう体験を踏まえて、今、先生はどういうところに関心をお持ちですか。

蓑：このコロナ禍で、今までに経験したことのないことが起きています。これだけ長い間生きていて初めての経験ですし、解決策について、誰一人明確に答えを出してくれる人はいないと思うのですね。まだまだコロナ禍は続くと思いますし、いくらワクチンができて収まるとはいっても、私はそんなに期待していないです。コロナ禍の状況から逃げることができ

蓑　豊　先生

ない、これが一番つらいですね。私は子どもが2人いますけれども、2人ともアメリカ在住ですが、彼らに会いにアメリカにも行けませんし、ヨーロッパにも行けません。日本国内でもやっと、1週間前に6カ月ぶりで東京へ行きました。それまでずっと住まいの大阪と職場の神戸を往復するのみでした。

　とくにわれわれのように、美術館の仕事をしていますと、根本的にこれから学芸員の教育も変えないといけないと思います。以前までの日本の美術館でのいろいろなブロックバスターの展覧会、しかも外国でもなかなか見られないような展覧会が日本のどこかで必ず開催されていた状況を取り戻すことは不可能だと思いますし、作品を外国から借りてくること自体、難しいと思います。一番大事なのは、今自分たちができることをすること。今、兵庫県立美術館の館長をしていますが、兵庫県立美術館が持っている作品をいかに日本の人たちに見ていただき、それを理解していただくか。こんなにすごいものが日本にあるんだということを、われわれ自身、学芸員がもう一度、自分の館のコレクションを見直していく時期に来ていると思います。

　それをやるには、もちろん世界を知らないといけません。当館の場合は、

「具体」の作品を世界で最も多く所蔵していて、海外でもすごく注目を浴びてきています。しかし、「具体」は日本で結成された団体ですが、なぜこんなに人気が出てきたかということが日本であまり知られていないと思うんですね。外国人が見て、日本で創られたということに皆びっくりしていますし、日本の人たちもびっくりしているんですけれども、それをもっともっと世界の人たちに日本から発信していかなければいけない。外国人に求められて発信するのではなくて、われわれ自身がもう一度見直していく時期に来ていると思います。

　美術館というのは、常に動いているものですし、もちろん、過去・現在・未来がなければ美術館は成り立たないと思うので、それについてもっともっと勉強していかなければいけないなと、今、つくづく感じております。

山岡：美術館にも新型コロナ感染拡大は大きな影響が及んでいるのですか。

蓑：はい。もちろん、コロナ禍以前は、見たい人が列を作って1時間でも2時間でも並んで見に来ていました。今はそういうことはできない。やっとお触れが出て、1時間に100人になり、150人になり、今は200人まで入館してよいということになっているのですけれども、よっぽど魅力のある展覧会を創っていないと人は来ないと思うのですよ。

　われわれ自身、実際にクリエイティブにならないと。残念ながら今まで、そういう訓練をしていないわけです。ただ有るものを見せればいいのではなくて、どうしたら人が来て、その作品を見てくれるか。もっと根本的にやり直さないといけないので、これは大変なことだと思います。日本の美術館の多くは、とくにこれまで、あまりにも新聞社、テレビ局に展覧会企画も広報も任せっきりでしたから。今、日本の美術館が各館だけで、以前までのようなブロックバスターの海外展をやれるかといったら、100％できないと思います。そういうコネクションもなければ、新聞社やテレビ局の力のおかげでこれまでやってきたわけですから、そのノウハウも全然知らない。だから、このノウハウを大学のときから教えていかないといけない。学芸員資格だけでは、展覧会も何もできないと思います。そういう現状です。

山岡：美術館の展覧会も、従来のやり方では通用しなくなっている、コロナの

感染拡大で、時代が変化を迎えているというお話でした。

　それでは、今度は北海道教育大学岩見沢校の宇田川先生に、コロナ禍に見舞われた今、どういうところを注視しておられるのか、伺ってみましょう。

宇田川：まず、今、蓑先生がおっしゃった人材育成のことですよね。私は、新聞社にいたのですよ。先ほど、ちょっとお話ししたように毎日新聞にいました。で、文化イベントとか、あと、広告事業とかを担当していました。

　要するに、社会人になってから、その部署に配属されて、いきなりそういうことをやらされていたという状態です。私もそうなのですよね。結局、入社したときにそういうこと

宇田川　耕一　先生

を考えて入社したわけではなく、もともと私はアートが大好きだったので、これ幸いとそっちのほうに行けたのですけれども、大学のときにそれをやっていたらと思いますね、ほんとうに。

　山岡先生から言われたコロナをどう見るかということに関して、私の考えを申し上げますと、すでに始まっていた危機がこのコロナによって表面的に現れてしまったということだと私は認識しています。

　今言った人材育成のこともそうです。コロナがあったから、「あ、人材そろってないな」ということがわかったのです。今、蓑先生が「新聞社任せだ」とおっしゃいました。新聞社に入った人間は確かにそういうことはすべて新聞社で教わりました。それも実際にやりながらです。仕事が目の前に来ますからね。だから、「チケット売らないといけない」と始まるわけですよ。会場を押さえないといけないとか。それを一から学ぶのです。だから、一人前になるのにものすごく時間がかかります。これはおかしいですよね。初め

から大学というのはそのためにあるはずです。まさに蓑先生がおっしゃった
エデュケーションの場のはずなのですよ。でも、そうではありません。こう
いった問題がコロナによって表に出てきました。

　あともう一つ、前から起きていたことだと思いますが、リモート化です
ね。リモート化というのは、今、初めて、コロナで Zoom とかを使い始め
ました。Zoom はもっと昔からあったわけです。そしてテレビ会議などもす
でにやっていました。あれなどは、コロナが来る前からやっていたのでしょ
う？　その存在は十分に知られていましたよ。それがコロナによって急に光
が当たって、「あ、こんなことができるのか」などと驚いている人が多いで
すけれども、そんなことはないのです。もうやっていたのです。ただ、それ
が有効に使われていなかったというだけだと思います。

　そう考えると、私は、コロナというのは「千載一遇のチャンス」――と
言うと言い過ぎかもしれませんが――もう一回足元を見つめ直すための何
か啓示的なものではないかというように感じています。

　あと、もう一つ言わせてください。私の研究分野はクラシック音楽なの
ですけれども、今、オーケストラは壊滅的です。壊滅的ですけれども、一
つだけいいことがあるとしたら、日本人の指揮者にこれだけ有能な人がいっ
ぱいいたのだということが明らかになったことです。つまり、指揮者が外国
から来られないでしょう。だから、当然、今、日本人の指揮者の出番がすご
く多いのですよ。そうしますと、札幌交響楽団にも次々と日本人の指揮者が
現れます。「あ、そういえば、この先生もいたな、この指揮者もいたな」と、
これは再発見ですよ。

　だから、今、蓑先生がおっしゃった、自分たちの持っている資産がどれ
だけの価値があったのかというのを見詰め直すという、ちょうどいい機会を
神様が与えてくださったのではないかなというようなことを私は思ったり
もしました。

山岡：どうもありがとうございます。自分たちが持っている資産を見つめ直す
　機会が与えられているというご指摘でした。

　それでは、松浦先生、ご意見をお願いします。

松浦：コロナによってどうなったのか —— まず、パンデミックによって人々の新しい暮らし方とか生き方というものが求められたのだということです。ですから、宇田川先生がおっしゃるとおり、今まであったことが顕著化して、「ああ、そういうことを変えなければいけなかったのだよな」ということが加速して「変わっていかなければいけない」となりま

松浦　俊彦　先生

した。やはり新しい時代、新しい暮らし方というのを現実直視させられているということなのかなと思います。

　一番大きいのは、私もそうですけれども、この6カ月間、出張に1回も行っていません。とにかくどこにも行っていないのです。では、だめかと言われたら、決してだめではなかったということもわかりました。「わざわざ行かなくてもいいではないか」ということがたくさん経験できました。

　一つは、学問です。私は、学術的な学会とかもオンラインでやっていて、自分は発表もできたし、いろんなところも見られました。あるいは、例えば東京の大学のコンソーシアムで研修会があって、「あっ、これはおもしろそうだな」という案内があったら、オンラインで申し込んでZoomで見られるので、意外といろんな知識を学べたなと思っています。

　だから、移動する時間を省くことができて、自分の時間ができ、また、自分の興味があるものに対して、その時間を費やすことができました。それは、つまり、お金がかからないのですから、これはちょっといいものだなというのをまず一つ感じました。

　一方で、人と会わなくなりました。それによって何が起きたかというと、雑談が減りました。「ああ、これ、こうだったね」というちょっとしたコミュニケーション、それが薄れていて、今、肌身で感じるということが非常に少なくなってきたなと思っています。

　この間、東大の先生が、学生さんが試験の日を間違ったりとか、あるいは提出締切りを間違ったりするケースが急激に増えたと言うのですよね。どういうことかと分析をしたら、講義室に来て、「あ、明日、何とかだったよね」とか、「来週、こうだったよね」という、ちょっとしたコミュニケーションで、人々はそれなりにいろいろ情報を交換して、周辺情報をうまく呼び寄せて、正しい方向に進んできたらしいのですけれども、今は集団としての力がなかなかそういうのをできなくて、周辺情報を伝達しにくいという状況があるということがわかりました。肌身で感じるということが減ってきているということです。

　あとは、先ほど発表された菅原先生の話にもありましたが、モチベーションを上げにくくなったのではないかなと思います。多分、すごく興味のあることに対してはすごく集中できるようになりました。それも安くできるのです。一方で、人間は必ずしもすべてに興味があるわけではありませんから、そこを集団の力で何とかモチベーションを上げていって頑張って取り組んできたというところが若干弱まっているのかなと思っています。

　これは格差というべきなのかどうか、ちょっと私にはわからないのですが、今、みんなで頑張ろうという雰囲気を、本来は出せたものに対して、顕著に出せるものと、なかなか出せないものというふうに、その中でも二極化しているような状況があるのかなと私としては捉えています。

山岡：どうもありがとうございました。コロナ禍という現実がつくり出している状況について、松浦先生はメリットとデメリットの両面をご指摘されました。メリットとしては、Zoom を通じたオンラインでいろいろな知識が吸収できるし、移動することがなくなって浮いた時間を、そういうところに費やし、自分の興味あるもの、関心のあるものに集中す

山岡　邦彦　先生

ることができるということです。

　他方、デメリットは、普段の暮らしから、人々との触れ合いがなくなった結果、実際の接触を通じて得られていた情報が失われてきているというご指摘でした。

　確かに、国内はもとより、日本と外国との人の交流、移動がなくなってきました。これだけ国際社会から人々の移動がバタッと消えたことは、近代以降を振り返って、果たしてありましたかね。まったく新しい状況が生まれています。これが、どのような影響を及ぼしていくのかという点をちょっと掘り下げていきたいと思います。まずは、ご自身のお仕事、暮らしの生活圏の中で実際に体験しておられることをお話しいただけますか。

　では、宇田川先生からお願いします。

宇田川：私は、どちらかといえばポジティブ人間で、あまり物事を問題点とは捉えない方なのですよ。何でもチャンスに見えてくるというのは、どうしてしまったのでしょうね。

　ただ、問題点と言えば言えないこともないということでいくと、今、まさに山岡先生がおっしゃったインフラ、交通系がずたずたになったということがありますよね。私は、JR北海道に勤めている知り合いが多いのですけれども、壊滅的な感じ、もう人が乗ってくれないという話を耳にします。特急なんか、私も、昨日、札幌から来ましたけれども、がらがらですよね。これが痛いですね。これは本当に深刻な問題だと思います。ただ、松浦先生が先ほどすごくいいことをおっしゃいました。「無駄な移動が多かったと気づいてしまった」──そのようなことがありますよね。

　だからこそ、これは深刻なのですよ。結局、では、もう緩和されてきたから元へ戻るかというと、私は、戻らないと思います、いろいろな面で。いろいろなところで問題がはっきり見えてしまったので、今さら元には戻れないのです。ただ、JRさんにとっては深刻なのかもしれません。出張ということ──「こういう移動が本当に必要なの？」というようなことになりますとね。私は、でも、本当にこういうことが必要だと思いました。一つは、Zoomの予算ができたのです。私は、函館に大変親しい方が多くて、そ

の方々の顔を Zoom で見ることができました。先ほどのあれですよ、コミュニケーションがとりたくなって、もう飢えているわけですよ、コミュニケーションに。そういうことはあります。

　それから、先ほど申し上げたように、私の研究は音楽なのですけれども、オーケストラなんか致命的です。生演奏で、先ほど糞先生から聞かれていた金管楽器なんて吹いたら唾が飛びますからね。合唱もそういうことが多いですよ。私が勤務しているのは岩見沢校で、音楽文化専攻というのがあります。そこでは、今、授業をできるだけ、対面で実施していますが、中には遠隔で Zoom で楽器の指導をしている場合もあります。冗談みたいな話ですが、できちゃったりするのですって、ある程度までは。でも、遠隔では本当に微妙なところが伝えられないそうですよ。そこのところが見えてきたということではないでしょうか。

　ハイテク、テクノロジーが進んでも、結局のところ、同じ空気を吸う、同じ空間を共有しないことには伝わらない暗黙知の部分というのが残るのですね、最後まで。どんなに切り落としても。

　だから、私がオーケストラの皆さんに言っているのは、チャンスだと、みんな気がついているということです。結局、いったんは、世界のオーケストラが YouTube で見えたりして、すごくみんな発信しているから、何かいいじゃない、聴きに行かなくたって。

　絵もそうですね。「いや、これだけ絵もデジタルアーカイブすれば、それでいいじゃないか」という意見もあるでしょうが、やっぱり見なければだめなのですよね。行って、名画を見て、アッと思う。それから、音楽をやっぱり生で聴いて、アッという。結局、生で経験するということで、その魅力がはっきりと浮かび上がってきたのです。だから、「それがチャンスだ」みたいな、そのように考えています。

山岡：では、今度は松浦先生、お願いします。

松浦：直面している問題というと、まず私の身近なところで言うと、移動の制限です。海外に行けなくなって何が起きたかというと、私の研究室に留学生が 2 人いたのですが、まず 1 人目のガーナ人が帰れなくて、本当は 3 月に

帰る予定がゴールデンウイークを過ぎ、7月まで日本にいさせられました。ガーナ政府のチャーター便を用意してもらって、ようやく出国できました。その彼も大変だったのだろうけれども、準備する私たちもすごく大変だったなと記憶しています。

　もう一人、今、フィリピン人のポスドク（博士研究員）が私の研究室にいるのですが、フィリピンに来週ようやく帰れることになりました。これもまた、今、フィリピン航空が大きなリストラをするので、予約していた便がどんどん運休になっていって、「あの飛行機がリストラで運休になりました」とか言われて、全然飛行機が飛んでいないという状況らしくて、とにかく移動することが難しいというのが現状です。

　先ほど、宇田川先生のJRが大変だというお話でしたが、交通機関の会社さんとかはやっぱり厳しいのでしょうね。それがどこに直結したかというと、私は、今、就職担当の責任者をやっています。これまで、国際地域学科で一番就職先が多かったのは交通インフラ系の会社で、航空会社や旅行代理店でした。けれども、今年はこういったところから軒並み採用中止という通知をいただきました。

　国際地域学科と銘打っているので航空会社などに非常にたくさんの学生を採用していただいていましたし、また、それを売りにして高校生にPRしていたのですが、きっとしばらくそれは無理だなと思っていて、学生さんは本当にかわいそうだなと思っています。そういったところを目指していた人がたくさんいます。それを実現させてあげられなくなる時代が来るのだろうかというのが、大学人としてはすごく残念だなと思っています、学生さんが国際とかを学んできたものを生かせる職業を、また開拓してあげなければいけないのかなというのが、今、大学人として持っている問題です。

山岡：ありがとうございました。

　蓑先生は、コロナ禍がどういう影響を及ぼしているとお考えですか。

蓑：あまりいい話ではないのですが、私も6カ月ぶりに、1週間前に東京に行ってきたのですが、感染予防という点では、本当に空いていて安全なのですけれども、人がいない。あの巨大な新幹線で、これはもう何千億という赤

字になるというのがすごくわかるし、あれだけのスピードで電車を走らせ
ていて、10分間隔とか5分間隔で電車があるのに全然人が乗っていないの
です。

　銀行だって人が要らないわけですから、カットされていくと思います。
それで今度、誰が仕事を創り出すのでしょうか。山岡先生も、日本の人口が
どんどん減っていくとおっしゃいましたが、この先50年を考えて、日本人
はやっていけるのかなと思います。

　私は美術館長ですので、作品の実物を見ないわけにはいきません。画面
上だけで見ていてもどうしようもないわけで、作品が実際に見られないとい
うのは大変大きなダメージです。美術館学芸員が収蔵庫で、今まで見たこと
もないようなものを勉強することも大事だと言いましたけれども、そういっ
たいわゆる本格的な勉強がこれからできるか、それをすごく私は危惧してい
ます。あまりにも内向きの美術館になるのは怖いし、私自身、明確な答えは
ないのですが。一番のダメージは、仲間に会えないこと。やっぱり仲間に
会ってこそ、刺激ももらえるし、また新しいアイデアも出てくる。実際に会っ
て顔を見ながらいろんな話をすることでアイデアが出てくるので、それはな
かなかZoomでも電話でも成しえないと思うので、それがこれから一番恐
ろしいなと思います。

山岡：コロナ禍によって、さまざまな往来がなくなり、本物に触れる時間や、
　人に会う機会が極端に減ってきていますね。オンラインが果たしてどこまで
　代用できるのでしょうか。現実に触れ合って、生身の人間と対面してコミュ
　ニケーションをとってきた、それが制約され続けていくと、どのような未来
　になっていくのか、そういう不安も当然出てくるかと思います。

　とくに、経済の打撃です。かなり深刻だということは、皆さん、ご指摘
のとおりです。

　たとえば、今まで格安の航空機などを使って、若い人たちは積極的に、
気軽に外国へ行ける時代になっていました。ところが格安航空機の業界に
は、今、大きな嵐が吹いています。立ち直れないところは消えていくしかな
くなります。

　そうなると、便数は減るであろうし、航空料金も高くなるでしょう。限られた人しか利用できないとなれば、外国との往来は減るしかないですね。日本にはたくさんの外国人がやってくるようになっていましたが、一番の不満は公共交通機関の料金の高さでした。5分間隔、10分間隔で運行する日本の新幹線はすばらしいものですが、今のような状況が続くなら、これとていつまで維持できるのかわからなくなりますし、料金も値上げは避けられないでしょう。利用客から見てもちょっと心配な状況になっていますよね。

　ただでさえ、地方の都市は元気がなくなってきています。そこへ、コロナ禍は追い打ちをかけるのではないか――こうした点について、どういうふうに見ておられるのかというのを伺ってみようと思います。

　では、地元の松浦先生から……。

松浦：都会へ人が流れていくというのは、そういう現実なのだなあと思っているのですが、一方で、今、地域、地方というのが見直されているというのも一つはあるのかなと思います。

　ポジティブな話をちょっとしてみたいのですが、私は就職担当をやっているので、いろいろな会社の皆さん方にいろいろな状況を教えていただくのですが、最近、一番多いのは、引っ越しを伴う転勤をみんな嫌がるという話です。大手企業も例外ではなくて、大企業、全国展開をしている会社は、転勤を命じにくくなっているようです。確かに、都会に一回人々が住んで、そこから、例えば東京から函館に転勤だと、今、命じにくいらしいのですよ。断るとか、さらには転職してしまうとかされることが多いそうです。そういうことで、転勤によって人材を抱え込むことができないという問題があるらしいです。

　それで、今、うちの大学に一番多い相談は何かというと、「函館出身の人はいないですか」です。金融系や有名な大手企業などからそう聞かれます。全国展開しているところは、どうしても営業所、支店が函館にもあるわけです。けれども、そこに何年か一度の転勤を命じにくくなっているのだということです。東京から行けないならば、函館出身の人を採用して、函館に長くいてもらえばいいという戦略に、今、変えているということを言ってい

す。

　首都圏の大学は確かにキャパが大きいのだけれども、その中から函館出身の人を選び抜くというのは確率的には難しいので、それを函館校に行って、函館出身の人はいませんか、あるいはもうすでに皆さん、函館に住んでいる方々だから、一度住んでいるから、そのままここに就職しませんか、というのは誘いやすいので、ぜひとも函館校から函館に住んでもいいという人を紹介してくださいというのが、今、非常に多いですね。

　ちょっと前までは大企業にそういう考え方はなくて、学生さんの選択肢はほぼほぼほぼ公務員でした。地方公務員です。そこに住んで転勤しなくていいところが、給料を考えると地方公務員ばかりだったからです。今、実は、民間の結構いい大手企業が、「転勤なしで、このぐらいの給料で、このまま長く住み続けてください。キャリアアップもできます」というのを、今、どんどん打ち出していますね。

　そこで困ったのは、函館校には、函館出身の学生が10％ぐらいしかいないことです。意外と少ない。「どうしよう」と思いながらも、今、学生さんには、「一回住んだことがあるから、住み続けない？」ということを頑張って言おうかなと思っています。

　代表事例は、私自身です。私も札幌生まれですけれども、大学は函館に来て、巡り巡って函館に定住しましたので、私を一つのモデルケースとして、「函館で仕事がもしあれば、ここで活躍し続けられるよ」と進めてみようと思います。それが、今、大きな企業も含めてニーズがあるので、地方を見直す良いきっかけなのかなと思っているのが最近の考えです。

山岡：とてもポジティブな話をしてくださいました。岩見沢ではどうですか。

宇田川：岩見沢の場合は、現在、岩見沢の市役所に入る学生が増えていますね。ちょっと函館とは状況が違うかもしれません。人口は8万という町ですから、土台が少ないので、ちょっと難しい。産業もそうないですし、今、岩見沢が打ち上げているのは農業なのです。大規模農業です。そういうことはあります。

　それで、山岡先生からのご指摘で、経済がこういう状態になっていて、

今後、どのような影響が出てくるのか、地域を活性化するという話に多分こ
れからなりますね。そういうためにヒントは何かなというと、私はもともと
は企業人です。私も転勤しているのですよ。新入社員のときは東京在住だっ
たのですけれども、その後、福岡に2年、早期に行って、それから北海道
にも8年ぐらいいたのです。毎日新聞は規模としては中小企業です。ただ、
新聞社ってちょっと世間的な見え方が、図体が大きいので、そこで、全国、
さらに世界中に仕事場があるのですよ。

　結局、大企業の人材育成というのは、どこに行くかわからないのです。そ
ういうところにいて、先ほど言ったことと矛盾しているわけですけれども、
会社が私を育ててくれたことは間違いありません。だから、福岡に送り出し
てくれました。それから、何よりも大きいのは、北海道にいさせてくれまし
た。それが現在、私がここで、こういう活動しているすべての源になってい
るのですね。

　だから、そういう企業というのは、こういうコロナ禍に負けてはいけな
いと私は思いますね。企業は命じにくいかもしれませんけれども、やっぱり
民間企業の大きいところは、それまで全国に飛ばしていました。商社なん
か、世界と取引しているから、そういうことを畳み始めたら、責任逃れとい
うか、それをやってくださいよと私は言いたいですね、私の古巣に対して。

　入ったら、この会社は世界中どこに行くかわからないというスリルです
ね。恐怖もありますけどね。戦地に送られたらどうしようというような恐怖
もありますよ、それは確かに。でも、それでも仕事はしなければいけないで
すから。でも、そういうことが人間をつくるということは間違いないので
す。だから、今はこういうことでやりにくいし、できないけれども、その仕
組みとかインフラとかそういったものは残しておいて、やっぱり人材育成
上、そういう違う土地に行って、そこの人たちと交わるというようなことを
させるべきです。

　だから、私は学生には、「東京に行きなさい」と、今でも言っています。
こういう状態でもいいじゃないかと思うのです。コロナ禍が永遠に続くとは
思えません。必ず収束するのだから、そのときには、海外にとどまるとかい

パネルデイスカッション全景①

うようなことじゃなくて、世界中を見たほうがいいのじゃないかと言い続け
てはいるんですけれどもね。そんなことを考えています。

山岡：それでは、蓑先生。

蓑：アメリカの人たちというのは若いときから離れた大学に行きますから、地
　元も大事ですけれども、松浦先生がおっしゃるように、地元の人だけを採っ
　てしまうと、ますますローカルになっていってしまうと思うのですよね。だ
　から、地元の人が外へ行って、最後に戻ってくるのは、私はとても良いと思
　います。最初から、来る人がいないからといって地元の人で、とすると、会
　社自体にもよくないと思います。

　　アメリカは広いので、私の場合もそうですが、アメリカの人たちは常に、
　良い職があればもう喜んで移ります。より充実したコレクションがある美術
　館でしたので、私もアメリカとカナダで計４回美術館を変わりました。一番
　良いところは、変わるごとに倍の給料をもらえるということです。「いくら
　もらっている？　では、うちは倍出すから来い」ということですから、スポー
　ツ選手みたいなものです。日本ではなかなか、とくにわれわれの世界ではそ
　ういうことは少ないと思いますが。

　　最初から最後まで同じ美術館で働くというのではなくて、いろんな美術
　館を渡り歩いてさまざまなコレクションを見るというのはすごく大事なこ
　となので、私はそういう意味で勧めます。ただ、今の日本の経済を見ると、
　私はとても不安です。電車に乗れば、皆さん、おわかりになるかと思いま
　す。新幹線の一車両に４〜５人しか乗っていないなんて考えられなかった

ことですから。これで日本はどうなるのだろうなと大変危惧しています。

山岡：蓑先生のお話を伺いながら考えてみました。日本と世界を対比して見た
とき、以前から、「日本は割と住み心地いいところだから、日本だけで十分、
という内向きの力が働きがちだ」と言われてきました。とくに最近、若い人
が外国に行かなくなった、留学しなくなったと指摘されています。コロナ
禍で、その留学の機会も相当減ってしまったわけです。

　コロナ禍は日本だけでなく、世界の構図も変えようとしているのではな
いでしょうか。

　例えば、コロナが猖獗をきわめているアメリカです。内向きのベクトル
が強くなっているのではありませんか。アメリカ社会は、異なるルーツを
持ったさまざまな人々がいて、世界各地といろいろなつながりがあるように
も見えるので、日本の内向き志向とはまた違う面もあるのかとは思います
が……。

　もう一つの大国である中国は、コロナ感染が最初に広がったところです
けれども、今、いち早く回復したと宣言して、世界をリードしていこうとい
うエネルギーが、かなり強く出てきています。

　これからの世界の風景について、蓑先生にご見解を伺いたいと思います。

蓑：大変難しい質問ですね。個人によるとは思います。私ももう6カ月以上、
アメリカにも行っていませんので、アメリカの現状について、ここ最近は子
どもと話しているくらいですが、例えば、子どもの一人はカリフォルニア
に住んでいますが、最近会社から「どこでもいいから、好きなところへ住
んでくれ」と言われたと。ということは、仕事はもうオンラインだけです
よ。その代わり、社員の半分以上はカットですよ。会社のビルも要らない。
「自宅で仕事をしていいから、好きなところに住め」ということです。

　日本ではなかなかそういう会社はないと思います。そこはやっぱりアメ
リカはすごいなと思います。今のアメリカは、あんまり行きたくないですが、
私がいたときのアメリカと、もう全然変わったと思います。子どもからの情
報からしかわかりませんけれども、みんな出たいと言っています、仕事も。
そのぐらい深刻だと思います。

　これからアメリカは大学も大変だと思います。とくに経済はもうめちゃくちゃですから、実力というよりも、アーティフィシャルなお金でみんな動いているので、本当のお金じゃないのです。そこが一番怖いですよね。基礎がないから、崩れたら、もう行くところはないと思いますよ。まだ日本のほうがいいと思います。今はすごく恐れています。

山岡：引っ越しや転勤が嫌がられるという動きが出ていると、さきほど松浦先生からお話がありました。となると、これからは地元定住を選択する例が増える可能性があるわけですね。今、自分が住んでいるところをいかに魅力的にしていくか、住みやすいところにしていくかが問われてきます。一つの地域が元気になれば、そこへ行きたいとなって、周りから人が集まり、経済の活性化が期待できます。魅力的な地域づくりというのは、今、何よりも大事になってきているのではないでしょうか。

　次に伺いたいのは、では、どういうふうに取り組んでいけばいいかということです。こういう魅力的な町にしていく、あるいは住みよい町にしていくためには、どういうことをこれからやっていくのが大事なのだろうか、あるいは具体的にこういうところをもっとやっていかなければいけないというお考えを聞いてみたいと思います。

　では、まず宇田川先生からお願いしましょう。

宇田川：地域の人々とどのように接していくかということは、私も常に考えているところで、私が先ほど、ちょっとご紹介した美流渡（みると）とか万字線、岩見沢市の東部丘陵地域というのですけれども、東のほうの丘の地域で、もともと炭鉱で人々が何千人もいたところが、今や、気の毒なぐらい人が減っているという地域をどうするかということを私が考えてやっているときに、結局、例えばアーティストを連れてきて、一時的にお祭りの状態にすることはできます。私もやっています。

　そうすると、「いや、あの人たちはよそ者だ」となります。でも、「よそ者が勝手に自分の土地に乗り込んできて、何かいろいろやっているけれども、すごくおもしろかった。で、学生さんがたくさん来るから」――、今この会場で聞いておられるような学生さんがふだん、そういう地域に来ると

いうことはまずないわけですよ——、だから、何となくにぎやかになるわけですけれども、いずれ去っていきますよね。去っていったときに、地元の人に何が残るのかということを常に考えなければいけないわけなのですよ。

　そこで、ちょっと話を大きくすると、今度、岩見沢市という市が過疎化して、人口がどんどん減っていきました。でも、これは、人口が減っているということよりも、人口が移動しているといったところですよ。人口減だけ考えれば、日本全体の人口は着実に減っているのですから。そこの地域、町が今抱えている問題は、その減り方が激しいということなのですよ。とりわけ人口が減っています。移動して出ていってしまいました。それを、何とかして地元に戻したいということなのです。

　地元の人が地元のよさに気づいていない、その可能性がかなり高いと私は思っています。だから、私は岩見沢市のシティプロモーションという活動をやっているのですが、これは『アメトーク』をもじって、岩見沢市民がやる「ザワトーク」です。今年は、残念ながらコロナでぱったりやらなくなってしまったのですけれども……。

　これは何をやったかというと、岩見沢市の市民の人たちに集まってもらって、みんなで語り合うのです。そこに学生も入ることがあります。「岩見沢というのは、外から見たらどんな町なのだろうね」、さらに「売り込むとしたらどういう魅力があるのかということをちょっと考えてみようではない」かというと、結構出てくるのですよ。「意外と札幌と近いじゃないかとか」「小樽と変わらないじゃないか」「食べ物がおいしいじゃない」とか、そういうのを挙げるといろいろ出てきます。それもやっぱり地元の人の、先ほどの蓑先生の話のエデュケーションですよね。自分たちが持っている岩見沢とか、それから、美流渡という地域の魅力を地元の人がそれまでまったく理解していなかったか、認識していなかったから、こうした"発見"が起きてしまうのですよ。

　だから、割とUターンは多いです。一回出てみて東京に行った、札幌へ出て戻ってくる、「ああ、よかった、故郷は」と。今、「離れてみてわかった」と言う人が結構います。よそ者が引っ張って、地元の人が気づく、「ああ、

そうだ、自分たちが住んでいるところはこんなにいいところなのだな」ということを、自分でまず認識したうえで、またそれを発信していくのです。「いや、実は、絶対にこんな生活は札幌では無理、岩見沢だからできる」みたいなことを自慢し始めたら、こっちのほうが強いわけです。そこにどうやって持っていくかですね。

　決して魅力がないわけではありません。けれども、一般的な、今のものの見方でいくと、やっぱりやや不利なのですね。「では、君、岩見沢に下宿しているけれども、これからずうっと住もうと思ったら、何があったら住むの？」と言ったら、「岩見沢に札幌駅があれば、私はずうっと岩見沢に住むだろう」と言うのです。つまり、札幌駅というのは巨大な商業スペースです。「駅のビルのあれがあってくれれば、あそこに行けば、映画館もある、ファッションも全部見つかる。あれが岩見沢駅にあってくれれば、私はずうっとここに住みたい」――こう言ったのですよ。ここに、考え方のヒントがあるような気が私はしています。

山岡：蓑先生から手が挙がりました。どうぞ。

蓑：私は神奈川県で育ちました。今はもう関西のほうが長くなってしまいましたが。

　日本の教育について思うところがあります。小学校、中学校、高校の日本史でもそうですけれども、全部、縄文時代から現代までのいわゆる通史なのですよ。何が欠けているかというと、地元の歴史を、例えば兵庫県なら兵庫県の歴史を、兵庫県にはこんなに良いところがたくさんあって、歴史的にもすごく大事なところだ、ということをもっと教えるべきだと思います。例えば兵庫県に住んでいる子どもたちが、もちろん日本の通史も大事ですけれども、やっぱり地元の歴史をもっと知っていかないと、私は、子どもたちは戻ってこないと思います。美術館に関しても同様です。

　それから、各地の博物館が均一、みんな一緒です。縄文時代から現代に至るまで、その土地から何も出ていないものまでずっと見せ、それはいわゆる模造品で補っている。本物を見せないのですよ。もう本物はないから。本物を見せて歴史を教えない、模造品で教える。地元とは歴史的に関係ないも

ので教えているのです。

　地元に即した歴史を必ず教えることをしていったら、子どもたちがより自分の育ったところへ帰ってくるのではないかと私は思うのですけれども、これはぜひ日本全国で文部科学省が義務づけてほしいなと思います。

山岡：ありがとうございました。

　では最後に、将来への展望について伺います。蓑先生から何度もお話が出たような、子どもたちに何を伝えていくのかという、未来へ向けていったい何が大切なのかという話です。松浦先生からお話しいただいて、次に宇田川先生、最後に蓑先生にまとめていただきたいと思います。

松浦：「世界を呼び込む地域へ　世界に挑む地域を」ということで、地域の活性化ということで今日はお話ができたのかなと思っています。

　このコロナの影響で移動ができない、移動が制限されているということは、不便だなと思う一方で、いいなと思う点もあるというのは、多分、これが新しい生活スタイルなので、移動の制限が普通になるのではないかなと思っています。

　思えば昔は、移動が制限されていたので、そうすると、住み着いていたのですよね。住み着いていたから、その地域で何とかしなければいけないなというようにしていたのではないかなと思います。移動が自由になると、大都市に集まるということがあるので、改めて移動の制限があるという新しい暮らし方が地方に求められているのかなというように思っています。

　一つの例で、今、私は函館に住んでいるので、先ほどの郷土教育の話ですけれども、ふるさとの教育というのはやっぱり大事で、函館の人によく言われるのは、「函館って、何もないでしょ」。「何もないでしょって、いや、こんなにいっぱいあるぜ」と私は思うけれども、「では、何がないの？」と聞いたら、特にないわけですよ。だから、「ほら、いっぱいあるじゃないの」と。では、「どうして郷土のことを知らないの？」結構そういうのがあって、多分、それは函館に限らず、いろんな地域であるのじゃないかなと思います。

　先ほど、宇田川先生も、いろんな地域を回ってわかる、Ｕターンして理

解するということがあるとおっしゃいました。私もそのとおりだと思っていて、私も北海道に戻ってくる前は、一回大阪に出て、また北海道に戻ってきて一番感動したことは、スーパーに行って、そこに並んでいる食品が全部、北海道産だったことです。なんてぜいたくなのだと思いました。私が大阪にいるときには、タスマニアニンジンとかがスーパーに置いてあって、どうしよう海外物のニンジンかと。でも、北海道産のものはちょっと高くて、これはなかなか食べられないなと思っていました。ところが北海道に住んだら、もうスーパーの全部の野菜が北海道産ですよ。毎日が北海道フェアですよ。北海道物産展なんていったら、大阪では盛り上がりますよね。こんないい土地はないと思っています。

　改めて自分の町の魅力というのを再発見するということは重要だし、それは教育の力で、後世に伝えていくという活動がやはり重要なのかなと思います。それによって、住み続けることによって地域が活性化する —— とにかく人が住まないと地域というのは活性化しませんので、移動されないで住み続けられる町というのはどういうものなのかということを、魅力を再発見することで実現できるのではないかなと思っています。

山岡：ありがとうございます。それでは、宇田川先生。

宇田川：未来をどうしていくかということで、私の研究室には 18 〜 20 人の学生たちがいます。私のゼミ、6 〜 7 人ずつ、4 年生、3 年生、2 年生といるわけです。あとは、芸術・スポーツビジネス専攻の学生です。そこで、学生に言うのは、皆さんが運転免許を持っているかどうか知りませんけれども、自動車の運転と同じで、結局は、世の中に出て実際に活躍していくためには何が必要かみたいなことです。頭でわかっているだけでは動きません、世の中って。例えば運転免許に学科試験というのがありますよね。あれで百点満点を取っても、車は 1 ミリメートルも動きませんよ。でも、学科は必要ですよ、知識は必要ですから。

　ところで、仮免許というのがあって、最初、教習所の中で訓練して、その後、路上に出ます。路上に出て、教官が隣に座っていますよね。実際、車で街の中を動きますよね。それで覚えていくのです。そして、免許をもらえ

るのですよ。

　大学の教育もそれと一緒です。私は、実際、学生たちと一緒に走り回ります。だから、私がその教官、教習所の教員ですね。

　それで、軽い事故を起こすということもあります、学生ですから。ぶつけてしまったりね。いろいろ起きるのですよ、プロジェクトをやっていますとね。うちの学生の皆さんは大変進化しています。それも全部、実践で学んでいくのです。そのために大学教員、私がいると思っています。

　とくにコロナだからといって、これがずうっと続くわけではありませんから、必ず収束すると私は思います。そのときには、皆様、ぜひ、またプロジェクトを実際に動かして、世の中に出てみてほしいと思います。大学のうちですよ。大学生のうちだったら、何をしてもある程度許されます。社会に出たら、残念ながら、失敗したら終わりみたいなところがありますからね。結構痛い目に遭っていきますから……。

　ですけど、本当に今のうちにやれることをやる、そういう教育が大学では必要です。私が指導する万字線プロジェクトでも事前には近道は教えませんからね。その代わり、何かピンチになるでしょう。「先生、困りました」というときに、私が出ていって、そのトラブルを処理するでしょう。それを学生たちは食い入るように見ているわけです。「ああ、ミスをしたときに、このように修復すれば収められるのか。ああ、役所の人にはこうやって交渉するのか」と。それこそ、目の前で、みんな学生の前でやるのです。

　そういう教育も大学にはこれから大事です。もっと進めていくべきです。だから、コロナで参ったとか言っている場合ではないと私は思っています。

山岡：では、最後に蓑先生。

蓑：私が金沢にいたときに、金沢美術工芸大学という、日本を代表する美術の四大学の一つなのですが、学長を務められていた平野拓夫さんと親しく、今でも電話でもよく話しますけれども、彼は函館出身です。函館の話ばかり、いかに住み良いところかというのをすごく聞かされていました。当時われわれ2人は単身で金沢にいたもので、食事をよく一緒にしていまして、函館の良い話をいつも聞いていましたので、今回やっと来られたなと思います。

　私がすごく大事だと思っていることに、デザインがあります。何が一番重要かというと、本当に良いデザインには、まず6つの条件があります。これはスタンフォード大学教授のチップ・ハースとダン・ハースが書いた本[1]にあり、私はよく紹介しているのですが、「6つの法則」といいまして、まず、第一に、デザインがシンプルであること。込み入っていない。シンプルであることがすごく大事です。第二に、驚きを伴う意外性のあるデザインであること。第三に、具体性があること。第四に、信頼性があるデザインであること。そして第五は感情、エモーションに訴えること。そのデザインに感情が感じられるか。そして最後は、何といっても、そのデザインにストーリー性があるかということです。

　デザインだけに限らず何にでも、あらゆる学問で、美術館もそうですが、この6つの判断基準は通じると思います。学生の皆さんには、この6つを頭の中に常に覚えて行動してもらいたいなと思います。

　夢は誰でも持ちます。ミッションも誰でもつくります。しかし、私がここまでやってこられたのは、ビジョンがあったからです。ビジョンは、実際にやらなければ「ビジョン」ではありません。こうやりたい、これをやりたいという、自分のビジョンを持って、それをやり遂げたら、また次のビジョンへと。

　皆さんご存知の安藤忠雄さんという有名な建築家がいらっしゃいます。私は同い年です。彼は世界で一番尊敬されている建築家だと思いますが、実は、内臓の多くを切除しています。膵臓や、胆囊や、腸も。しかし、彼は生き続けておられます。しかも、まだまだすごいデザインをされています。なぜだかわかりますか。ビジョンです。これをやらなければいけないというビジョンを常に彼は持っています。それから努力をすること、ビジョンに向かって努力することです。

　それから、ノーベル生理学・医学賞受賞者の山中伸弥先生のご講演を聞いていて、「ああ、なるほどな」と思いました。先生も常にビジョンをお持ちです。ビジョンがあっても、やらなければできないわけでしょう。ビジョンとハードワークです。これさえあれば必ず100パーセント成功します。

ビジョンがなければ、生きる意味はないと思います。だから、皆さんも何事においても、「これをやりたい」というものを一つでもいいから持ってほしい。そのかわり、それを持ったら、それをやり遂げる。絶対、長生きできます。以上です。

山岡：最後に非常に大事なメッセージをいただきました。まとめてもいただいたわけですけれども、今日は、地域社会と世界との関わりについてお話を聞きました。

　では、会場から手が挙がっています。質問を聞いてみましょう。どうぞ。

質問者：大学で法律論を教えていますキムと申します。このシンポジウムで貴重なお話をたくさん聞けて、本当にありがとうございます。

　まず、地域と国際をつなげるというのが、一見したら、うちの大学も国際地域学科ですけれども、そのつながりというのをつかむのに何をすればいいのかというのがすごく大事になっていて、またそれが課題になっています。今回のお話の中で、まず地域を見つめ直すというのが世界に通用することができるということでした。まさにそうなのだと思いました。

　最後に、ビジョンを持つ人材の育成がどれだけ大切であるのかというのを教えていただきましたが、そのために地域の大学がこれからどういうような人材像を持って教育すればいいのかというのを、ちょっと蓑先生に教えていただければと思います。

蓑：一番大事なのは、誇りを持つことですよ。自分が今やっている仕事に対して誇りを持つ、それがまさに地元への貢献にもなると思います。私は、数え切れないほどいろいろな街に住んできました。もう引っ越しは大嫌いです。でも、そこへ住んだら、その土地の良さをまず自分で探すこと。人から言われるより自分で探さないと身につかないと思います。

　ビジョンもそうです。自分自らやりたいことを探す、そして努力すれば必ず成功する。私はそれでずっとやってきました。最初は、英語は何もしゃべれませんでした。アメリカは大嫌いでした。でもアメリカに行って、すごく学んだことがたくさんあります。もちろん、嫌なことも多いですけれども、「これをやるのだ」というビジョンを持てば、どこに住んでいても、街

に愛着も生まれるし、そのことがまた街を大きくする大きな要因になると思います。金沢にも行きましたが、ビジョンを持ってやれば、絶対、人が来ます。だから、動かす、その夢を持って、それをビジョンに変えていく。必ず街はよくなる、そう思います。

山岡：ありがとうございました。

　もっと質問を受けたかったのですけれども、残念ながら時間がきてしまいました。ここでパネルディスカッションを終わりたいと思います。魅力ある地域づくりを担う人材をどのように育てていくか、自分自身と地元にプライドを持つことの重要性、知性の拠点である大学の役割という点もご指摘をいただき、まことに有意義なディスカッションでした。今日は、先生方、どうもありがとうございました。（拍手）

パネルデイスカッション全景②

注
1)　Chip Heath & Dan Heath（2006）*Made to Stick: Why Some Ideas Survive and Others Die*, Random House.

あ と が き

　思いもよらぬ新型コロナウイルス感染の急速な広がりによって、世界中が大きな影響を受けている。経済に甚大な被害をもたらし、回復までに相当な時間がかかるものと憂慮されている。

　今回、3巻目となる北海道教育大学函館校の『国際地域研究』の編集作業もその荒波に襲われた。いつもなら6月に開催していた国際地域研究シンポジウムが2020年は10月開催にずれ込みを余儀なくされ、エントリー論文の締め切りと重なって編集作業は多忙を極めたからである。しかし、期待にたがわない充実した内容が、その苦労を忘れさせてくれたように思う。

　こうして『国際地域研究 Ⅲ』を上梓するに至ったことは、編集委員会として欣快に堪えない。

　構成はこれまで同様、3部からなり、第1部では、「国際化の中の地域活性化」を共通テーマに、シンポジウムの基調講演と、日本の労働力不足を補うために不可欠となっている外国人材の受け入れをめぐる論文とを掲載した。

　第2部「国際地域研究　各論」は、【地域活性化の実践例】【国際化時代における教育の新たな可能性】【時代の深層を読み解く】の項目別に8本の研究論文を紹介している。

　第3部は、シンポジウムの概要とともに、3人のパネリストによるパネルディスカッション「世界を呼び込む地域へ　世界に挑む地域を」の模様を再録したものである。

　国際地域研究という新しい分野の学問は、なお茫漠としており、方向性も定めがたい。国際地域学科が発足して8年目に入り、蓄積と深度など、研究はその真価を問われるときを迎えている。あえてご叱正、ご鞭撻を仰ぎ、もって今後の励みとさせていただきたい。

2021年3月

北海道教育大学函館校 国際地域研究編集委員会

山岡 邦彦（編集委員長）・木村 育恵・長尾 智絵・林 美都子・有井 晴香・外崎 紅馬

執筆者紹介
（執筆順）

蛇穴　治夫　（じゃあな　はるお）

　北海道教育大学長

　担当：序言

五十嵐　靖夫　（いがらし　やすお）

　北海道教育大学函館校キャンパス長・同国際地域学科地域教育専攻教授。北海道教育大学大学院教育学研究科修了。教育学修士。障害児心理専攻。著書に『発達障害児へのピンポイント指標』（明治図書）他。

　担当：『国際地域研究　Ⅲ』の刊行にあたって

蓑　豊　（みの　ゆたか）

　兵庫県立美術館館長・金沢 21 世紀美術館特任館長・大阪市立美術館名誉館長。慶應義塾大学卒業、ハーバード大学大学院美術史学研究科博士課程修了。文学博士。モントリオール、インディアナポリス、シカゴ各美術館東洋部長を歴任。著書に『超・美術館革命 ― 金沢 21 世紀美術館の挑戦』（角川ワンテーマ 21）他。

　担当：第 1 章、パネルディスカッション　パネリスト

孔　麗　（コン　リー）

　北海学園大学大学院経済学研究科博士課程修了。現在、北海道教育大学函館校国際地域学科教授。博士（経済学）。著書に『現代中国経済政策史年表』（日本経済評論社）他。

　担当：第 2 章

古地　順一郎　（こぢ　じゅんいちろう）

　オタワ大学大学院政治学研究科博士課程修了。在カナダ日本国大使館専門調査員を経て、現在、北海道教育大学函館校国際地域学科准教授。Ph.D.（政治学・カナダ研究）。著書に『現代カナダを知るための 60 章（第 2 版）』（共著、明石書店）他。

　担当：第 3 章

齋藤　征人　（さいとう　まさと）

　北海道医療大学大学院博士課程単位取得満期退学。社会福祉法人帯広福祉協会支援員などを
経て、現在、北海道教育大学函館校国際地域学科准教授。修士（臨床福祉学）。社会福祉士。
著書に『地域福祉の理論と方法 ― 地域福祉 ―』（弘文堂）他。
　担当：第3章

宇田川　耕一　（うだがわ　こういち）

　多摩大学大学院博士課程修了。毎日新聞社北海道広告部長を経て、現在、北海道教育大学特
別補佐（広報戦略担当）、岩見沢校芸術・スポーツ文化学科教授。博士（経営情報学）。専門
は芸術経営学。著書に『オーケストラ指揮者の多元的知性研究』（大学教育出版）他。
　担当：第4章、パネルディスカッション　パネリスト

佐藤　香織　（さとう　かおり）

　筑波大学大学院文芸・言語研究科博士課程退学。同大学助教、大韓民国慶北大学校招聘教授、
青森中央学院大学日本語講師等を経て、現在、北海道教育大学函館校准教授。修士（言語学）。
専門は、日本語文法、日本語教育。著書に『国際地域研究 Ⅱ』（共著、大学教育出版）他。
　担当：第5章

金　鉉善　（きむ　ひょんそん）

　広島大学大学院社会科学研究科法政システム専攻博士課程修了。同大学大学院社会科学研究
科研究員、同大学法学部非常勤講師等を経て、現在、北海道教育大学函館校専任講師。博士
（法学）。専門は、民事法学。著書に『国際地域研究 Ⅱ』（共著、大学教育出版）他。
　担当：第5章

松浦　俊彦　（まつうら　としひこ）

　北海道大学大学院工学研究科博士後期課程修了。日本学術振興会特別研究員（DC1）、大阪
大学産業科学研究所、（株）島津製作所、北海道教育大学函館校講師、同校准教授を経て、
現在、北海道教育大学函館校国際地域学科教授。博士（工学）。
　担当：第6章、パネルディスカッション　パネリスト

Tupas, Fernan P.　（トゥパス　フェアナン）

West Visayas State University 博士課程修了。Ajuy National High School マスター教諭、Northern Iloilo Polytechnic State College 助教を経て、現在、同校准教授。令和 3 年 3 月まで日本学術振興会外国人特別研究員および北海道教育大学外国人研究員を兼任。Ph. D.。

担当：第 6 章

菅原　健太　（すがわら　けんた）

北海道大学大学院博士課程修了。同大学院メディア・コミュニケーション研究院助教を経て、現在、北海道教育大学函館校国際地域学科准教授。博士（学術）。論文に〝Intensive motivational drive supports vision and motivated behavior in Japanese learners of English〟, *ARELE*, 30 他。

担当：第 7 章

佐藤　将太　（さとう　しょうた）

北海道教育大学函館校国際地域学科地域協働専攻卒業。現在、函館市職員。学士（地域学）。

担当：第 7 章

石井　洋　（いしい　ひろし）

広島大学大学院国際協力研究科博士課程単位取得満期退学。北海道公立小学校教諭、青年海外協力隊を経て、現在、北海道教育大学函館校国際地域学科准教授。博士（教育学）。論文に「ザンビア授業研究における数学教師のアセスメント・リテラシーに関する研究」他。

担当：第 8 章

田村　伊知朗　（たむら　いちろう）

法政大学大学院社会科学研究科博士後期課程修了。ベルリン大学客員研究員、学振特別研究員等を経て、現在、北海道教育大学函館校国際地域学科教授。博士（社会学）。著書に、*Die Aufhebung des modernen Staates*（Berlin: Logos Verlag 2005）他。

担当：第 9 章

羽根田　秀実　（はねだ　ひでみ）

筑波大学大学院教育学研究科博士課程単位取得満期退学。北海道教育大学函館校人間地域科学課程准教授を経て、北海道教育大学函館校国際地域学科教授（令和 2 年 3 月退職）。著書に、『教育哲学の再構築』（共著、学文社）他。

担当：第 10 章

【コラム】

外崎　紅馬　（とのさき　こうま）

北海道教育大学函館校国際地域学科教授

担当：コラム 1

林　美都子　（はやし　みつこ）

北海道教育大学函館校国際地域学科准教授

担当：コラム 2

長尾　智絵　（ながお　ちえ）

北海道教育大学函館校国際地域学科准教授

担当：コラム 3

有井　晴香　（ありい　はるか）

北海道教育大学函館校国際地域学科講師

担当：コラム 4

木村　育恵　（きむら　いくえ）

北海道教育大学函館校国際地域学科教授

担当：コラム 5

山岡　邦彦　（やまおか　くにひこ）

北海道教育大学函館校国際地域学科特任教授

担当：コラム 6、パネルディスカッション　コーディネータ

国際地域研究 III

2021 年 4 月 30 日　初版第 1 刷発行

■編　　　者———北海道教育大学函館校 国際地域研究編集委員会
■発 行 者———佐藤　守
■発 行 所———株式会社 大学教育出版
　　　　　　　　〒 700-0953　岡山市南区西市 855-4
　　　　　　　　電話（086）244-1268　FAX（086）246-0294
■印刷製本———モリモト印刷 ㈱

ISBN978 - 4 - 86692 - 110 - 5